Tiempo de México

Ellas y nosotras

Primero vivo

Guadalupe Loaeza

Ellas y nosotras

OCEANO

EDITOR: Rogelio Carvajal Dávila

ELLAS Y NOSOTRAS

© 1998, Guadalupe Loaeza

D. R. © EDITORIAL OCEANO DE MÉXICO, S.A. de C.V.
    Eugenio Sue 59, Colonia Chapultepec Polanco
    Miguel Hidalgo, Código Postal 11560, México, D.F.
    ☎ 282 0082   ✆ 282 1944

PRIMERA EDICIÓN

ISBN 970-651-244-6

IMPRESO EN MÉXICO / PRINTED IN MEXICO

Para Lolita, la niña de mis ojos

Índice

Carta a una joven formal, 13

MUJERES CON AÑOS

Los cuarenta, 39
Crónica de una vejez anunciada, 42
As time goes by..., 44
¡Hola, arrugas!, 46
Cumplir cuarenta y cuatro, 49
Cuarenta y siete, 52
Cuarenta y nueve, 58
Sin cuenta, 61
¡Uno más!, 64

MUJERES COMPROMETIDAS

Celeste, 69
Nanisísima, 71
Una niña popoff, 76
La vida de "Vida", 84
Un ángel melancólico, 90

MUJERES SEDUCTORAS

La condesa descalza, 99
Dolores y el Tercer Hombre, 107
Isabel, 115
Constanza, 117
Dos amores singulares, 120

Aquellos ojos verdes, 125
Una criolla muy temperamental, 131

MUJERES MARGINADAS, RESIGNADAS, CONFORMES

Una vieja historia, 143
Basurero en Las Lomas, 145
Lucha en Las Lomas, 148
Engracia Montes Rivas, 152
Concepción, 153
Los trabajos de Remedios, 157

MUJERES SUICIDAS

Un amor arrebatado, 161
La reina de la noche, 169
Las cartas de Miroslava, 175

MUJERES SINGULARES

Carta de despedida, 185
El amor de Katherine, 194
El cisne melancólico, 196
Mary Shelley, 199
Diva, 201
Una leyenda, 215
Una conciencia lúcida, 217
Ojos de una novia triste, 225
Una yegua de ojos verdes, 231
Bailando con Fred en el cielo, 239
Allá en el cielo ya nadie la va a herir, 245

CARTA DE LA EXEMPERATRIZ CARLOTA, 263

Créditos de las fotografías, 281

CARTA A UNA JOVEN FORMAL

Mi querida Simone:

*H*ace más de treinta años leí por primera vez *Memorias de una joven formal*. Entonces muchas cosas de su contenido no las comprendí a cabalidad; ahora que las he releído y que (¡hélas!) ya tengo medio siglo cumplido, te puedo decir que su lectura me ha confortado y, en más de un sentido, pienso que reflejan la historia de muchas mujeres. Por ello decidí escribirte esta carta y así compartir contigo lo que más me llamó la atención de tu autobiografía y para contarte algo que me sucedió y que tiene que ver contigo y con el destino. Tal vez existen muchos pasajes de tu adolescencia que quizá ya se te olvidaron, permíteme entonces refrescarte un poquito la memoria y remontarme hasta la época en que tenías diez años.

Eras alumna del Cours Désir, colegio de monjas para niñas bien cuya congregación pertenecía a las Damas de Santa Clotilde. A pesar de tu edad cortísima el hecho de ir todas las mañanas al plantel te daba la sensación de contar con una vida propia. Siempre fuiste una alumna ejemplar. Una de tus características era la curiosidad insaciable; era tan vasta y plural que podríamos decir que era universal. Todo te interesaba; desde el nacimiento de las plantas hasta la manera en que se organizaban los insectos. Pero lo que desde entonces más te apasionaba, naturalmente, eran los libros. Más que jugar, lo que realmente disfrutabas era hacer la tarea. Es evidente que esto te hacía demasiado distinta de tus compañeras, y provocó en ti un cierto aislamiento hasta que conociste a la que se convertiría en tu mejor amiga, "Zaza". Lo primero que apreciaste de la personalidad de Elizabeth L. fue su estilo desenfadado; te divirtió mucho cuando te contó que venía de una familia tan numerosa que había decidido escribir un periodiquito que llamó *Crónica Familiar*. Esto, más los intereses que defendía y el hecho de que a su corta edad leyera poesía, fue suficiente para que desde el primer día le brindaras tu amistad.

Viviste tu infancia con absoluta conciencia y a través de ella observabas a tus padres y al mundo que te rodeaba. De esa época leí en tu libro: "A los doce o trece años quería muchísimo a mi mamá, pero más tarde empecé a quererla menos. Era muy hostil conmigo. Durante mi adolescencia fue realmente insoportable. Recuerdo que a los once empecé a tener muchos conflictos con ella. Por momentos hacíamos todo por llevarnos bien, pero la relación era muy distante porque since-

ramente no nos llevábamos. Con el tiempo he comprendido que mi madre, finalmente, soportaba a los burgueses con demasiada tolerancia. Al verla tan católica, tan piadosa, pensando siempre lo mejor de todo el mundo, provocó que empezara a odiar todo lo que tenía que ver con esa gente. Definitivamente no comulgaba con mis ideas. Las cosas que me interesaban a mí, a ella la dejaban totalmente indiferente. Todo lo que tenía que ver conmigo lo desaprobaba. Y naturalmente todo esto no ayudó para que de adulta me llevara mejor con ella. Mi madre siempre fue mucho más linda con Helena que conmigo. Sin embargo, estoy segura que mi hermana tenía los mismos conflictos que yo tenía. Lo que sucede es que ella lo sabe ocultar mejor que yo". Más adelante narras que lo que agravaba tu caso era que tú no sabías disimular: "Iba a misa, comulgaba, tragaba la hostia con indiferencia y, sin embargo, sabía que, según los creyentes, cometía un sacrilegio. Ocultando mi crimen, lo multiplicaba, pero ¿cómo atreverme a confesarlo? Me hubieran señalado con el dedo, despedido del colegio, hubiera perdido la amistad de Zaza y en el corazón de mamá ¡qué escándalo! Estaba condenada a mentir. No era una mentira anodina: manchaba mi vida entera y por momentos —sobre todo frente a Zaza, de quien admiraba la rectitud— me pesaba como una tara. De nuevo era víctima de una brujería que no lograba conjurar: no había hecho nada malo y me sentía culpable. Si los adultos hubieran decretado que yo era una hipócrita, una impía, una chica solapada y desnaturalizada, su veredicto me habría parecido a la vez horriblemente injusto y perfectamente fundado. Parecía que yo existía de dos maneras; entre lo que era yo para mí y lo que era para los demás, no había ninguna relación".

Tienes razón, Simone, ¡qué asfixiantes pueden resultar las familias con prejuicios y contradicciones que no hacen más que cegarlos aún más! Pienso que algo que las caracteriza es el miedo. Tienen miedo de todo: de no seguir los cánones establecidos, de ser diferentes y de cuestionarse; no comprenden que su conservadurismo y convencionalismo los paraliza. Desafortunadamente también yo he padecido a este tipo de familias. Mencionas luego que, desde que eras muy adolescente, la burguesía te puso una trampa terrible, que de una cierta forma te convenció de sus intereses. Ilusamente creíste poder alcanzar, de acuerdo con estas verdades irrevocables para todos, una conciencia tranquila pero que nada tenía que ver con la realidad. Como a muchas jóvenes burguesas también a ti te habían engañado. Habían engañado a tu abuela, a tu madre, a tus tías y así sucesivamente. La diferencia contigo es que tú eras consciente, y las demás vivían en el limbo. Eras víctima de una injusticia. Fue así que poco a poco tu rencor se transformó en rebeldía; que a los diecisiete años te hubieras sentido culpable sin saber por qué. Entonces tenías el corazón lleno de rencor. "¡Familia os aborrezco!, hogares herméticos, puertas cerradas!", querías gritar desde el fondo de tu alma. Estoy segura que por siglos muchas mujeres han escuchado esa voz, y que hasta la fecha persiste su eco. ¿Cómo silenciarla? ¿Cómo remplazarla con algo como: "Yo estoy aquí y ustedes están allá. No quiero ser como ustedes"? Si las mujeres te leyeran más estoy segura que tendrían más posibilidades para cambiar de casete.

Desde que eras muy jovencita empezaste a escribir un diario; en él depositaste todas tus dudas y tristezas y muchas reflexiones que te hacías sobre una infinidad de temas. Cuando te sentías tan aislada, tomabas tu lápiz y escribías de un extremo al otro de tu cuaderno: "Estoy sola. Una siempre está sola. Siembre estaré sola". Esta certidumbre, aseguras, era tu leitmotiv. Sin embargo, había algo que te consolaba; que el solo hecho de pensar en ello te reconciliaba con tu destino. Convencidísima, te decías que mientras existieran los libros, la felicidad te estaba garantizada. No sabes cómo me intrigó esta frase. ¿Es cierto, Simone, que los libros garantizan la felicidad?, ¿que a través de las novelas y de las biografías y libros de historia podremos ser más felices? Si es así, a partir de hoy cuidaré de mis ojos como a dos tesoros. Además, es el único par que tengo. Si es así, entonces, ¿puedo estar segura de ser feliz hasta el día de mi muerte? ¡Benditos libros! ¡Benditos poetas! Y ¡bendita vista!

Uno de esos días en que te sentías particularmente solitaria, escribiste con letra de molde: "Puesto que nadie me admite como soy ni me quiere, yo me querré bastante para compensar ese abandono". He allí una resolución llena de generosidad y sabiduría. Siempre he pensado que si nos quisiéramos más a nosotras mismas, podríamos conquistar mayor armonía interna y ser todavía más tolerantes. Si nos quisiéramos más a nosotras mismas, tendríamos doble capacidad para amar a los demás. Si nos quisiéramos más a nosotras mismas, comprenderíamos mucho mejor al mundo y estaríamos más dispuestas a perdonar. ¿Por qué será, Simone, que a los seres humanos nos cueste tanto trabajo querernos tal como somos? Si no nos tratamos a nosotras mismas con cariño, ¿cómo podemos pretender que lo hagan los demás? Como está el mundo de descosido, ¿verdad que habría que quererse y comprenderse todavía más? ¿Por qué desde pequeños no nos darán esta lección? Estoy segura que si nos la hubieran enseñado nos haríamos la vida más fácil.

Hablando de amor, no sabes, Simone, cómo coincidí contigo cuando reflexionas sobre este tema. No obstante que en esa época eras apenas una estudiante, corresponde perfectamente bien con la Simone ya mayor: "Si amaba sería para toda la vida y me daría entera con mi cuerpo, mi corazón, mi cabeza y mi pasado". Es cierto que con el tiempo tuviste otras relaciones amorosas aparte de Jean-Paul Sartre, tu compañero de toda la vida; sin embargo, tu relación con él siempre fue con esas bases. Entonces comprendiste que los hombres y las mujeres deberían tener los mismos títulos de "personas", y ya desde entonces exigías una exacta reciprocidad. No veías ninguna razón para reconocerle a tu pareja los derechos que él no te concedía. Su amor sólo sería necesario y total si él se conservaba para ti como tú te conservabas para él. Entre marido y mujer querías que todo fuera común, que cada uno cumpliera frente al otro "ese papel de testigo exacto". Por otro lado, admites también que para que lo reconocieras como a un igual, tu pareja tenía que sobrepasarte: "La vida en común debía favorecer y no con-

trariar mi empresa fundamental: apropiarme del mundo. Ni inferior, ni diferente, ni injuriosamente superior, el hombre predestinado me garantizaría mi existencia sin quitarle su soberanía". Con toda lucidez asumiste que tenías un corazón de mujer y un cerebro de hombre; de ahí que estuvieras tan consciente de que eras: "¡única!".

En 1925, te enamoraste por primera vez de tu primo segundo. Jacques era dos años mayor que tú. Acababas de terminar tu bachillerato con mención y Jacques era un joven apuesto que oscilaba entre la moral burguesa y el libertinaje; este aspecto eran "esos lugares mágicos donde todo podía ocurrir". Jacques siempre te trató "de niña precoz". A él también le gustaba escribir; juntos platicaban hasta muy tarde en la noche sobre literatura y pintura. Gracias a él supiste de pintores como Matisse, Braque o Picasso. Te impresionaba mucho porque podía identificar, sin ver la firma, entre un Braque y un Matisse; estabas aturdida por todas estas novedades que te revelaba y que para ti no tenían nada que ver con las conversaciones que escuchabas en tu casa. Para darle gusto corrías a las exposiciones. De hecho, en ese tiempo, con la única persona que te dejaba salir tu madre era precisamente con él. Al ser primos no veía ningún problema. ¡Qué ilusa, porque nunca se imaginó lo que te provocaba su cercanía! Un día, mientras caminaban por una galería, Jacques te confió algo que te llamó la atención: "¡Es aterrador cómo soy de complicado!". Su frase te intrigó. Más adelante, en esta misma conversación, te dijo en un tono muy triste: "Ves, lo que yo necesitaría es creer en algo". "¿Acaso no basta vivir?", le preguntaste con el entusiasmo de tus dieciocho años. Te miró con cierto escepticismo y agregó: "Lo fácil es vivir si uno no cree en nada". En seguida cambió de tema de conversación. Más que juzgarlo, lo compadeciste, porque tú sí eras una enamorada de la vida. A pesar de su carácter escéptico e introvertido, te gustaban los consejos que te daba y que, creo, tienen mucha sabiduría: "Acepta lo cotidiano de la vida, Simone. Es decir, la vida humilde, incluso con tareas aburridas y fáciles". Es como si te hubiera dicho: "Cada día tiene su propio afán. Vívelo como si fuera el último". Eran los días en que ibas a la universidad y eras una lectora avidísima. Con cuánta insaciabilidad devorabas a Gide, Claudel, Mauriac, Radiguet, Proust, Vildrac, Jacob y otros más. Justo en esa época conociste a alguien que te confirmaría muchas cosas en relación a tus dudas. Robert Garric, un espléndido profesor de literatura, católico de izquierda, quien, además de enseñar maravillosamente bien, creó grupos de estudiantes para dar cursos a obreros en barrios sumamente pobres: "Por fin encontraba a un hombre que en vez de soportar un destino había elegido su vida", escribiste en tu diario. Para ti esta experiencia fue todo un descubrimiento, porque tus padres te habían repetido hasta el cansancio que "las clases bajas no tenían moral, que la mala conducta de una lavandera o de una florista era tan natural que ni siquiera escandalizaba".

¡Qué horror, Simone! ¿De veras eran así de clasistas tus padres? Ahora me explico tu asfixia, tu rebeldía y las ganas de huir de todo ese mundo.

Me decepcionó mucho saber que finalmente la relación con tu primo no maduró; poco a poco te fue decepcionando su falta de carácter y su miedo a la vida. Con el tiempo llegaste a la conclusión de que nunca llegaría a ser feliz y que, por lo tanto, no te haría feliz. Además, en el fondo te daba pavor convertirte en Mme. Laiguillon; sobre todo, a sabiendas de que Jacques no estaba hecho para ti. No querías que la vida te entrampara en otras voluntades que no hubieran sido las tuyas. Tal vez ése era el sentido de tu profunda angustia: "Para empezar, el pasado pesaba mucho; yo quería a Jacques en gran parte porque le había querido". (Muchos años después te lo encontraste por casualidad en el boulevard Saint-Germain. A pesar de sus cuarenta y cinco años, representaba más de sesenta. Tenía el pelo completamente blanco, los ojos inyectados por el abuso del alcohol; ya no tenía esa mirada entre tierna e inquisitiva, ni tampoco su sonrisa de niño. Estaba muy mal vestido, dormía en hoteles de mala muerte, se alimentaba muy poco y bebía muchísimo. Murió a los cuarenta y seis años. Tenías razón, Simone, no tenía voluntad para ser feliz.)

Durante esa época universitaria en la que aborrecías a la extrema derecha, ayudar a los demás se convirtió para ti en una verdadera obsesión. "Es necesario que mi vida sirva", te decías. "¡Es necesario que en mi vida todo sirva!", te repetías como un juramento solemne. Empezaste a explorar el mundo con otros ojos: "Dormí menos; me vestía de cualquier manera; ni me miraba en el espejo: apenas me lavaba los dientes; no me limpiaba nunca las uñas. Me prohibí las lecturas frívolas, las conversaciones inútiles, todas las diversiones; si no hubiese sido por la oposición de mi madre habría renunciado a los partidos de tenis del sábado por la mañana. Iba a la mesa con un libro; aprendía los verbos griegos, buscaba la solución de un problema. Mi padre se irritó, me obstiné y por fin cedió excedido. Cuando mi madre recibía amigas, me negaba a ir a la sala, a veces ella se enojaba, yo cedía; pero

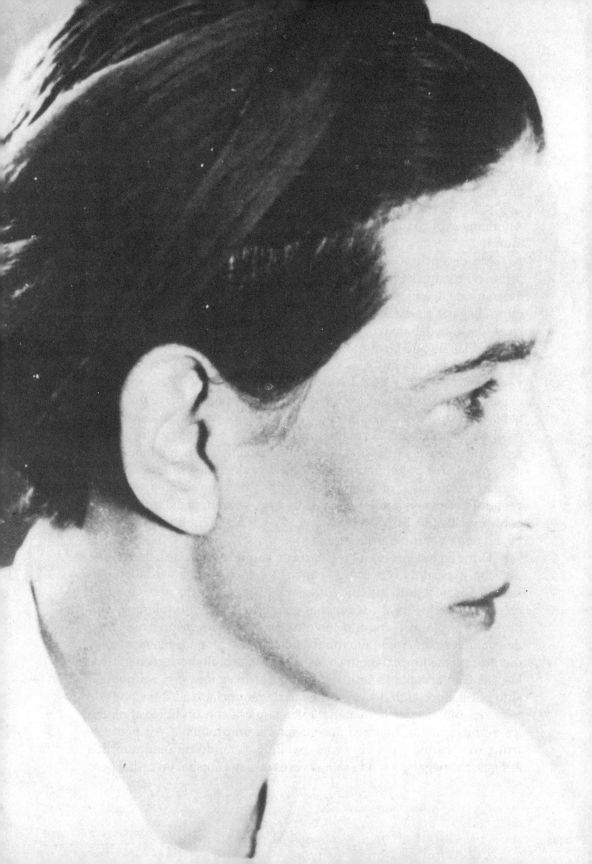

me quedaba sentada en el borde de la silla, apretando los dientes con un aire tan furibundo que no tardaba en despedirme. En la familia y entre mis íntimos se asombraban de mi abandono, de mi mutismo, de mi descortesía; pronto me consideraron un monstruo".

Entonces pensaste que mientras te convertías en una escritora formal, serías profesora de liceo. Aunque tu decisión no entusiasmaba del todo a tu padre, por otro lado, le significaba cierta seguridad económica. Él siempre les había dicho a tu hermana y a ti: "Puesto que no tienen dote, nunca se casarán. Ni modo, ¡tendrán que trabajar!". ¡Qué miedos tan absurdos! De allí que cuando se lo anunciaste se resignara con cierta facilidad. Con un sentimiento de desapego te dijo: "Siempre he dicho que es una lástima que no hayas sido varón, hubieras entrado en el politécnico. Hubieras podido ser un magnífico ingeniero. Bueno, por lo menos tendrás una jubilación". Sin embargo, pienso que en el fondo le hubiera gustado que te hubieras comprometido con un joven burgués con futuro. Don Georges de Beauvoir, "un hombre de cultura", como lo llamas, no era ciertamente una perita en dulce. Dices que era extremadamente nacionalista, xenófobo y ateo. Era del tipo de hombres que decía cosas como: "La mujer es lo que el marido hace de ella". Aunque lo admirabas por su erudición, por la manera en que recitaba los poemas, por su talento para actuar y porque siempre lo veías como a un "héroe", muy rápidamente lo consideraste como "víctima de su propio destino". Ay, Simone, tú fuiste exactamente lo contrario: tú fuiste "heroína de tu propio destino". Bueno, pero volvamos a tu historia. Al crecer empezaste a descubrir todas sus contradicciones. Lo advertías amargado e incomprensiblemente hostil hacia sus dos hijas. De alguna manera les reprochaba a ambas los gastos que le representaban. (¿Por qué serán tan codos los franceses? Me he fijado que no importa a qué generación, ni a qué sector de la sociedad pertenecen, el caso es que la mayoría es coda, y esto, Simone, siempre me ha intrigado.) A propósito de su personalidad, he aquí lo que escribiste en tu diario después de la segunda guerra mundial, época sumamente difícil para la familia De Beauvoir: "En casa, gemía sobre la dureza de los tiempos; cada vez que mi madre le pedía dinero para la casa hacía un escándalo; se quejaba particularmente de los sacrificios que le costaban sus hijas: teníamos la impresión de habernos impuesto indiscretamente a su caridad. Si me reprochó con tanta impaciencia la falta de gracia de mi edad ingrata, fue porque ya sentía rencor contra mí. Yo ya no era solamente un fardo: iba a convertirme en la encarnación viviente de su fracaso. Las hijas de sus amigos, de su hermana, de su hermano, serían unas señoras: yo no. Por supuesto cuando pasé mi bachillerato se alegró de mis éxitos: le halagaban y le evitaban muchas preocupaciones: no me costaría ganarme la vida. No comprendí que en su satisfacción se mezclaba un áspero despecho".

En efecto, entonces la familia De Beauvoir vivía muchas carencias; tus primas te pasaban sus vestidos viejos y, para colmo, te sentías con un físico muy ingrato. "¡Ay, mi hija, qué fea eres!", exclamaba tu padre. Por si fuera poco no tenías "dote" y contabas con un "cerebro de hombre", lo cual no necesariamente complacía mucho a los varones. La atmósfera en la calle de Rennes número 71, donde vivías, era lejos de ser muy cálida y armoniosa. Hasta tu hermana "Poupette", como la llamaban, estaba insoportable, y eso que era de carácter alegre y jovial. Es evidente que tanta tensión diaria no hacía más que perturbarte. Pobrecita, porque estabas llena de tics, constantemente te llevabas la mano a la nariz y acostumbrabas, sin motivo, encerrarte en tu cuarto para llorar. Para colmo eras flaquísima. Por eso no te quedaba la ropa y te sentías sumamente torpe para arreglarte.

Lo único que ante tus ojos reivindicaba a tu padre, era su amor a la literatura. Para él, el poder, el dinero y los éxitos mundanos se esfumaban de inmediato frente al creador. Leía a Voltaire, De Beaumarchais, Victor Hugo. Y tú mientras tanto, a escondidas, devorabas a Prévost, Maupassant, Loti, Colette y otros escritores. Llama mucho la atención que ya desde entonces sabías que para que una mujer no terminara vegetando, como solía hacer tu madre, en el terreno de las letras siempre existía una posibilidad de conquistar la gloria. En tu libro *El segundo sexo*, cuando hablas de cierto tipo de mujeres, escribes: "En su rol de ama de casa es testaruda, detiene la expansión de su existencia, se bloquea y se sume en la más absoluta negación [...] Es como la 'sumisa' y como la típica quejumbrosa que para todo provoca grandes escenas. Esta mujer que nada más espera y espera..., parece muerta". Al describir este tipo de mujer pasiva, devaluada y miedosa, me pregunto, ¿qué tanto te habrá inspirado la personalidad de tu madre? Tengo la impresión de que su destino de alguna manera hizo que te rebelaras aún más como lo hiciste. Si supieras cuántas mujeres conozco que efectivamente parecen que están muertas por dentro. Estoy segura que si te leyeran tendrían ganas de resucitar. De eso no me queda la menor duda. Muchas tal vez piensan que, como fuiste una escritora de éxito hace ya muchos años, tus libros ya no corresponden con el mundo de la mujer de hoy. Pienso que es todo lo contrario, que lo que dices en ellos tiene que ver exactamente con la mujer que se cuestiona, que está cansada de no ser ella misma; o bien que no tiene ni la remota idea de quién es, y que se quiere conocer mejor.

Ahora hablemos de tu madre. No obstante que Françoise de Beauvoir compartía, como su marido, el gusto por los libros, sus lecturas eran muy distintas a las tuyas. En medio de todas sus inseguridades por no tener dinero, algo que le provocaba una gran certidumbre era la conciencia de pertenencia; es decir, de saberse parte de las familias de buena educación y de tradiciones. "Per-te-ne-ce-mos a una cierta elite", les decía constantemente a ti y a tu hermana. He ahí una mentalidad contaminada por el miedo: el miedo de no pertenecer; el miedo de no parecerse a alguien; y el miedo de estar excluida. Dada su forma de pensar, tu madre era una buena católica, tradicionalista, y una excelente ama de casa. Toda su energía la invertía en hacer buenas economías para la casa: bajaba bastillas de los vestidos, remendaba los calcetines, volteaba las camisas y los sacos de su marido y siempre utilizaba los restos de comida. Nunca desperdiciaba nada: ni el tiempo, ni la comida, ni mucho menos el dinero. Siempre que tomaba ya sea el metro o el autobús llevaba consigo su tejido. ¡Cuántas paradas no ha de haber perdido antes de permitirse perder un punto! Dado que tu padre era bastante ausente tanto en lo moral como en lo físico, tu mamá tuvo que asumir solita todas las responsabilidades de la casa y todo esto sin un centavo. Aunque a veces se sentía rebasada por tantas presiones, nunca se quejaba. De allí que muy pronto dejara de ocuparse de ella misma, e incluso descuidara su aspecto físico. "Había algo en su actitud, que hacía que desdeñara su cuerpo incluyendo el nuestro. A veces se dejaba ir tanto, que hasta descuidaba su higiene personal", escribiste en tu diario. Tu madre, sin duda, fue lo que se llama "una mujer de deber". "La virtud y la cultura cuentan más que la fortuna más grande del mundo", les decía convencidísima.

Contra las infidelidades de su marido, Françoise de Beauvoir encontró en la religión un refugio y una gran consolación. Sus lecturas tenían que ver con la vida de los santos, o bien sobre la educación católica. Por ello siempre te estuvo presionando para que fueras una joven "muy formal". (Pobrecita, nunca se imaginó que mientras educaba a la "joven formal", tú estabas en tu cuarto escribiendo, con espíritu completamente informal, *Memorias de una joven formal*.) Cuando de niña te contaba historias de santos, la escuchabas con absoluta fe. Esto influyó en ti y empezaste a hacer sacrificios y a ofrecérselos al Señor. Con una piedra pómez te frotabas los muslos hasta que te saliera sangre. Entonces tus juegos consistían en convertirte en heroína como Juana de Arco, o María Magdalena, que con su melena lavó los pies de Jesucristo. A qué grado te sentías llena de gracia que todas las noches antes de dormirte leías *La imitación de Cristo*.

Andando el tiempo, dejaste por la paz todas esas fantasías místicas. Y a pesar de tus soledades y del abismo que a veces sentías respecto de tus padres, sobre todo en relación a tu madre, ya a los quince años avizorabas la felicidad de una manera muy optimista. "Tendré una vida dichosa, fecunda y gloriosa", te repetías una y otra vez. Nunca te resignaste a apartarte de ella. Cuando a esa edad te preguntaban que ¿qué quería ser de grande?, siempre contestabas: "Quiero ser una autora célebre". Nunca de los nuncas vacilaste sobre este punto. Esta certidumbre siempre te dio una gran seguridad interna. Afirmas que siempre te gustó "la comunicación" con los demás; que en este sentido eras medio "locuaz". "Todo lo que me impresionaba en el curso del día lo contaba, o al menos intentaba hacerlo. Le temía a la noche, al olvido; lo que había visto, sentido, amado, era un desgarramiento abandonarlo al silencio. Emocionada por un claro de luna, deseaba una pluma, papel y saber emplearlos", escribiste. Pero no nada más te preocupaba tu porvenir sino el de muchas mujeres. A principios de la década de los veinte, dices que en una ocasión leíste en el periódico una noticia que te llenó de estupor; ese día te enteraste que el aborto en Francia era un delito. "Lo que ocurre en mi cuerpo sólo me incumbe a mí, no cederé bajo ningún argumento", apuntaste en tu diario, y después lo subrayaste tres veces. Cuando leí esto yo también lo subrayé con mi marcador amarillo; con uno que dicen que no se despinta y que dura años y años.

Permíteme abordar uno de tus temas sagrados: Jean-Paul Sartre. Como seguramente jamás se te ha olvidado la forma en que lo conociste, permíteme sin embargo darte mucho gusto y recordártelo con todo mi corazón. La primera vez que lo viste en La Sorbona llevaba un sombrero que había pertenecido a su abuelo y que le quedaba demasiado grande. En ese momento conversaba con una estudiante grandota, bastante fea por cierto. Al verlo de lejos pensaste que tenía una "fealdad inteligente". Cuando tu amigo Herbaud le habló de ti (los dos ya habían comentado que les gustaba tu extraño timbre de voz), quiso conocerte en seguida. Fue lo que se llama el "coup de foudre", un amor

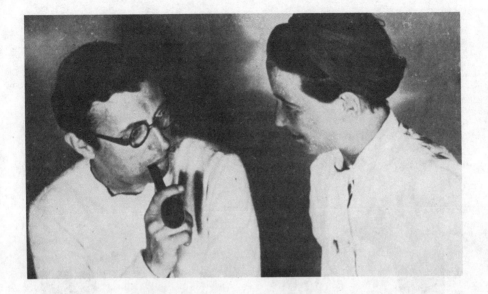

a primera vista. Entonces los tres estaban preparando el oral para el concurso de agregación de filosofía. La tarde que fuiste a su estudio para repasar a Leibniz, te asustaste; ¡qué desorden!, por todos lados había libros y papeles. Respecto de este primer encuentro, leí con emoción: "Sartre me recibió mundanamente, fumaba pipa. Silencioso, con un cigarrillo pegado en la comisura de su sonrisa oblicua". Unos días después escribiste en tu diario: "Es un maravilloso entrenador intelectual". ¿Cómo no lo sería si desde que tuvo uso de razón se apasionó por todo lo que tenía que ver con el intelecto? En el libro *Las palabras*, Jean-Paul Sartre explica muy bien la forma en que descubrió el mundo de las letras: "Mis libros eran mis pájaros y mis nidos, mis animales domésticos, mi establo y mi campo; la biblioteca era como un mundo atrapado en un espejo; tenía un grosor infinito, una variedad, era imprevisible. Con tan sólo subirme en una silla o en una mesa, podía lanzarme a aventuras increíbles". En la época en que lo conociste seguro que ya había leído decenas y decenas de bibliotecas completitas. A medida que lo fuiste tratando te impresionó su profunda pasión por escribir y por vivir intensamente. Aunque Herbaud te había advertido que nunca dejaba de pensar, te llamó la atención que Sartre no fuera la típica "rata de biblioteca"; asimismo, te gustó que se interesara en todo; que no aceptara nada como resuelto; que aborreciera las rutinas, las jerarquías, las carreras, los hogares, los derechos y los deberes, es

decir, todo lo serio de la vida, y que tuviera sentido del humor. Ah, cómo te gustaba que tuviera una voz tan bonita y que cantara "Old Man River" y todos los aires de jazz de moda. Con él hablabas de un montón de cosas pero particularmente de un tema que te interesaba entre todos: tú misma. ¿De veras hablabas tanto de ti? Me temo que también en eso nos parecemos. Pero estoy segura que lo que más apreciabas es que te comprendiera tan bien. Sentías que no te juzgaba. Te escuchaba. No te interrumpía, te escuchaba. No te calificaba, te escuchaba. No te preguntaba, te escuchaba. No te analizaba, te escuchaba. No te imponía nada, te escuchaba. No te contradecía, nada más te escuchaba. En otras palabras, te tomó entre sus manos y ya nunca más te quiso soltar. Empezaron a compartir muchas cosas. Como a ti, a él también le obsesionaba la filosofía tanto como la literatura. Además, "no se resignaba a la idea de tener un oficio, colegas, superiores, reglas que observar y que imponer: nunca sería un padre de familia, ni mucho menos un hombre casado. Con el romanticismo de la época y de sus veintitrés años, soñaba con grandes viajes: en Constantinopla fraternizaría con los estibadores; se emborracharía en los bajos fondos con los tratantes de blancas; daría la vuelta al globo y ni los parias de las Indias ni los popes del monte Atlas, ni los pescadores de Terranova tendrían secretos para él".

Entonces tú, Simone, tenías veintiún años. A esa edad más que brillar te gustaba aprender; estabas enamorada de tu libertad, de la vida, de tu curiosidad; pero, sobre todo, de tu voluntad para escribir. Dos meses después de ese encuentro, apuntaste: "Con él, siempre podría compartirlo todo. Respondía exactamente a mis deseos de cuando tenía quince años. Cuando nos separamos a principios de agosto, yo sabía que nunca más saldría de mi vida y que con él podría compartir todo".

En alguna parte de tu libro dices que Sartre te obligaba a ser modesta. En las discusiones lo sentías mucho más capaz que tú. "Existir es beber sin sed", te decía. Era apabullante cómo estaba al corriente de cosas que tú no tenías ni idea. Por añadidura estaba muy seguro de los libros que quería escribir. Era la primera vez en tu vida que te sentías intelectualmente dominada por alguien. Pero esto, de ningún modo, te desanimó. Al contrario. Después de discutir durante horas y horas con él, te quedaba muy claro lo que debías de hacer: recomenzar todo a partir de cero. Pero lo más importante que descubriste con Sartre fue que ya no estabas sola. De alguna manera él respondía exactamente al ideal de hombre que te habías hecho desde los quince años. ¡Por fin, habías encontrado a tu alma gemela!

Retomo la carta después de varias semanas. Desde principios de junio me encuentro en París, la ciudad que te vio nacer un 9 de enero de 1908, justo a las cuatro de la mañana. Ay, Simone, no sabes desde qué lugar te escribo. Nunca lo imaginarás. Pero antes dime si solías creer en el destino. Quiero pensar que sí, ya que desde que eras una niña sabías que te convertirías en una gran escritora con influencia definitiva en millones de mujeres. Siempre comprendiste que ése era tu destino. Pues bien, permíteme decirte que el mío me ha hecho un regalo enorme. Quiso que me hospedara en La Louisiane, en el número 60 de la calle de Seine. ¿Te das cuenta? En el mismo hotel donde tú viviste. ¿No te parece increíble? ¿Que cómo me enteré? Gracias a un libro que acaba de publicar Gallimard, *Lettres à Nelson Algren*, donde aparece tu relación epistolar con él de 1947 a 1964. En una carta fechada el 2 de junio de 1947, le describes tu hotel, el mercadito que se encuentra en la calle de Buci y todo lo que te rodea por el rumbo de Saint-Germain-des-Prés. "La calle en donde vivo es muy animada por las mañanas. Justo en la esquina de la rue de Buci se instala un pequeño mercado donde, en medio de charlas y de risas, vienen muchas mujeres a hacer sus compras de pescado, de carne, de cerezas y de legumbres. Aunque todavía cuesta todo muy caro, por lo menos hay qué comprar y resulta muy alegre, sobre todo si compara esta época con la en que aparecían las calles parisinas prácticamente desiertas. Para llegar al Deux Magots, me gusta recorrer la calle ruidosa, para desde allí escribirle y trabajar dos o tres horas. De alguna manera estoy reanudando mi vida aquí, pero aún no lo suficiente". Más adelante, en otra carta, te refieres a tu "pequeño hotel" de Saint-Germain-des-Prés, "a dos cuadras del Café de Flore", en el cual dices rentar "una habitación chica toda pintada de rosa como el color de las pastas de dientes de Estados Unidos". En otras misivas a Nelson, "tu bien amado", aparecen más descripciones: la habitación, el comedor estrechito que comunica con los otros cuartos; el barandal de la escalera y una vista preciosa que da sobre un pequeño patio cuyos muros están cubiertos de hojas de hiedra de un color verde muy tierno.

Conforme me adentraba más en todos estos detalles que describes, más familiares me resultaban. Cuando llegué a la epístola fechada el 10 de agosto de 1947, ya no había ninguna duda: estaba en el mismo hotel donde tú habías vivido. Esa noche no pude dormir. Al otro día, lo primero que hice fue abrir la ventana de mi habitación y allí estaba: el mismo patio con las mismas hojas de hiedra y el mismo verde. A lo lejos se oían las voces de los marchantes del mercado de la rue de Buci. Rápidamente me vestí. Con la almohada todavía marcada en la mejilla izquierda tomé el elevador. Oprimí el cero. Me dirigí hacia la recepción y sin más le pregunté a la señorita: "Discúlpeme, ¿de casualidad no sabe si aquí vivió la escritora Simone de Beauvoir?". La empleada me miró con sus ojos sonrientes y, como si estuviera confesando un secreto, me dijo muy quedito: "Oui, Madame, elle a habitée ici pendant cinq ans". ¡Cinco años habías vivido allí, Simone! No lo podía creer. Así se lo hice saber a la recepcionista. "Es increíble. Hace seis meses que estoy leyendo su obra porque le quiero dedicar mi próximo libro. ¿Se da cuenta que llevo semanas subraye y subraye grandes párrafos de *El segundo sexo*, donde, no obstante lo escribió en 1949, nos describe a muchas, muchas mujeres? En todo este tiempo que he estado leyéndolo, me he dado cuenta que sigo pensando como en los sesenta, que cuán

equivocada he estado. No hay duda que este libro está dirigido a las mujeres sin privilegios, y yo siempre he abusado de ellos. ¿Se da cuenta que acabo de leer toda la correspondencia que sostuvo con Sartre? Hace muy poco terminé de leer su biografía de Claude Francis y de Fernande Gontier. De hecho, traje conmigo mi texto porque pensaba terminarlo en París, para desde aquí enviárselo a mi editor; ya van dos faxes que me envía preguntándome por él. ¿Se da cuenta entonces lo que esto significa para mí?", le pregunté nerviosísima. La señorita me miraba con ternura. Volvió a sonreírme y casi susurrando agregó: "También vivió ella en la habitación número 70, la misma en que está usted". "Ce n'est pas vraie!", exclamé. Y, sin embargo, era cierto, Simone. Sentí miedo. Hacía una semana estaba viviendo en tu mismo cuarto, en el número 70, en el quinto piso y estaba leyendo las cartas que allí mismo le escribiste a Nelson. Dime, Simone, que se las escribías al lado de la ventana que da a ese patio por donde se ven todos estos techos tan parisinos. Más de tres veces le hice repetir lo mismo a la señorita: "¿Está usted segura que aquí vivió Simone de Beauvoir, la escritora?". Y más de tres veces me lo confirmó entre divertida y asombrada por mi actitud. "Asimismo, aquí vivió Jean-Paul Sartre en el tercer piso, en una de las habitaciones más grandes que dan a la esquina. También Henry Miller se hospedaba aquí; y muchos músicos de jazz, y desde hace treinta años habita un escritor egipcio", apuntó.

¿Quién me habrá hecho esta cita contigo, Simone? ¿Por qué justo fui a dar al Louisiane teniendo París miles de hoteles? Un hotel donde nada más se paga trescientos setenta y cinco francos por día con el desayuno incluido. Un hotel que no tiene televisión y que es más bien modesto. Un hotel cuyo dueño, el señor Blanchot (cuando vivías aquí, él era un joven estudiante que estaba internado en un colegio en el norte de Francia. Se acuerda perfecto de ti; me dijo que eras un poquito snob y que Jean-Paul Sartre era mucho más sociable que tú), odia la publicidad y que se diga que allí vivieron escritores famosos.

Después de hablar con Monique (ya somos íntimas), sin bañarme, medio despeinada, salí a la calle. Respiré hondo. Y por un buen momento miré a mi alrededor: quería ver todo lo que acostumbrabas ver. Vi el mercado, el marchante de los pescados, el de la carne y el de las cerezas. Como sonámbula me encaminé hacia el café de enfrente y me senté en una mesita que estaba en la terraza justo en la esquina. Pedí mi desayuno. Seguía sin dar crédito a lo que me acababan de confirmar. Me resultaba demasiado mágico y a la vez extraño. Estaba tan

contenta que quería contárselo a todo el mundo: al mesero, al señor de la mesa de al lado, al de los periódicos, al de la casa de cambio, a la de la boutique de los "bodies" (super atrevidos) y a los peatones: "Mesdames et messieurs: hace un momento me enteré que vivo en el mismo hotel y cuarto donde vivió cinco años una mujer excepcional que le ha abierto los ojos a millones de mujeres que pertenecen a lo que ella llamaba el segundo sexo".

No lo hice. De lo contrario, Simone, seguramente hubieran hablado a la embajada de México y a mi hermana Natalia, que hace cuarenta años vive en París, para reportarme como "un peu folle". No, no lo hice. Sin saber cómo, terminé mi café (esa mañana, por la emoción, se me olvidó pedir mi croissant) y regresé a tu casa. Perdón, al hotel. Pedí mi llave. "En la época de Simone de Beauvoir no había elevador, ¿verdad?", le pregunté a Monique. Me dijo que no. Tomé el ascensor con absoluta indiferencia y oprimí el botón número 5.

Desde ese día, Simone, no he podido dejar de leer ese libro y de pensar en ti. Gracias a las cartas que le enviaste a Nelson, he descubierto muchos aspectos que no conocía de tu personalidad. A través de ellas, me he podido dar cuenta de tu fuerza interior pero también de tu fragilidad, de tu femineidad, de tus soledades como mujer adulta; de tus miedos de perder el amor de Jean-Paul Sartre; de tus tristezas y de tus enormes esfuerzos por comprender cada día mejor la condición de la mujer. Gracias a ellas siento que te quiero y comprendo todavía más. Tu correspondencia me ha llevado de la mano por un Saint-Germain-des-Prés de la década de los cuarenta y de los cincuenta, sin duda su mejor época. Si vieras en qué se ha convertido el Barrio Latino; te irías de espaldas. Ya nada tiene que ver con el en que solían pasear Albert Camus, Boris Vian, Man Ray, Juliette Gréco, Antonin Artaud, y otros muchos personajes de los que hablas. No hace mucho fui, en tu honor, al primer piso del Café de Flore, donde acostumbrabas contestarle sus cartas a Nelson. Igualmente he ido varias veces al Deux Magots y me he sentado en el mismo lugar donde te sentabas junto con Sartre. Lo mismo he hecho en la Brasserie Lipp y en la Couppole. Hace tres días fui al 71 rue de la Rennes, donde vivías con tus padres. Permanecí mucho tiempo frente al edificio, recordando todo lo que habías escrito a propósito de tu infancia y adolescencia. Ahora, cada vez que camino por las calles de Saint-Germain-des-Prés, imagino que por allí lo hacías tú tomada del brazo de Jean-Paul Sartre. Pienso en unos días ir al Centro

de Documentación sobre la Mujer (Bibliothèque Marguerite Durand) para recabar más información. El viernes fui al museo Pompidou; compré dos tarjetas postales donde apareces acompañada por el amor de tu vida, Sartre. Ya las puse (con unas tachuelas doradas muy bonitas) en la pared de la habitación. Desde mi cama las veo y platico contigo.

Ayer me fui a despedir de ti y de Jean-Paul Sartre. ¿Verdad, Simone, que no hay nada más triste que un domingo triste? Pues bien, al llegar al Montparnasse, le pregunté a un señor con gorra y uniforme gris que dónde se encontraban ustedes. "A cien metros a su derecha", me contestó con una indiferencia que me ofendió. Me dirigí hacia donde me dijo. A partir de ese momento empecé a sentir una emoción muy especial. Conforme avanzaba, mis pasos se iban haciendo cada vez más lentos. Me latía con fuerza el corazón. Estaba entre nerviosa e intimidada. Tenía la impresión de que tenía cita con ustedes y que, para variar, había llegado tarde. De pronto, me di cuenta que estaba frente a una lápida muy sencilla de mármol blanco; no tenía cruz ni el menor ornamento. En letras moldeadas, con todo respeto, leí: "Jean-Paul Sartre 1905-1980, Simone de Beauvoir 1903-1986". Sobre la lápida yacían tres ramos de flores frescas; a un lado, había una pequeña maceta de plástico verde con un papelito que decía "Leslie de California". A los pies había otro ramo de flores de lavanda. "Ambos siguen muy vivos", pensé al ver estas manifestaciones de afecto. No sabía si ponerme a rezar o a platicar con ustedes. En seguida me acordé que ambos eran ateos. Opté entonces por conversarles. Con un nudo en la garganta, empecé a decirles: "Me da gusto encontrarlos tan cerquita uno del otro. Dada las medidas de la pequeña tumba, es como si estuvieran en una cama individual. ¡Qué bueno, porque, aquí entre nos, tuvieron sus buenas temporadas en que cada uno andaba por su lado! Esto no nada más me entristecía, sino que me decepcionaba. No podía pensar en uno sin relacionarlo con el otro. Compréndanme. Lo que sucede es que me da mucha ilusión recordarlos como pareja. Fíjense que durante varias semanas llevé en el interior de mi bolsa un libro 'de poche' tuyo, Simone, y otro tuyo, Jean-Paul. Después de todo lo que he leído y escuchado, creo que de los dos el que fue más 'travieso' fuiste tú, Jean-Paul. Sé que nunca tuviste la vocación de la monogamia, que pensabas que era una regla que venía de la Iglesia y cuyo único objetivo era el matrimonio. Claro que tú, Simone, con todo respeto, tampoco fuiste una palomita blanca que digamos. Por otro lado, sé que entre los dos existía un profundo acuerdo de respeto y de libertad. Antes que ser amantes eran escritores, y sus obras deberían nutrirse de sus múltiples relaciones. 'Entre nosotros hay un amor necesario: es conveniente que conozcamos también amores contingentes', le dijiste a 'Castor', como llamabas a Simone. Y tú coincidías completamente con esta filosofía. Seguramente esto se debió a que jamás creíste en el matrimonio de tus padres; lo que también ha de haber contribuido fue la muerte demasiado prematura de Zaza, tu mejor amiga. De alguna manera, culpabas a la sociedad que la había provocado. Para ti, Simone, el amor por Sartre era el garante de tu libertad y la expresión más perfecta de una posible felicidad. Se mostraban todo lo que escribían. Se contaban todo. Se mandaban cartas larguísimas en relación con todo lo que hacían y con quién estaban involucrados sentimentalmente, según la época que estaban viviendo. El segundo pacto que tenían entre los dos es que nunca se contarían mentiras y que jamás caerían en simulaciones. Su relación se había dado entre iguales y estaba formada por dos seres totalmente transparentes el uno para el otro. Aunque moral, ideológica y amorosamente jamás se separaron por más de cincuenta años, pienso, sin embargo, que para ti, Simone, el hecho de que Jean-Paul frecuentara a tantas mujeres a la vez, ha de haber sido mucho más difícil que para él. En fin, no vine a verlos para juzgarlos, ni mucho menos para analizar su relación. No hay nada más estéril que el querer explicar a una pareja; sobre todo, una como la suya, tan original y tan única. Lo importante es que ahora descansen en paz juntitos. Ahora sí estarán unidos para la eternidad. ¡Qué historia de amor tan bonita! Antes de despedirme quiero decirles que Francia es campeón del mundo de futbol. Felicidades. Pueden sentirse muy orgullosos".

Salí del cementerio Montparnasse con una enorme nostalgia. Lo único que quería era regresar a tu hotel y seguir con la lectura de tus cartas y tus libros. Esa noche, mientras cenaba sola en el café de enfrente de La Louisiana, leí lo que escribió Claude Francis a propósito de su relación: "Su historia de amor es la más desconcertante de la literatura. Es un amor revolucionario por su rechazo a toda la moral tradicional, a los códigos, a las costumbres, a los tabúes y a las cadenas. En otras palabras, es la historia de una libertad".

Mi queridísima Simone, ha llegado el momento de despedirme. Quiero decirte que te dedicaré mi próximo libro, que se llamará *Ellas y nosotras*. Es decir, tú y nosotras, tus lectoras. Tú, como mujer que has luchado por nosotras, y nosotras, las mujeres que seguimos luchando. Asimismo, quiero comunicarte que ya tengo hecha mi reservación en tu hotel, y en la misma habitación número 70, para el 18 de enero de 1999, fecha en que comienza un simposio internacional para celebrar los cincuenta años de *El segundo sexo*. ¡Cincuenta años y lo que escribes ahí es tan vigente!

Juro que ese día por la noche brindaré con champagne por ti, y de parte de muchas mujeres te daré las gracias por todo.

Te quiere,
Guadalupe

Mujeres con años

Los cuarenta

Sólo faltaban tres días. Desde que empezó el mes no podía dejar de pensar en esa fecha. "¡Qué horror!; ya estamos en agosto", se dijo una mañana en que no quería levantarse de la cama. Esa misma mañana se estuvo observando detenidamente frente al espejo. Con mucho cuidado empezó a revisarse cada rincón de su rostro. Mientras se veía fijamente, el dedo pulgar seguía despacito el curso de todas esas pequeñas líneas que encontraba alrededor de los ojos y la boca y en el cuello. Empezaba a acostumbrarse a ellas, y, sin embargo, cada día que pasa las odiaba más. "Las arrugas son líneas de expresión, pueden ser muy interesantes", había leído en un viejo número de *Cosmopolitan*. "¿Expresión de qué?", se preguntó con un dejo de amargura.

No había duda, la edad empezaba a preocuparla, pero lo que era peor, comenzaba a notársele. Cuando se desvelaba, al otro día se sentía fatal, con bolsas en los ojos como si pesaran kilos; sus poros parecían más abiertos; su cutis se veía lijoso y deshidratado. Ya ni las mascarillas más eficaces le borraban esa nubecita en el semblante y que parecía opacarlo cada vez más. Últimamente tenía dificultades para vestirse. Antes de salir a una reunión se cambiaba miles de veces; nada le quedaba. "¿Tendré ahora que vestirme con trajes sastres?", se preguntaba angustiada mientras colgaba y descolgaba vestidos y faldas. Sentía que su cuerpo había cambiado, que su cintura había desaparecido, que sus hombros parecían más bajos que de costumbre, que su busto se veía como triste y que sus caderas se habían ensanchado.

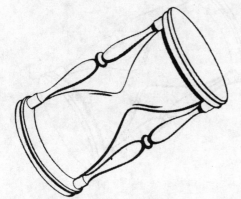

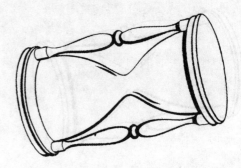

Todos los días se juraba por todos los santos ponerse a dieta, hacer ejercicio, acostarse temprano, tomarse un vaso de agua caliente en ayunas, comer cosas saludables, quitarse el café y, sobre todo, desmaquillarse cada noche sin olvidar aplicarse la crema nutritiva. Nunca lo hacía. "Mañana empiezo", se decía antes de acostarse a las dos de la mañana, completamente maquillada y después de haber cenado un enorme plato de paella, unos profiteroles con salsa de chocolate y dos tazas de café express.

A veces se mostraba al espejo completamente desnuda y contemplaba el reflejo mustio de su cuerpo; lo miraba como reprochándole algo sin saber qué. Sus senos le parecían como esas rosas que ya llevan varios días en el jarrón; a su vientre lo veía abultado y un poquito fláccido. Por más que buscó su cintura, no la encontraba. "Yo creo que ya no puedo ser Chica Cosmos", pensaba medio burlona cuando miró sus piernas de típica señora con problemas de circulación.

Por las noches se acordaba con desagrado de las crónicas policiacas que hablaban de una otoñal mujer de cuarenta años; o de cuando solía llamar a su tía "cuarentona amargada". Cuarenta años: dos veces veinte, diez menos cincuenta, la mitad de ochenta, cuatro décadas, ocho lustros, veinte bienios, 14, 600 días, 486 meses. ¿Cuántas horas y cuántos minutos de existencia? ¿En qué se le había ido el tiempo, además de casarse y tener tres hijos? En esto se le fueron las noches pensando y ya era tres días antes de la fecha.

¡Con cuánta tristeza oía aquello de "señora" venir de boca de chicos jóvenes! Ya no la trataban como si fuera una de ellos; ya la veían cada vez más lejana en tiempo y edad. O si no, cuando su hija de ocho años le preguntaba: "Oye mamá: ¿y cuando eras chiquita había televisión? ¿Cómo eran los coches en tu tiempo? ¿Existía el teléfono?". O

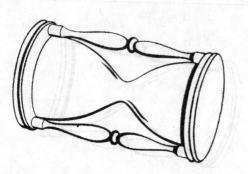
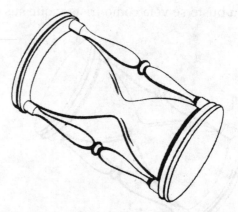

cuando escuchaba por el radio las canciones de los Beatles y que el locutor decía que se acababa de escuchar un viejísimo hit de hace veinticinco años: "I Want to Hold Your Hand"; entonces sentía aquello que llaman nostalgia, y de pronto quería estrechar la mano, ésa que la estaba de alguna manera abandonando, de la juventud.

Sin embargo, había algo que la consolaba: el tiempo pasa para todo el mundo sin discriminación alguna. Porque también veía que sus amigas eran cada vez menos jóvenes; unas hasta le parecía que habían dado el "viejazo" prematuramente. En el más reciente número de la revista ¡Hola!, había visto una fotografía de Catherine Deneuve a sus cuarenta y tres años; sintió cierto gusto al confirmar que ya no era la misma que había admirado en *Los paraguas de Cherburgo* y en *Bella de día*. Ella también envejecía poco a poquito.

Pero sólo faltaban tres días. El 12 de agosto cumpliría cuarenta años y esto la aterraba. ¿Cómo les explicaría a sus hijos: "No, niños, olvídense de mi cumpleaños. Aunque pase el tiempo, su mamá ya no cumple nada de años"? "A pesar de que la vean menos joven, con arruguitas, ya no tan fresca, y que se canse más que ustedes, sigue siendo la de siempre; los que crecen son ustedes, que muy pronto dejarán de ser niños para ser adolescentes y luego adultos, pero su mamá está igualita que antes, i-gua-li-ta, como le dicen sus amigas cuando la encuentran en la calle", les explicará ese martes, mientras por dentro sienta que se le vienen encima todos los cumpleaños del mundo, incluidos los que no ha cumplido, y los que inevitablemente seguirá cumpliendo.

¿Es de verdad tan difícil para una mujer cumplir cuarenta años?

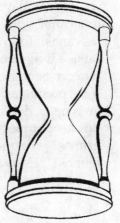

CRÓNICA DE UNA VEJEZ ANUNCIADA

*A*yer en la mañana la vi por primera vez. Me quedé helada. No lo podía creer. Para tranquilizarme, aventuré que se debía al efecto de la luz indirecta que entraba por la ventana. Me seguí preparando para salir corriendo a la oficina, cuando de repente la volví a ver. Allí estaba: blanquísima; su brillo insolente contrastaba con la oscuridad de la raíz, que la falta de tinte había provocado en ella. "¡No puede ser!", me dije. Lentamente, fui acercándome hasta el espejo; con mano temblorosa, la tomé entre los dedos pulgar e índice. La observé con atención. Y, sin poderlo evitar, exclamé desde el fondo de mi alma: "¡Es una cana!". En esos momentos, volteé a mi alrededor; gracias a Dios no había nadie. Estaba sola; la sirvienta había salido al mercado. Rápidamente, cerré la puerta de mi recámara, corrí las cortinas, busqué una lupa, prendí la luz y regresé frente al espejo. La volví a tomar y la vi: grandota, gruesa, rígida, como el pelo de un elote. No había duda, se trataba de una cana.

Miles de preguntas comenzaron a atormentarme: ¿Cuándo me salió? ¿A qué horas creció tanto? Ayer no la tenía. ¿Qué fue lo que hizo que surgiera tan pronto? ¿Será el principio de la menopausia? ¿Habré sufrido intensamente durante la noche, sin darme cuenta? ¿Tendré todavía muchísimas más, escondidas y regadas en alguna parte de esta vieja caballera? ¿Seré entonces más vieja de lo que realmente soy? Entonces, ¿soy la mayor de mis hermanas? ¿Qué hay detrás de la aparición de una cana?, ¿qué significado tendrá?, ¿cuál es el verdadero lenguaje de las canas? Todo esto me preguntaba mientras me cepillaba el pelo con rabia e indignación. A cepillazos, trataba de ocultarla, de hacerla desaparecer. Sentía ganas de raparme, de convertirme en una señora calva. Y las preguntas seguían martirizándome. ¡Ah, cómo extrañé el *Libro de los porqués*, del *Tesoro de la juventud*! Allí venían todas las respuestas a todos los porqués que desde niños nos inquietan: "¿Por qué lloramos lágrimas? ¿Por qué tenemos uñas? ¿Por qué cuando estamos alegres, sonreímos?". Estoy segura que allí está también el por qué de las canas.

Pero no, a mí ya no me corresponde consultar el *Tesoro de la juventud*. A partir de ahora, me esperan otras lecturas: *La tercera edad* y *La vejez*, de Simone de Beauvoir. Nunca me imaginé que tan joven, me iba a sentir vieja.

Sentada a los pies de mi cama y entre tinieblas, reflexioné en que el tiempo vuela y uno no se percata de ello, hasta que, un buen día, aparece un signo, una mirada, un rictus, una expresión: "Cuando era joven...", o el descubrimiento de la primera cana. Pensé en que la vida se me esfumaba entre sexenios fracasados, tapones provocados por la circulación, alzas de precios, fraudes electorales, destapes decepcionantes, pérdidas de melanina, etcétera. No había nada que hacer; si acaso seguir esperando que aparecieran millones y millones de canas hasta volverme una anciana que ya no entristecerá al verse la cabeza por completo blanca.

Estaba yo en estas cavilaciones, cuando, de pronto, la sirvienta tocó la puerta: "¡Señora, señora, un muchacho rompió su aleta del coche! ¡Yo creo que se lo quería robar!". En esos momentos, se me olvidó mi cana, la vejez, el pasar del tiempo y todo lo demás. Corriendo, como de rayo, bajé las escaleras de dos en dos y en un segundo me encontré frente a mi coche: la aleta completamente estrellada. Todavía tuve tiempo de ver al muchacho doblar la esquina. "¡Oiga, oiga!", le grité, mientras corría velocísimamente detrás de él. En un instante, vi cómo se subió de "angelito" en un Ruta 100 y desapareció. Furiosa, con la cara roja de coraje, regresé a mi coche, metí la mano por la aleta, abrí la portezuela y me puse a recoger los vidrios. Inmediatamente, fui a buscar mi bolsa, las llaves y me dirigí a la primera agencia Volkswagen.

La cana sigue allí. A ratos me la cambio de lado, según donde me haga la raya. Ya no me asusta envejecer; ahora me aterra que me roben el coche y me convierta en una anciana sin medio de transporte.

*H*ace exactamente una semana, me desperté con cuarenta y dos años encima. No imaginé que llegaría a esta edad. No sé por qué siempre pensé que me quedaría en los dieciocho hasta hacerme una viejita. Tener que tomar conciencia de la noche a la mañana que uno tiene más de cuarenta años por la sencilla razón de que el tiempo pasa, me resulta terrible. Para esto se requiere la madurez de una persona de cuarenta y dos años, y, desgraciadamente, creo que yo la tengo de una de dieciocho. Sin embargo, estoy dispuesta a admitirlo; por eso desde aquel viernes me digo cosas como: "Ciertamente, ya no eres una niña"; "Tienes que actuar adultamente"; "Una señora de edad ya no se puede permitir ciertos lujos"; "Enfréntate a tu realidad de mujer mayor"; "¡Admítelo!, la mini ya no te queda"; "Ahora sí, no puedes dejar de ponerte tu crema de noche y la del cuello"; "Tienes que hacer más ejercicio".

Pero como también ya soy más adulta que hace dos semanas, ahora tengo que decirme que el exterior no importa, que eso es lo de menos y que es más importante *ser* que *parecer*. Sin embargo, llegar a estas sabias conclusiones me hace sentir todavía más vieja e insegura; me digo que si a partir de ahora no cuido muchísimo más mi *apariencia*, mi *ser* se va a acomplejar, y el resultado va a ser aterrador porque me convertiré en una vieja horrible, por fuera y por dentro.

Quizá lo importante es sentirse joven para parecer joven. Pero para sentirme joven, tengo que verme joven en el espejo; y para lograr esa imagen debo hacer ejercicio, ponerme cremas, mantenerme a dieta, etcétera. ¿Por qué no se podrá decir, cuando se encuentra a alguien en la calle que hace mucho tiempo no se lo ha visto: "¿Cómo estás? Te siento muy madura por dentro. Tu fuerza espiritual me deslumbró, siento tu mirada llena de paz y serenidad"? Lo más natural es que, cuando uno se encuentra a alguien, en lo primero que se repara es en su apariencia física; si uno la advierte descuidada y avejentada, de inmediato se piensa: "¡Híjole! La pobre se ve que le ha ido de la cachetada. Para mí que está atravesando la peor etapa de su vida. Luego, luego se ve que no es feliz. Esa gordura que tiene es completamente autodestructiva. Se ve mucho mayor que su edad".

No hay duda que el paso del tiempo es implacable e inexorable. Últimamente, por ejemplo, me he fijado que en las reuniones sociales a las que voy, una vez que se ha agotado el tema sobre seguridad y delincuencia (después de cuatro horas), invariablemente se habla de operaciones, gastritis, mala circulación, dietas, recetas caseras, vitaminas, tipos de ejercicios, etcétera. Vayan algunos ejemplos: "Mira, no hay nada como el té de perejil en ayunas para estimular la circulación"; "Lo mejor es instalar una bicicleta fija en tu baño y pedalearle una hora; así haces ejercicio sin smog, y leyendo tu periódico"; "Yo *ya* no ceno, porque por las noches no podía dormir"; "Estoy yendo con un acupunturista ma-ra-vi-llo-so"; "El otro día descubrí que mis riñones ya no funcionan"; "¿Saben qué es magnífico para la colitis?"; "Yo ya me compré un seguro de gastos médicos"; "No hay nada como caminar una hora por las mañanas"; "Necesito el nombre de un ortopedista porque me está doliendo mucho la espalda"; "Me acabo de inyectar B12 porque ya no podía más".

Pensarán, con razón, que estoy exagerando, que la vida empieza a partir de los cuarenta años, que en esas cosas no hay que pensar, que son tonterías, que a nadie le importa lo que opino acerca de la vejez. Todo eso es cierto, pero lo que también es verdad es que, hace exactamente una semana, me desperté con cuarenta y dos años encima, y que cada vez más siento que no está lejos el día en que me despierte con el doble de edad...

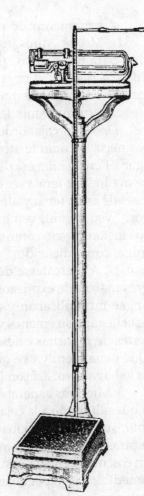

¡Hola, arrugas!

*A*l momento de pagar en la caja de la Librería de Cristal de Monte Athos, escuchó desde el fondo de la tienda: "Mamá, mira, para tus arrugas. ¿Por qué no te compras este libro que se llama *¡Adiós, arrugas!*?". Era la dulce voz de su adorable hija de doce años. Primero se hizo la distraída, la que no había oído nada. Fue inútil, porque ante su mutismo, la voz insistía: "Mami, ¡cómpratelo! Se ve padre". Desde la caja, ordenó telepáticamente a su hijita: "¡Cállate! No seas necia. ¿Cómo te atreves? Ya vente para acá y deja ese libro en su lugar". Pero la niña era desobediente o insensible a la telepatía de su pobre madre que temía ser denunciada ante el cajero y las dos jóvenes señoras de cutis terso y aterciopelado que deambulaban por entre los libros. "Ven, mami, ven a verlo", seguía diciendo aquella vocecita. En esos instantes, vio cómo una de las dos señoras le daba un codazo a su amiga, como diciendo: "¡Ay, sí, que lo compre la pobre porque parece pasita!". Al percatarse de que la habían descubierto, sintió que sus ligeras marcas de expresión (léase arrugas) se ahondaban, se pronunciaban, se multiplicaban y aparecían por todo su rostro desbordándose hasta llegar a sus manos viejas, ya para entonces (y por la angustia) cubiertas de manchas cafés. El cajero, con sonrisa ligera, parecía decirle: "Qué pena, pero ya ve que los borrachos y los niños dicen la verdad. No le haga caso, así son los muchachos de ahora".

Mientras esperaba su cambio, el tiempo se le hacía eterno: sentía que allí frente a la caja había envejecido once meses y ocho días. En tanto, su hija continuaba ojeando el libro: "Mira, mami, tiene dibujos de caras con arrugas como las tuyas. Aquí dice: 'Acuda a la oficina de correos más cercana a su casa y compre varias estampillas grandes, humedézcalas y péguelas sobre las arrugas. Esto evitará que mueva ciertos músculos faciales mientras duerme'", leía a voz en cuello. Era demasiado. Ya ni quería esperar el cambio del billete de doscientos pesos. No le importaba. Lo único que quería era correr, huir, escapar, esconderse en Shangri-la, allí donde se encuentra la eterna juventud.

Respiró hondo, contó hasta diez y, con toda humildad, se dirigió hasta donde se encontraba su hijita. "Vente, gorda. Ya vámonos porque es muy tarde", le dijo con la bondad toda de una dulce anciana.

Esa noche no pudo dormir; se sentía acabada. "¿Por qué no lo compré?", se repetía una y otra vez. "¿Por orgullo? ¿Porque ya estoy miope que ni alcanzo a ver en el espejo mi cara repleta de arrugas? Pero si siempre les digo a mis hijos que el físico no importa, ¿por qué en el fondo me preocupo yo tanto? ¿Por qué no lo compré? A lo mejor ese tipo de libros sí es eficaz. ¡Y yo que creía que me estaba convirtiendo en una mujer interesante, cuando en realidad me estoy volviendo una anciana! ¿Por qué las arrugas no se concentrarán mejor a lo largo de la espalda o a lo ancho del cuero cabelludo, donde nadie pudiera verlas? Con la edad, ¿se arrugará también el corazón? ¿Cuánto costará un lifting? Una vez escuché que en Cuba los hacían muy bien, ¿serán más baratos allá? ¿Por qué habrá insistido mi hijita a gritos y tan públicamente en que me comprara ese libro? ¿Habrá sido una agresión o fue en buena onda, como ella dice? Pero si soy la más chica de mis hermanas, no debería estar arrugándome. ¿Por qué no lo compré? ¿Estaré pasando por una etapa de autodestrucción? O, al contrario, ¿estaré madurando y lucir joven a toda costa ya no me importa? Si como te ven te tratan, ¿en adelante me tratarán como a una ancianita? ¡Tan fácil que hubiera sido comprarlo y enterarme de cómo decirle adiós a las arrugas!", repasaba mientras mantenía los ojos como platos, fijos en el techo.

Se movía de un lado a otro en la cama, y se imaginaba a las dos señoras que estaban en la librería, muertas de risa, contándoles a sus amigas el episodio: "Entonces la pobre vieja no sabía ni dónde meterse. Y su hija seguía diciéndole: 'Ay, cómpratelo, mami, para tus arruguitas'. Híjole, nos daba una lástima la pobre. Yo creo que ni con cien libros que comprara se le quitarían todas sus arrugotas", le parecía escuchar entre tinieblas. Luego se veía con la cara cubierta de estampillas para prevenir nuevas arrugas.

A la mañana siguiente, como de costumbre, llevó a sus hijos al colegio. Inmediatamente después se fue a la Librería de Cristal y esperó frente a la puerta hasta que abrieran. No quería que ningún cliente la viera comprar este tipo de lecturas. No obstante, cuando abrieron la librería, entró con ella una pareja. Muy discretamente, se dirigió hasta la mesa donde se encontraba el último ejemplar de *¡Adiós, arrugas!*, de Constance Schrader, y lo tomó.

"Oye, ¿cuánto cuesta *¡Adiós, arrugas!*?", gritó el cajero a su compañero que estaba poniéndose su bata azul marino en el fondo de la librería. "¿¡*Adiós, arrugas!*?", repitió. "Sí, ¡*Adiós, arrugas!*", insistió el primer empleado. "Cuarenta y nueve pesos", respondió.

La clienta pagó con un billete de cincuenta pesos, mientras la señora le daba un codazo a su marido, como diciendo: "¡Qué bueno que lo compró, porque buena falta le hace!".

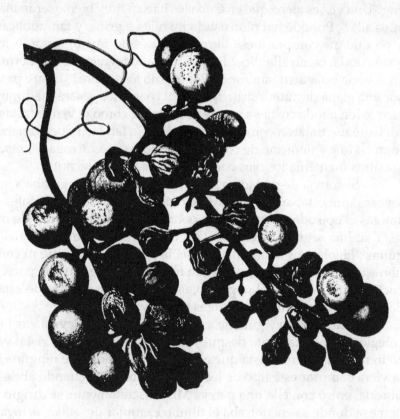

CUMPLIR CUARENTA Y CUATRO

*N*ada le aterra más que el paso del tiempo. Por eso cada vez que cumple años se rebela doblemente contra lo que ella misma llama "mi peor enemigo". Mañana domingo, como cada año, tendrá una cita más con este adversario oscuro e implacable. Bien decía Conrad que, desde la cuarentena, "todo hombre percibe ante sí una línea de sombra, la atraviesa con un estremecimiento y piensa entonces que las regiones encantadas de la juventud quedan en lo sucesivo a sus espaldas".

Conforme pasa el tiempo, la cuarentona siente que esa "línea de sombra" le oscurece cada vez más la existencia; últimamente no puede dejar de percibir esas penumbras. Siente que la acecha hasta en los lugares más impensables. No hace mucho fue a Liverpool para aprovechar la barata de blancos. Esa mañana se sentía particularmente animada; decidió entonces subir por las escaleras hasta el segundo piso, donde se encuentran sábanas y toallas hasta con un cuarenta por ciento de descuento. Con toda agilidad fue subiendo cada escalón: quiso hacerlo como cuando tenía dieciocho años. Pero a medio camino comenzó a sentir que se sofocaba; continuó, haciendo caso omiso de la falta de aire, pero fue inútil: al cabo de tres escalones más, tuvo que detenerse para respirar profundamente. "¿Le pasa algo, señora?", preguntó un señor que estaba a sus espaldas. "Permítame ayudarla", le dijo, tomándola del codo. Cuando llegaron al segundo piso, su acompañante comentó: "Debería sentarse un ratito para descansar". Cuando escuchó esto, ella no quería sentarse, lo único que quería era acostarse y llorar por todos esos años que ahora le impedían subir las escaleras como cuando tenía dieciocho.

Ahora también resiente ella el deterioro de sus facultades, como, por ejemplo, la vista. ¿Cuántas veces no se ha dado por vencida al buscar con lupa, aparte de sus anteojos, un número de teléfono en el directorio (blanco o amarillo)? Lo mismo le sucede cuando quiere averiguar en un periódico el horario de una película; varias veces ha optado por ir personalmente a preguntar a la taquilla. Igualmente, siente que su memoria va en decadencia. Cuando se reúne con sus amigos y quiere contar algún chiste, a mitad del relato se le olvida el final. Difícilmente se acuerda del nombre de los que han sido sus artistas predilectos. De seis a siete veces al día, extravía las llaves del coche. A pesar de que todo se lo atribuye a la contaminación, en el fondo sabe que es debido a una vejez irremediablemente anunciada.

Es tal su obsesión, que por las noches, cuando se desmaquilla frente al espejo, despliega los laterales para observarse detenidamente desde todos los ángulos. Entonces mira, con riguroso escrúpulo, cada una de sus arrugas, de sus imperfecciones. "Todo se me está cayendo", piensa: "la cara, las narices, el busto, las caderas, los hombros, la papada, los párpados. En muy poco tiempo, se me irán cayendo los dientes, el pelo y todas las ilusiones". Por las noches, antes de dormir, llena su frente arrugada de signos de interrogación: "¿Cuántos años tendré en el año 2000?"; "¿Cómo me veré de vieja cuando entre a la iglesia del brazo de mi futuro yerno?"; "¿Quién me va aguantar cuando me convierta en una menopáusica?".

Por las mañanas, mientras desayuna, observa sus manos: una a una va contando las manchas cafés: doce, trece, catorce y quince. "Hoy amanecí con manos de mujer de sesenta años. Cuando tenga esa edad, se convertirán en dos manchas gigantes; entonces tendré que ponerme guantes", se dice entre sorbito y sorbito de su café negro.

Otra de las claves para identificar su avanzada edad, es que últimamente cuando le habla de tú a los jóvenes, éstos ya no se atreven a contestarle como antes. Incluso, si ella les dice: "Ay, pero por favor háblame de tú y dime por mi nombre", éstos insisten, seguramente porque su edad se impone: "Sí señora, o no señora". Muchos de ellos han dejado de tutearla, no obstante que la conocen desde hace mucho tiempo.

Hasta su forma de caminar siente que ha cambiado. De ninguna manera tiene la misma agilidad para bajar del coche; ahora se tarda mucho más en hacerlo y casi siempre necesita una mano amable para ayudarla. También ha habido un cambio en su forma de hablar. Sin darse cuenta (¡ay, pobre!), sigue recurriendo a expresiones de los sesenta: "Qué quemada"; "Ese señor ¡está hecho un mango!"; "Mi hija está guapísima, aguanta un piano"; "¿Por qué no organiza una tardeada?";"Ayer me sentí de lo más a go-gó"; "Bueno, ai nos vidrios"; "Ayer estuve en una cena de lo más nice"; "Yo siempre voy a la Reseña (en lugar de la Muestra)"; "No me gusta tu vestido, está demasiado psicodélico"; "Mi amiga es ¡vaciadísima!"; "A mí, ese cuate, me cae a todo mecate".

No, nada le aterra más que cumplir un año más, cada trescientos sesenta y cinco días. Mañana seguramente se quedará todo el día en cama, para no asistir a la cita que tiene con su peor enemigo: el tiempo...

Cuarenta y siete

*E*l jueves pasado se despertó con cuarenta y siete años encima. Cuando abrió los ojos se dijo como asustada: "Soy un año más vieja"; súbitamente volvió a cerrarlos. Se tapó la cabeza con la sábana y de pronto se acordó de una frase de Julio Cortázar que leyó en *Rayuela*: "Después de los cuarenta años, es en la nuca donde llevamos nuestro verdadero rostro, mirando desesperadamente hacia atrás". Con la cara cubierta y los ojos cerrados se quedó pensando.

"Ahora sí me falta poquito para llegar a los cincuenta. ¡Qué horror! A mí que se me olvida todo, ¿por qué no se me olvidará la fecha de mi cumpleaños?, y así cuando me pregunten: ¿cuántos años tienes?, contestaré: 'La verdad es que hace mucho se me olvidó la fecha'. Lo malo es que nadie me creería; por añadidura, me delataría no tener aún mi credencial de elector o mi cédula de identificación fiscal. Además, nunca faltan las personas imprudentes que te dicen cosas como: 'Tú eres mayor que yo, ¿verdad?'; o bien: 'La que iba al colegio contigo era mi hermana la más grande'. Por eso odio encontrarme gente que dejé de ver hace mucho. Por esta misma razón rehuso ir a las comidas de exalumnas del colegio; al ver a mis contemporáneas todas tan viejas, en seguida imagino que piensan lo mismo de mí: '¡Híjole, ahora sí ya dio el viejazo!', dice una cuando se topa con una excompañera que no había visto por más de veinte años; 'Ay, ¿a poco tú eres fulanita? No, no lo puedo creer. Pero ¡cómo has cambiado!', te dicen otras en tono ambiguo, que podría significar: '¡Híjole, qué bueno que cambiaste, porque de niña eras un horror!'; o: '¡Qué barbaridad, cómo te descompusiste, y eso que tú eras de las que prometían muchísimo!'. Las peores son aquellas que se te acercan a dos centímetros de distancia y a voz en cuello te preguntan: 'A ver, ¿quién soy?'; y mientras una hace esfuerzos gigantescos para acordarse de quién se trata, le va una descubriendo arrugas y más arrugas, los párpados y los cachetes caídos y una papada atroz (no sé por qué las personas de mi misma edad me parecen más viejas que yo); y los segundos pasan y pasan: 'Ay, ¿no te acuerdas?', preguntan impacientes. Hasta que de repente una le descubre, allá en el fondo de unos ojos cansados, una mirada semejante a la de Zutanita, excompañera de sexto de primaria: 'Ay, claro, pero si eres tal', exclama una, temerosa de haberse equivocado. A éstas no se les reconoce por envejecidas, pero también las hay que han cambiado tanto con un lifting o el colágeno, que de plano sí resulta imposible identificarlas; tal vez sean éstas las que me dan más lástima.

"Bueno, pero ¿por qué las critico? Si yo misma he pensado muchas veces en restirarme. Si no lo he hecho es porque no tengo dinero. ¿De dónde sacaría diez mil dólares? De lo contrario, ya estaría haciendo cita con el doctor Díaz Infante. Dicen que es buenísimo; que entras al hospital un viernes por la tarde y sales el lunes por la mañana con quince años menos; es decir, que en tan sólo un week-end, te deja tan fresca como Demi Moore. Eso sí, sales con la cara un poquito hinchada y con algunos moretoncitos, pero una semana después estás perfecta. Ay, pero qué miedo, ¿qué tal si me quedo en la plancha como castigo de Dios por vanidosa y frívola? No, no, de plano no me animaría; me entraría demasiada culpa. Y luego, ¿qué tal si quedo más bien como Silvia Pinal? Ay, no, qué horror. No sé por qué pienso que todas las que se restiran terminan pareciéndose entre sí. Para mí que el momento en que realmente se es vieja por dentro, es el día en que una se opera. A partir de ese instante, seguramente la recién operada se mirará en el espejo con angustia, auscultando cada partícula de su piel. Imagino la escena: está ella frente a un espejo con lupa, diciéndose: 'Ay, Dios mío, creo que ya me salió otra arruguita. Ay, caray, ¿qué tengo aquí? ¿Una manchita? ¿Será consecuencia de la operación? No obstante el lifting, ¿seguiré envejeciendo?'. Además, ningún cirujano, por bueno que sea, me podrá negar que a las restiradas se les pone cara de precisamente res-ti-ra-das. Incluso a muchas de mis amigas que se lo han hecho, les ha cambiado la actitud. Por ejemplo, cuando entran a un restaurante o a una reunión, me he fijado que llegan con cara de look at me. Los ojos los abren más que de costumbre y mueven lentamente la cabeza de un lado a otro. Cuando saludan de beso, se inclinan como en cámara lenta, como si temieran que se les desprendiera su piel nueva. Cada cinco minutos sacan la polvera y revisan el maquillaje. A las que no les dicen nada respecto de su nuevo look, se sienten frustradas. En cambio, a las que las elogian desde que llegan, diciéndoles todo tipo de cosas como: 'Ay, pero ¿qué te hiciste? ¿Qué acabas de llegar de un spa o qué? Yo creo que estás enamorada, porque estás guapérrima', difícilmente algunas de ellas dirán con toda llaneza: 'Pues fíjense que me operé'. Por lo general, se hacen las disimuladas y se limitan a decir que han adelgazado algunos kilitos.

"Tengo la impresión que muchas de ellas dejan de ser naturales. Como efectivamente algunas se ven más jóvenes, deciden cambiar totalmente de look; se compran ropa más juvenil, atrevida y con frecuencia se visten de sport en tonos pasteles. Las más cursis hasta cambian de vocabulario; creen que se ven obligadas a hablar como sus hijos, incluyendo las groserías. Y las más inseguras, terminan por coquetearle a los amigos de sus hijos. Cuando algunos de ellos las elogian: 'Ay, señora, qué guapa', responden: 'Ay, ¿tú crees? Eso me dices porque eres un chico muy educado. De todos los amigos de mi hijo, tú eres mi consent', terminan diciendo en tonito de niña traviesa. Ay, ¡qué ridículas! Prefiero terminar pareciéndome a la Madre Teresa que a estas señoras que seguramente tienen el alma como pasita. Los que también me acaban dando mucha lástima son los maridos e hijos que animan a la "reinita" de la casa a hacérselo. Semanas antes, los temas de conversación en las comidas y cenas giran alrededor del mismo tema, el lifting de mamá: '¡Ándale, vieja! Yo te lo pago. Anímate. Vas a quedar chula de bonita', opinan los papás machos. 'Ay, sí mami. Para que parezcas nuestra hermana. Además ya todas mis tías y tus amigas se lo hicieron. Te juramos que no se lo decimos a nadie', les dicen sus hijos."

En todo esto pensaba; la cara todavía cubriéndola con la sábana como un sudario mortuorio. Cada cumpleaños era lo mismo: una lucha interna desgarradora contra los demonios del tiempo; sufría tanto con la idea de envejecer que, si en esos momentos se le hubiera aparecido el diablo proponiéndole la juventud eterna a cambio de su alma, feliz hubiera aceptado. Finalmente, con gesto brusco hizo a un lado las cobijas y se incorporó. Y, mientras oía en el radio el discurso de despedida del papa, se dio un regaderazo y se vistió.

"¿Por qué nunca hablará el papa sobre la vejez, sobre la menopausia y sobre las mujeres que no queremos cumplir un año más?", se dijo mientras se ponía su crema hidratante dándose golpecitos con las yemas de los dedos. Después de haber desayunado con sus hijos ("¿Te sientes vieja, mamá?", le preguntó su hijita de dieciséis primaveras un tanto inoportunamente) y recibido sus regalos del mejor modo posible, salió corriendo al dentista; tenía cita a las 11:00 a.m. Al llegar al consultorio, la enfermera le anunció que pasaría hasta las 12, debido a sus quince minutos de retraso.

Instalada en la antesala, se puso ella a observar sus manos. Ya no se le veían de mujer joven; al contrario, parecían fatigadas y hasta tristes. Su piel estaba deshidratada; "Ahora sí tengo que ponerme crema", pensó. Súbitamente se detuvo. No, ya no quería deprimirse. "No hay duda que la edad se ve en las manos. Lo malo es cuando comienza a propagarse por todo el cuerpo hasta llegar a los pies. No hay nada más desconsolador que los pies de un anciano", se dijo desesperanzada. Para ya no seguir pensando, decidió tomar una de las revistas que aparecían sobre una mesita baja; distraídamente eligió una española que se llama *Blanco y Negro*. Empezó a hojearla; de pronto, sus ojos leyeron: "La fiebre del oro. La técnica del hilo de oro revoluciona el mercado de la estética. Gracias a esta técnica, se eliminan las arrugas de la cara y el cuello en cuestión de un cuarto de hora, con anestesia local y sin cicatrices ni hospitalización. El principio es sencillo. Cuando la piel empieza a flojear y las arrugas amenazan, un remaillage con hilo de oro puede devolver la tersura perdida. El objetivo es que esta auténtica malla subcutánea 'sujete' a la piel y la levante, restituyéndole el vigor perdido. Toda la operación se realiza con una simple aguja, con la que el médico va introduciendo las hebras doradas por debajo de la piel del paciente. El resto lo hace el propio organismo al reaccionar ante el cuerpo extraño". No, no lo podía creer; la Providencia le había puesto en sus manos aquel artículo. Sin duda esto era una señal a la cual no podía ser indiferente. Con un poquito de taquicardia, siguió leyendo: "La técnica del hilo de oro nació en Francia, gracias al cirujano plástico Jean Coux, que la practica casi en secreto desde hace más de veinte años. Se dice que personalidades de todo el mundo acuden a su consulta para que sus manos expertas tejan de nuevo la belleza que empieza a perderse, a escurrirse por los sumideros de los cuarenta años de edad. Catherine Deneuve, la bellísima actriz francesa, mantiene a los cincuenta la tersura de su piel gracias a más de veinte metros de hilo de oro repartidos por todo su cuerpo". "¡Con razón!", exclamó en voz alta. Un viejo matrimonio que también esperaba pasar con el dentista, la miró sorprendido; se hizo la disimulada y continuó leyendo el reportaje. En un pequeño recuadro decía: "Para salvar su cutis de los embates de la edad, las francesas gastan 27 mil millones de francos en productos cosméticos, el doble del presupuesto para la cultura, una cuarta parte de la educación nacional y la sexta parte del presupuesto de defensa nacional de Francia. Desde un punto de vista científico, no se ha comprobado hasta la fecha que una crema muy cara sea más eficaz que una barata. La única diferencia reside en la satisfacción de la consumidora: un placer que cuesta caro pero que cura la moral". "Y de pensar todo el dinero que invierto en mis cremas...", se dijo angustiada. Estaba a punto de leer el precio de la técnica de oro (150 mil pesetas en comparación con 500 mil de un lifting), cuando de repente la llamó la enfermera para que pasara con el doctor. Con todo el dolor de su corazón dejó la revista en su lugar y pasó al consultorio. En tanto le hacían el trabajo, se puso a pensar en el artículo que acababa de leer: "¡Qué maravilla! Este método parece de lo más eficaz. Si se lo hizo Catherine Deneuve ha de ser buenísimo. Con razón en la película *Indochina* le noté algo raro. Por momentos se veía guapísima, pero sin embargo había otros en que la encontraba más bien viejona. A lo mejor se puso oro de 12 kilates. Si me lo hago, será de 18. ¿Cuándo llegará a México? Yo imagino  que si se firma pronto el tratado, rápido tendremos a estos doctores españoles. Ya sé. Para conseguir el oro podré fundir mi pulsera gruesa de cadena que heredé de mi mamá, el bejuco y los aretes que me compré en Oaxaca. No, mi medalla de la Virgen de Guadalupe de troquel antiguo no la voy a fundir. Sería de muy mal gusto. Bueno, todo depende de cuántos metros de hilo de oro necesito. No obstante, mi medalla no la toco. Pero eso sí, nada más sería para la cara. El resto no me lo tocaría, ni de chiste. ¿Se podrá también hacer con hilos de plata? Digo, para las señoras que no tienen mucho dinero. Si es así, México multiplicaría la exportación del metal en todo el mundo. Si me lo hago, ya no tendré que invertir tanto dinero en cremas La Prairie. Prefiero lo del hilo de oro que un lifting, o un peeling o el colágeno, o que las inyecciones de extractos de placenta de borrego negro, como las que se ha hecho una amiga mía. ¡Híjole, es que ya ni saben ni qué inventar!", se decía, mientras la maquinita seguía haciendo zzzzzzzzz en una de sus tantas muelas de cuarenta y siete años de edad.

Con el labio inferior completamente dormido, hizo el cheque de los honorarios del doctor. "Cuidado con el calcio, tiene usted que tomar vitaminas para fortalecerlo. Además, me gustaría hacerle otras radiografías para los otros molares que veo muy mal", le dijo el dentista, ignorante de todo lo que estaba hiriendo a su pobre paciente. Antes de despedirse de la enfermera tuvo ganas de pedir prestada la revista, pero no se atrevió. "Se va a dar cuenta que es por el reportaje del hilo de oro y me voy a delatar. No, mejor no." En el trayecto camino a su casa, puso Radio Universidad. La música clásica le ayudaba a relajarse y a poner en orden sus ideas. "¡Qué absurdo es todo! ¿Por qué tengo tanto miedo de envejecer? Lo importante es aceptar la edad y punto. Mejor olvidarme del hilo de oro y del lifting. No sé dónde leí que para permanecer joven es necesario evitar las contrariedades. Dicen que el estrés actúa tanto o más que las condiciones físicas en el envejecimiento de la piel; y no nada más de la piel: desgasta a todo el individuo. Y yo que vivo sumida en el estrés. Por eso me siento siempre tan cansada. Cuando es martes, siento que ya es viernes. Cuando apenas son las doce del mediodía, tengo la impresión que son las siete de la noche. Siento que hay días en que ya no me irriga correctamente la sangre el cerebro. Todo se me olvida. No digiero bien. Por más dietas que haga, ya se me puso cuerpo de señora gorda. Constantemente se me hinchan los pies. Se me están cayendo los dientes. En fin, ahora sí estoy entrando a la tercera edad pero por la puerta grande. Bueno, pues, ya no debo de quejarme, tal vez sea preferible ser viejita pronto, para durar mucho tiempo vieja, así como Rose Kennedy". Como decía el general Riva Palacio: "Que tiene la vejez horas tan bellas, como tiene la tarde sus celajes, como tiene la noche sus estrellas", se repitió esta anciana prematura el día que cumplió cuarenta y siete años.

*S*i algo odiaba era cumplir años. Lo detestaba; lo aborrecía con todo su corazón. Cada trescientos sesenta y cinco días, una semana antes del día tan temido, era víctima de súbitos cambios de estado de ánimo, nerviosismo exaltado, susceptibilidad a flor de piel; pero, sobre todo, auscultaciones minuciosísimas frente a su espejo de aumento.

"Ahora sí ya se me están cayendo los párpados; de perfil se me ven los cachetes caídos. Cada vez me descubro más bigotes y barbitas. ¿Por qué una no se podrá depilar las arrugas? ¡Sería tan fácil!... Arruga que apareciera, ¡puuup!, arruga que nos quitaríamos con nuestras pincitas. ¿Por qué no inventarán una cera que después de veinte minutos de untada sobre la cara, al levantarla de un tirón se llevara todas nuestra arrugas? Y así, lugar que cubriéramos, que arrancara todo aquello que no nos gusta: sobre la frente, arrancaría los malos recuerdos, los resentimientos, los traumas, los complejos. ¿Será por eso que las arrugas más difíciles de combatir con cremas son las de la frente? Y las del cuello, ¿por qué se forman? ¿Por todos los nudos de garganta que no nos permitimos llorar? ¿De dónde vendrán las arrugas? ¿Por qué nadie se salva de ellas? ¿Por qué tuvo tantas la Madre Teresa? ¿Habrá nacido con ellas? ¿Por qué no habrá una tintorería especializada en arrugas faciales? 'Bueno, ¿hablo a la tintorería La Eterna Juventud? ¿Podría usted, por favor, mandar a recoger un cutis medio arrugadito? ¿En cuánto tiempo lo tendrá listo? ¿En tres días? Está bien. Oiga, ¿y cuánto me va a cobrar? Okey. Estoy de acuerdo. Pero me lo deja muy planchadito, ¿eh? Nada de que está muy arrugado y que esta arruguita no se quiso quitar. Bueno ahí se lo encargo mucho. Oiga, señor, y ¿hacen trabajos con almidón? Bueno, pues también me lo almidona por favor. ¿Pasan a buscarlo esta tarde? Perfecto. Muchas gracias. Adiós', le diría al señor de la tintorería. Sería un negociazo. Pues no habrá tintorerías pero ahí está el lifting. Ay, pero es carísimo. El sólo considerarlo es de una enorme frivolidad; como está el mundo, ¿cómo puedo estar pensando en esas estupideces? Todas esas operaciones son trampas; puras trampas que las mujeres inseguras nos ponemos. ¿Por qué mejor no aceptarme con mis cuarenta y nueve años y con mis arruguitas, perdón, con mis líneas de expresión? Pero lo malo es que cada día que pasa se ven más. Si no comenzaran a notarse tanto, juro que no pensaría en ellas. Por eso tal vez la solución sea una ligerísima restiradita. ¿Acaso una operación así no forma ya parte de la modernidad, de la globalización, del siglo XXI? ¿Soy o no soy una mujer de espíritu moderno, independiente, que gana su dinero, que viaja sola, luchona, emprendedora, etcétera? Entonces, ¿cuál es el problema? ¿Los diez mil dólares? ¿El miedo? ¿La culpa? Pues, todo eso junto. Claro que le podría decir al doctor: '¿No le importa si primero opera una mitad y luego la otra? Así nada más serían cinco mil dólares y los gastos de hospital'. ¿Cinco por diez? ¡¡¡¡Cincuenta mil pesos!!!!! ¡¡¡Qué horror!!! Entonces, mejor le diría al doctor: '¿No le importa si me opera nada más un cuarto de mi cara?' ¿Dos mil quinientos dólares por diez? ¡¡¡Veinticinco mil pesos!!! No, no estoy loca. Además, ¿qué tal si por presumida e insegura me quedo hemipléjica o en la plancha? Encima, con una operación así siempre se corre el riesgo de que la dejen a una completamente diferente. Ha de ser horrible que después de que te la hagan, nadie te reconozca. 'Niños —les diría a lo mejor a mis hijos—, se los juro que soy yo. ¡Su madre! Por favor no me desconozcan. Aunque me vean igualita a Claudia Schiffer, sigo siendo la misma. Su madre.' ¡Híjole, que a una no la reconozcan, eso sí que ha de ser espantoso! Susceptible como soy, me la pasaría sufriendo, porque como nadie me reconocería, pues nadie me saludaría al encontrarme. '¡Hola!', les diría feliz de la vida con mi cara toda planchadita. 'Perdóneme pero yo creo que se equivocó', me responderían dándose la media vuelta. En ese caso, hasta tendría que cambiar de pasaporte, de credencial de elector, de licencia. Tendría que remplazar todas las fotografías que tengo con mis hijos. Ay no, qué lata. Claro que si me lo hiciera, ya no habría

necesidad de retocar las fotos. Tendría nuevas amigas mucho más jóvenes. Tal vez hasta volvería a jugar basquetbol, quemados, etcétera.
Volvería a hacer cantidad de cosas que hace años ya no hago. Volvería
a creer en lo que creía. Por ejemplo..., por ejemplo hace muchísimos
años creía que todo el mundo era buena gente, que actuaba siempre de
muy buena fe. Creía que todos los presidentes de México pensaban
igualito que Benito Juárez. Creía que los maridos nunca engañaban a
sus esposas. Creía que los únicos que mataban eran los gángsters que
salían en las películas. Creía que todos los policías eran honrados y
que sinceramente se preocupaban por los ciudadanos. Creía que todos
los doctores curaban y que nunca se equivocaban. Creía que los
banqueros eran personas muy decentes. Creía que lo que decían los
noticiarios era la puritita verdad. Creía que un dólar siempre iba a
costar 12.50 pesos. Creía que las personas que tenían tipo de gente
decente, como Prevoisin, eran incapaces de robar. Creía que cuando
los artistas se besaban en la boca en las películas, era porque estaban
enamorados de verdad. Creía que cuando lloraba Libertad Lamarque
sufría sinceramente. Creía que la manzana de Adán que tienen algunos
hombres en el cuello, era realmente la manzana de Eva. Creía que todos los padres de la Iglesia eran incapaces de tener el mínimo mal pen-
samiento. Creía que si las monjas cobraban colegiaturas tan elevadas,
era exclusivamente para ayudar al colegio de las alumnas pobres.
Creía que nada más se podía hacer el amor en la oscuridad. Pero, sobre
todo, creía que yo nunca cumpliría cuarenta y nueve años. Creía que
iba a ser una viejita muy, muy jovencita. Creía..."

Dejar volar su imaginación, era en ella una costumbre que le
permitía evadirse. Era una forma como cualquier otra de jugar con sus
miedos, de exorcizarlos. Al burlarse de ella misma, se burlaba de sus
fantasmas y debilidades. ¿Por qué le preocupaba tanto la edad? ¿Cómo
reaccionará cuando cumpla cincuenta, sesenta, ochenta años? ¿Cada
año se irán incrementando sus inseguridades? A pesar de su precaria
economía, ¿terminará finalmente por hacerse un lifting? O al contrario,
¿cumplirá el medio siglo resignándose y aceptando su triste realidad?

SIN CUENTA

*C*uando ayer se despertó, no sabía que eran apenas las 5:30 a.m. No fue sino hasta que prendió el radio y escuchó a Manuel Pallares, el romántico conductor de *Distinto Amanecer*, que se dio cuenta que todavía era de madrugada. De pronto, entre las tinieblas de su cuarto y las suyas, reconoció una voz y una tonada sumamente familiar: "Éstas son las mañanitas que cantaba el rey David...". Con los ojos semicerrados, ella sonrió y sintió cómo poco a poco se le iban humedeciendo. "¿Quién le habrá dicho a Pedro Infante que hoy era mi cumpleaños? ¡Híjole, qué indiscreción! Bueno, ni modo, ¿qué le vamos hacer? Pues sí, Pedrito, hoy lunes hace exactamente cincuenta años nací en el Hospital Francés. ¿Qué te parece? Ya soy una cincuentona pero de a devis. Te lo juro que yo nunca creí que llegaría a cumplirlos. Pensaba que esa edad, tan pero tan avanzada, nada más le llegaba a los otros, y que conmigo la Providencia o Nuestra Madre Naturaleza harían una excepción. Pero ya ves, Pedro, no fue así. A partir de hoy deberé asumirme como una mujer de cincuenta años. ¡Qué flojera! ¿Sabes por qué me da tanta pereza? Porque todavía me siento de cuarenta. Te lo juro que hay días en que creo que todavía tengo como treinta y dos. ¡Qué ridícula!, ¿verdad? Lo más triste de todo es que sigo actuando y pensando como entonces. ¿Cómo se comportará una señora de cincuenta años? ¿En qué pensará? ¿A chaleco tendré que convertirme en una mujer muy adulta, seria, ahorrativa, responsable, de buen juicio y con criterio. ¡Qué flojera!

"¿Se les disculparán menos algunas situaciones como la impuntualidad, el retraso del pago de adeudos, los olvidos involuntarios, a las mujeres de cincuenta años? ¿Me sucederán, a partir de ahora, cosas que nada más le suceden a las personas mayores? Es decir, esos sufrimientos de los cuales luego hablan los adultos; y, por lo tanto, cada vez que me dirija a los jóvenes, ¿tendré que susurrar expresiones como: 'Ay, muchachos, no se olviden que en la vida nada es gratis'; 'Recuerden que venimos a este mundo a sufrir'; 'Entre menos se confíen de los demás, menos decepciones recibirán'? ¡Ay, qué flojera! ¿Tendré que dejar de ser espontánea, relajienta y desmadrosa? ¡Qué barbaridad! ¡Tengo la impresión que a partir de hoy me empezarán a estorbar diez años de más! Cómo me gustaría poner uno de esos anuncios que se pegan en esos tableros con corcho que tienen en la entrada algunos supermercados, que diga: 'Oferta. Se venden diez años bien vividitos. Facilidades de pago. Se acepta tarjeta de crédito. Trato directo'.

"Ay, Pedro, ¡qué terrible es el paso del tiempo!, ¿verdad? ¿Sabes qué? Me niego a decir las típicas frases que suelen decir las cincuentonas: 'Para una mujer, ésta es la mejor edad'; 'No hay nada como la experiencia de la vida'; 'Es cuando se empieza a vivir re-al-men-te'. Siempre he pensado que las que se expresan de este modo, en el fondo, ni ellas mismas se lo creen. Sé que es un prejuicio absurdo y que, tal vez, la que está super errada soy yo. Seguramente. Si se los dijera personalmente, lo más probable es que exclamen: 'Ay, pero cómo puedes ser tan superficial. ¡Qué insegura y poco libre eres! ¿De qué tienes miedo!'.

"¿Sabes lo que dice Erica Jong en su libro *Miedo a los cincuenta*?: 'Si una posee su propia alma, no tiene que asustarse de los cincuenta años'. Y yo les contestaría: 'Se los juro que estoy ciertísima de poseer un alma, lo que sucede es que a ella también le da pavor cumplir medio siglo'. ¿Te imaginas lo que me dirían? Quizá me encuentres muy boba, Pedro, pero no sé por qué pienso que a partir de este cambio de década, todo se me va ir cayendo poco a poquito. You know what I mean. Y a lo que sí me niego absolutamente es a levantármelo artificialmente. El caso es que cada día me convenzo más de que vivimos en una época en la que cada vez más nos topamos con unas trampas terribles. Hoy en día, muchos de los que ya cumplimos dos veces veinticinco años, insistimos en seguir siendo delgados, seductores, irresistibles, atractivos, en suma: ¡jóvenes! Todo esto en medio de un mundo cada vez más en desorden, incierto, frágil, devaluado y desesperanzado. ¿Te das cuenta? Por lo menos tú, Pedro, nunca llegaste a ser viejo. De hecho, tu voz todavía se escucha fresca, armoniosa y sumamente grata. Sinceramente, no te podría imaginar en la tercera edad.

"Pienso que no hay nada más triste que volver a ver a tus héroes artistas hechos unos verdaderos ancianos. ¿No es cierto, Pedro, que cuando uno los rencuentra todos arrugados, con dientes postizos, con el pelo pintado, con papada y con unas barrigas impresionantes, uno siente que se le viene el mundo encima? Lo peor es que igual se siente cuando uno se topa con ellos ya estirados y con actitudes de jóvenes-viejos galanes. En cambio, al irte tú tan joven, siempre te recordaremos igualito a como estabas en la película *Escuela de vagabundos*. Jamás sabremos cómo hubieras sido a los cincuenta. A propósito de esto, ¿sabías que una de las hipótesis del suicidio de Miroslava es que se quitó la vida a los veintinueve años porque ya se sentía demasiado vieja? No, eso sí que es un exceso. Pero lo que también resulta un verdadero exceso son ¡¡¡¡¡cincuenta años!!!!! ¿Verdad que son un chorro?", se preguntó a sí misma, tristísima.

Para entonces la serenata de Pedro Infante ya había terminado. La recámara empezaba a llenarse con la luz del sol. Se levantó ella de la cama; se dirigió hacia el baño. Se miró en el espejo. A partir de ese momento, se propuso firmemente ya nunca más llevar cuenta de su edad. Sin embargo, no pudo evitar una ligera sonrisa en los labios al decirse: "Muchas felicidades".

¡Uno más!

Querida Sofía:

*A*yer en la noche que me hablaste por teléfono y que me comentaste que estabas deprimidísima porque hoy cumplías un año más, me hiciste reflexionar en muchas cosas. Sabes bien que yo también odio cumplir años. Sin embargo, siento que entre más tengo, menos importancia le doy al paso del tiempo. Por eso me llamó tanto la atención tu actitud tan negativa hacia esta realidad. Ni modo, Sofía, nos estamos poniendo más viejas. Yo diría que más que viejas, nos estamos volviendo más maduras. Es decir, que hemos adquirido más experiencia, sabiduría, autonomía pero, sobre todo, creo que ahora sabemos un poquito más quiénes somos realmente. Dime si no te quieres más que cuando tenías cuarenta años. ¿Verdad que sí? Lo que sucede es que las mujeres de nuestra generación y de esta época tendemos a imponernos muchas obligaciones: "Me tengo que ver joven, vital, fuerte, seductora, deportista, delgada; tengo que llevarme bien con mis hijos, platicarles cosas interesantes, hacerlos reir; le tengo que dar gusto en todo a mi pareja; tengo que leer mucho más, estar mejor informada; no tengo que depender de nadie ni emocional ni económicamente; tengo que trabajar para realizarme; tengo que tomar más vitaminas; tengo que hacer más ejercicio; tengo que ocuparme mucho mejor de la casa; tengo que viajar más con la familia; tengo que hacer el amor como lo hacen las parejas en las películas de Michael Douglas; tengo que..., tengo que..., tengo que...", nos decimos todo el día. Y si ocurre que no cumplimos con alguno de estos "deberes", de inmediato nos sentimos culpables, e incluso hasta nos deprimimos porque tenemos la impresión de que hemos fallado. Pero ¿con quién? ¿Quién dice? ¿A quién le fallamos? ¿No será que en el fondo no nos aceptamos con nuestras limitaciones y debilidades? Como nos sentimos muy defraudadas, y como en el fondo somos unas masoquistas, entonces ponemos en marcha un rollo que dice: "Lo que pasa es que ya me estoy poniendo vieja; ya nadie me quiere;

se me está poniendo cuerpo de señora gorda; ya no me queda mi ropa; a mis hijos les doy una flojera infinita, a mi marido le doy hueva; ya tengo papada, se me están colgando los cachetes, ya no tengo cintura, no me queda ni un ápice de frescura; me voy a quedar sola; ya no digiero el mole; cada día estoy más miope; ya no me quedan los pantalones; ya no me irriga la sangre el cerebro".

¿Por qué nos costará tanto trabajo aceptarnos con nuestros años de más? ¿Por qué cuando descubrimos una arruga más acentuada que las otras, sentimos que el mundo se nos viene encima? ¿Por qué cuando nos sentimos un poquito cansadas, no podemos aceptar que a los cincuenta y un años es normal? ¿Por qué creemos que nos tenemos que ver todavía como Claudia Schiffer, cuando en realidad le llevamos treinta años de más? ¿Por qué insistimos en ponernos Wonderbra, si, al retirárnoslo por las noches, vemos cómo nuestros senos ya no tienen nada de wonderful? ¿Por qué insistimos en ponernos mini falda si al bajarnos de nuestro coche nos tienen que ayudar como si lleváramos faldas hasta el huesito? ¿Por qué diablos nos complicamos así la vida? ¿Por qué nos gusta mentirnos y usamos cremas y más cremas para vernos de cuarenta cuando en verdad tenemos diez más? ¿No crees que es lamentable tanta negación? ¿No te parece tristísimo ponerle tanta energía a tu imagen y tan poco a tu vida interior? Y todo, ¿para qué? Para que cuando te vean te digan: "Ay, qué bien te ves. ¿Qué te hiciste?". ¿Eso te hace feliz?

Te conozco tan bien Sofía que ya sé lo que estás pensando: "Pero es que conforme vas envejeciendo nadie te dice cosas como: 'Ay, qué madura te encuentro interiormente. Te has vuelto más tolerante. De un tiempo para acá eres mucho mejor persona. ¡Qué espiritual eres!'. En lugar de eso, ¿sabes qué dicen de ti si te encuentran un poquito desmejorada?: 'Ay, pobre, ya dio el viejazo. ¿Viste lo gorda que estaba? Además, está arrugadísima, ha de ser muy infeliz. Para colmo nada más hablaba de cosas dizque trascendentales. Para mí que está amargadísima'".

Si de verdad llegaste a pensar esto, permíteme decirte, Sofía, que eres de lo más superficial e insegura del mundo. Ahí radica tu problema. ¿Qué no te das cuenta que entre más te preocupas por esas cosas, menos libre eres? ¿Qué no te das cuenta que entre más tiempo pasa, más te fragilizas?

Te voy a decir algo que seguramente no te va a gustar. Efectivamente, Sofía, no te ves de la edad que cumples hoy. Pareces mucho más joven. Y eso lo sabes. ¡Bravo por tu disciplina, por tus dietas y por tu perseverancia! Sin embargo, anímicamente, te siento como de sesenta años. ¡Te lo juro! (Y no te digo esto por envidia, ¿eh?) ¿Por qué? Por tus miedos e inseguridades. A mi manera de ver tienes tus valores al revés. Acuérdate que es mejor *ser* que *tener*. Si sigues con ese espíritu, ¿te imaginas cuán amargada y sola vas a terminar? Así, de este modo, no vas a aprovechar el crecimiento ni de tus hijos ni mucho menos de tus nietos. Piensa que todavía tienes mucho que descubrir y que aprender. Te apuesto que nunca has leído *El Quijote* ni tampoco *La guerra y la paz*. ¿Te imaginas cuántos conciertos de Mendelssohn te faltan de escuchar? ¿Ya has estado en Cartagena? ¿Es todo lo que te falta por hacer?...

Deberías estar feliz de vivir tan plenamente esta época de tu vida al lado de tus hijos, de los cuales seguramente no dejas de aprender algo cada día que pasa. Deberías estar feliz de gozar de absoluta salud, aunque te quejes de tu circulación y mala digestión. Deberías estar feliz de tener, a tu edad, un trabajo tan creativo y productivo. Deberías estar feliz de ser testigo consciente de los cambios que se están dando en el país. Deberías estar feliz de estar en una magnífica edad para cuando llegue el siglo XXI. Y, finalmente, deberías estar feliz de tener una amiga como yo que te está escribiendo todo esto.

En otras palabras, ambas deberíamos estar felices por tener cincuenta y un años. ¿Quéeeeeeee? ¿Cincuenta y un años? ¡Híjole, ya se me había olvidado! Pero si son un chorro de años. ¡Ay, Sofía!, ¿qué vamos a hacer? ¿Te acuerdas de ese instituto que está en Tecamachalco, donde dan unas clases de gimnasia maravillosas? ¿Por qué no nos inscribimos juntas? Sé que hace poco encontraste a una dietista increíble, ¿me podrías dar por favor la dirección? Oye, ¿y qué hay con eso de los "hilos de oro"? Siempre, ¿te lo vas a hacer? Si te animas, yo también. ¿Cuántos vasos de agua dices que tomas al día? Oye, ¿ya te enteraste que Elizabeth Arden acaba de sacar unas cremas que parece que dan una... "belleza inteligente"? Te prometo que voy a averiguar. Luego te digo. Te dejo porque voy a hacer un poco de ejercicio en la caminadora, ayer no pude.

A pesar de todo, ¡muchas, muchas felicidades por tu cumpleaños!

Te quiere y te manda muchos besos,
Guadalupe

PD: Ya te compré tu regalo. Es un tratamiento para la piel que acaba de sacar Chanel. Parece que éste sí es milagroso. Más tarde te lo paso a tu casa.

Mujeres comprometidas

Celeste

No obstante que es guapísima y por demás simpática, Celeste Batel lo que menos desea es llamar la atención. Muy a pesar suyo, desde hace muchos años rompen su voluntad de discreción, primero, su físico y, segundo, su sensibilidad, sencillez y calidez. Celeste tiene tres hijos. El mayor se llama Lázaro, el segundo Cuauhtémoc y Camila la tercera. Además de ser una espléndida madre, Celeste ha sabido ser por más de treinta años la compañera incondicional y solidaria de su marido, Cuauhtémoc Cárdenas.

Resulta muy difícil hablar de Celeste; es del tipo de mujeres que se cuecen aparte. Tengo la impresión de que Celeste lleva una vida interior muy intensa; que entre más pasa el tiempo, más tiende a cultivar un mundo lleno de fantasías, dudas, recuerdos y esperanzas. Tengo la impresión de que Celeste es tímida; cuando acompaña a su marido a los actos oficiales parece como un poquito lejana. Tengo la impresión de que Celeste hace reir mucho a su marido; que por las noches, cuando él regresa a su casa de giras o de entrevistas muy importantes, le platica de todas las ocurrencias de su hija Camila o de lo que una amiga boba le dijo del PRD. Tengo la impresión de que Celeste cocina rico; que conoce recetas portuguesas deliciosas que tal vez le dio su abuela, la madre de Francisco Batel; que debe conocer otras españolas que quizá le enseñó su madre, Severina Barbato, desde que era pequeña. Tengo la impresión de que Celeste lee mucho y escucha música romántica y clásica. Imagino su escritura muy bonita y artística. Tengo la impresión de que a Celeste le encantan las plantas, las rosas muy abiertas, los collares de ámbar y todo tipo de objetos de carey. Tengo la impresión de que Celeste es una soñadora; que por las tardes, cuando se encuentra en su departamento de Polanco, mira largos ratos por la ventana, aunque frente a ella aparezca un cielo gris y tristón. Tengo la impresión de que Celeste es nostálgica; que hay días que tiene ganas de llamar a sus compañeras del Colegio Motolinia, pero que cierto pudor y, sobre todo, timidez se lo impiden. Tengo la impresión de que

Celeste está muy enamorada de su marido; que le gusta escucharlo cuando dice discursos, cuando hace declaraciones y cuando le habla de las metas de su carrera política. Tengo la impresión de que Celeste se lleva muy bien con su suegra, doña Amalia Solórzano de Cárdenas; que de ella ha aprendido mucho de la vida; que de su suegro, el general Cárdenas, conoce toda su vida política.

Algo me dice que Celeste tiene muy buen corazón, que no es prepotente, que odia todo lo ostentoso y lo que brilla, que no es grilla y que odia dar órdenes a nadie. A Celeste la imagino muy independiente, muy libre; como que no tiene ganas de probar nada a nadie, más que a ella misma. Tal vez lo que más le gusta corroborar es que está viva, que siempre es fiel a sus convicciones personales. A Celeste no le han de gustar las amigas pantuflas, las damas de compañía lambisconas, metiches y barberas, ésas que llaman por teléfono y dicen cosas como: "Oye, ¿no quieres que te acompañe a Liverpool?" o "¿Si quieres paso por ti para ir a la manifestación?". A Celeste no le ha de gustar hacer alarde de que es la señora Cárdenas. Lo que Celeste ha de disfrutar más es estar en su casa con sus hijos y su marido, hablando de cine, libros, pintura y música. Por último, diré que seguramente parte del gran equilibrio que irradia Cuauhtémoc Cárdenas se lo debe a Celeste. ¿Por qué hablo así de Celeste Batel de Cárdenas? Porque la conozco hace casi cuarenta años.

NANISÍSIMA

$\mathcal{D}$ice Nana Mouskouri que para ella "la libertad y la democracia son sagradas". Sí, eso afirma la cantante griega. De que lo dijo, estoy mil por ciento segura. ¿Que cómo lo sé? Porque me lo comentó personalmente. Desde una cabina de Radio Red, tuve el privilegio de entrevistar telefónicamente a Nana Mouskouri. En un español cálido, con un poquito de acento, esto fue lo que dijo: "¿Que si canto al amor, a la libertad, a la mujer, a la tristeza, a los niños y al sol...? Es cierto. Sabes, yo soy griega, es decir latina. Entonces, todos esos sentimientos los vivo de la misma manera que ustedes los viven. Desde siempre, la música mexicana ha estado muy presente tanto en mi vida como en mi país. Mi madre, quien por cierto no habla el idioma, siempre me cantaba canciones mexicanas. Grecia, y todos los países mediterráneos, tenemos muchas cosas en común con los mexicanos. Siento que la tristeza y el dolor los vivimos de una forma muy semejante. Que tenemos los mismos sueños y, de alguna manera, las mismas preocupaciones. Somos pueblos que viven intensamente y que han pasado por muchas penas y dolores. Fíjate que siempre he pensado que la tristeza y la esperanza van de la mano. Que, no obstante, ser sentimientos diferentes, van juntos. Creo que tanto México como Grecia han recorrido etapas muy difíciles. Y, sin embargo, siempre han salido adelante. ¿Sabes gracias a qué? A que nunca han perdido la esperanza en un futuro mejor. Lo que nos ha salvado es que pensamos que siempre es posible construir una nueva vida. Si te fijas bien, nuestras respectivas músicas siempre hablan de estos sentimientos. Mira, yo he sufrido el exilio y la guerra civil, yo sé lo que es eso. Lo he padecido. Por eso ahora, más que nunca, estoy convencida que la democracia y la libertad son fundamentales para vivir, ¿comprendes? Fundamentales. Y ahora que ya entendemos eso, pienso que los mayores tenemos la responsabilidad de dejarle un mundo mejor a los jóvenes. Insisto, para mí, la libertad es sagrada".

"Quiero hacer mucho por los niños"

"Quiero que sepas que, especialmente, respeto el mundo de los jóvenes. Ahora que soy embajadora mundial de la UNICEF también procuro hacer mucho por los niños. Mis ideales para vivir son la libertad y el respeto. Desde que era niña, siempre me gustó ayudar a todo el mundo. Desde que canto, es decir, desde hace treinta y cinco años, siempre he tratado de difundir estos ideales: la libertad, la verdad, la humanidad y, naturalmente, la paz. Estoy fascinada de venir a México para cantar en el Auditorio Nacional. Solamente me quedaré dos días, pero quizá me pueda quedar otro más para cantarle a los mexicanos. Primero iré a Chile a cantar. Después, iré a Bogotá para ver lo de la UNICEF, y luego a México. Para mí tu país siempre ha sido como una inspiración. Tiene una fuerza como pocos la tienen. Soy una admiradora de México. Me encantan los mexicanos con su entusiasmo y su calidez. ¿Que si voy a ir con mis hijos? Nada más con uno. Tengo dos, un hombre y una mujer. El mayor, Nicolás, tiene veinticinco años y la más joven veintidós. Puede ser que mi hijo venga conmigo. Pero todavía no es seguro. Mi hija Helena no puede porque está estudiando en Londres. ¿Que por qué insisto en conservar mis anteojos? Uy, es una vieja historia. Esta opción entra en las concesiones que una tiene que hacer en la vida. Yo creo que una persona existe gracias a lo que hace, a lo que dice y por lo que cree. Es muy importante que tu público te crea, que te sienta honesta y que siempre te reconozca. Por esta razón, conservo mis gafas. Lo hago por mi público, para los que me han seguido desde hace muchos años. Ellos ya están acostumbrados a verme así. Ahora ya soy prisionera de mis gafas. Sin embargo, ahora que no soy tan joven, comprendo que ya no resulten tan estéticas, no obstante, creo que las debo conservar para continuar tal y como siempre he sido. Para ser libre necesito ser auténtica."

"Deseo cantar mariachis"

"¿Que en qué idioma me gusta cantar más? Oh, en todos. Como te podrás imaginar, para mí la música es vital. La necesito para expresarme. Pero, quizá, me gusta hacerlo más en los idiomas latinos: en francés, en griego y, naturalmente, en español. En inglés también me gusta pero no es lo mismo. También canto en alemán. Pero cuando lo hago con música latina, me siento más profunda en mis sentimientos.

Incluso creo que mi voz es mejor. Creo. No lo sé. ¿Que cuál es mi canción mexicana preferida? Uy, es muy difícil contestarte esa pregunta. Todas, 'Cucurrucucú paloma', 'La bamba', 'Volver, volver, volver', 'Es la historia de un amor'. Uy, hay tantas y tantas, como un mar de canciones mexicanas que me gustan mucho y me traen muchos recuerdos. Fíjate que mi madre me enseñó a cantar 'La Paloma'. Es una canción muy nostálgica que tiene mucha personalidad. ¿Sabes cuál es mi sueño? Cantar mariachis", añade muerta de risa.

"Une chanson douce"

Se reía tan bonito, con una naturalidad no muy común en personas tan famosas. En realidad, yo no quería colgar pero Josefina Herrera productora de Radio Red, me hacía señas del otro lado de la cabina. Con la cabeza le decía que sí, que en un momentito más. "¿Quieres que vaya por ti al aeropuerto?", le pregunté, al mismo tiempo que pensaba lo caro que, seguramente, estaba saliendo la llamada de larga distancia. "Ay, Guadalupita, como tú quieras. ¿Vienes al concierto? ¿Me lo prometes? Tú me puedes dar unas ideas para canciones mexicanas pero ya verás cómo te llevarás una sorpresa de cuántas canciones de tu país voy a cantar." "Bueno, Nana, ya vamos a tener que colgar." "Ay, Guadalupita, un abrazo para ti. Con cariño, ¿eh? Hasta pronto. Adiós." Colgamos. En la cabina, toda oscura y fría, de pronto me sentí triste. ¡Qué tonta! Se me olvidó preguntarle muchas cosas. ¿Cómo no le dije todo lo que me ha acompañado su música? ¿Cómo no le dije que últimamente que he andado medio tristona, por las noches su voz me acompaña hasta muy tarde? ¿Cómo no le dije que muchas de sus canciones me las sé de memoria? Como ésa que se llama: "Une chanson douce", y que cantaba Henri Salvador. ¿Cómo no le dije que la otra noche, mientras escuchaba "Una furtiva lágrima", sentí una que me rodaba hasta el cuello y mojó mi almohada? ¿Cómo no le pregunté quién le había enseñado a cantar a Mozart? Ay, le hubiera pedido que me cantara por teléfono "El canto a la libertad". Pero, tal vez, ya hubiera sido un exceso, digo, para las finanzas de Radio Red. ¿Cómo no le pregunté qué opinaba del amor? ¿Estará en estos momentos enamorada? Sé que su productor, André Chapelle, se convirtió en el hombre de su vida. ¿Vendrá con él? Seguramente. Si voy al aeropuerto a buscarla, tal vez en el camino hacia el hotel podría hacerle todas estas preguntas. Pero quizá no pueda ni verla, va a estar tan ocupada. Además, lo más probable es que vaya muchísima gente a recibirla. ¿Por qué será tan sencilla? ¿Así serán todos los griegos? No le pregunté si todavía vivía su madre. Tampoco le pregunté acerca de su primer marido, que era su guitarrista. Quizá hubiera insistido más sobre su exilio, durante la dictadura de los coroneles.

Que se quede dos meses

Le hubiera preguntado ¿cómo veía a su país entonces, desde fuera? ¿Tendrá noticias de lo que sucede en Chiapas? ¿Habrá oído hablar del subcomandante Marcos? Ay, qué maravilloso ha de ser escuchar la voz de Nana Mouskouri cantar con todas sus fuerzas "El canto a la libertad" (de los cautivos judíos en Babilonia, de la ópera *Nabucco*, de Verdi) en medio de la selva chiapaneca. ¿Por qué se quedará nada más dos días? Ahorita que los mexicanos andamos que no nos calienta el sol, se debería quedar por lo menos dos meses. Así, podría cantar todas las noches, ya sea por la televisión o por el radio. ¿Cómo es posible que la persona que la contrató, o la compañía disquera, no entiendan que las canciones de Nana Mouskouri inspiran mucho calorcito en el corazón? Cuando una las escucha, una se siente acompañada y hasta apapachada. Como que se siente que una se reconcilia con este mundo tan extraño y tan enrevesado. Bueno, lo más probable es que esté muy ocupada y que tenga todavía más compromisos en otros países. ¡Qué maravilla que se ocupe de la UNICEF! Recuerdo que en una entrevista a Audrey Hepburn, quien hasta antes de morir era su embajadora mundial, ésta dijo que su tarea en la UNICEF era lo mejor que le había sucedido tanto en su vida profesional como personal. Nana ha de ser generosa y solidaria como, seguramente, lo fue Audrey Hepburn. Por algo se lo pidieron. Ya me imagino cómo se va a impresionar en México, cuando vea a los niños limpiando los parabrisas de los coches, o haciendo de payasitos en los altos. ¡Qué vergüenza! ¿Habrá tanta pobreza también en Grecia? Seguramente. Bueno, lo que sí sé es que tienen muchísima contaminación, como nosotros. ¡Pobres! Ay, debería cantar "La andaluza" de Enrique Granados, en medio del Zócalo. ¿Y si le vuelvo hablar hasta Londres, y hago como que llamamos a Lolita mi hija, avisándole que ya voy para allá? ¿Se darían cuenta Óscar Muñoz (responsable de los controles técnicos) y Josefina? Ay, pero, seguramente, este teléfono ha de tener candados para controlar las largas distancias. Bueno, pero podría explicarles que se me olvidó preguntarle algo importantísimo como, por ejemplo, que si va a venir pronto a México o algo por el estilo. No, no me creerían porque ya tienen la grabación y allí me lo dice ella. Bueno, llegando a mi casa le podría llamar. Ay, pero todavía ni pago el último recibo del teléfono y debo quién sabe cuánto dinero. No, mejor no. Bueno, mejor ya me voy a la casa a escuchar mis nuevos discos de Nana Mouskouri que compré en Mixup de Pabellón Polanco. Además, tengo que ir a escribir mi colaboración del domingo para *Reforma*. ¡Qué chistoso, sentí tan cercana y cálida a Nana, que por un momento tuve ganas de preguntarle si no habíamos ido juntas al Colegio Francés!, pensé antes de tomar mi bolsa y despedirme de Óscar y Josefina.

Una niña popoff

$\mathcal{E}$sta niña popoff nació hace cincuenta años bajo un cielo lleno de estrellas que ilumina una luna espléndidamente romántica. Dicen que su abuelo, de las clases privilegiadas de Yucatán, solía cantarle en maya las canciones de cuna más tiernas que jamás se hayan escuchado. Desde entonces, la niña se sintió atraída por los indígenas y los desprotegidos. Desde pequeña se azoró ante la situación de esclavitud que vivían en Mérida los descendientes de los mayas.

"¿Cómo te describirías?", le preguntaron un día. "No me describiría", contestó. "Bueno, pero alguna definición...", agregó el entrevistador. "No me defino porque me detengo, y si me detengo, dejo de existir", respondió esta mujer tan enigmática que se llama Ofelia Medina. Sí, la misma que seguramente vieron ustedes en telenovelas como *Lucía Sombra*, con la que ganó en 1971 el premio de los críticos de radio y televisión; la misma que protagonizó *Rina*, con la que en 1977 obtuvo un Heraldo, y *La gloria y el infierno*, donde interpretó a Inés Arteaga. Estoy segura de que todavía recuerdan la serie *Toda una vida*, donde Ofelia encarnó a María Conesa, la Gatita Blanca. Desde 1968 incursionó en el cine; con *Patsy, mi amor* ganó en 1969 su primer premio cinematográfico como revelación femenina. Después filmó *El águila descalza y Paraíso*; con esta última, en 1972 obtuvo una Diosa de Plata y un Heraldo. Después, Ofelia filmó *Las pirañas aman en cuaresma, Muñeca reina, Uno y medio contra el mundo, Las figuras de arena, ¿De qué color es el viento?, The Big Fix, La cabeza de la hidra*. En toda esta lista, naturalmente, no se puede dejar de mencionar *Frida: naturaleza viva*; con ella ganó un Ariel por la mejor actuación femenina, además de que la película fue premiada en los festivales cinematográficos de Cuba, Colombia y Turquía. De todas sus películas, la preferida de Ofelia es *Frida*.

"Desde que era muy joven, me obsesioné con la figura de Frida Kahlo. Fue tanta mi obsesión que había momentos en que sentía que se me había metido. Yo fui la que le pidió a Paul Leduc que la hiciera. Hace muchos años, Frida Kahlo estaba considerada como una pintora menor: Ay, sí, pobrecita, estaba muy enfermita, ¿verdad? Ay, qué mujer tan neurótica, solían decir acerca de ella. Al filmarla, hice como un acto de hipnosis. Para alimentarme de sus vivencias y transmitirlas, estuve en trance. Cuando terminé, tres meses estuve como en shock. Después ya se me salió. Frida pertenece al pasado", me dijo Ofelia.

En el teatro, también se ha presentado en varias obras: *El verano, El evangelio según san Juan, Los insectos, Los derechos de la mujer, Lástima que sea puta, Los exiliados, La dama boba, Traición, Doña Giovanni, Frivolidades, Fandango*.

"Yo no soy yo, yo soy muchos yo"

Ofelia Medina dice que cree en el destino, que desde que era una niña popoff es rebelde; más de adolescente y mucho. Cuando estaba en la Prepa 1, formó un grupo de compañeros inquietos que se reunía todos los días para organizar sus pintas, sus pegues. En 1966, apoyó a los petroleros y leyó *El manifiesto*; a toda costa quería pertene-

cer al Partido Comunista. Ofelia fue una hippie convencida; estuvo en el movimiento estudiantil de 68 y durante ocho meses vivió en una comuna donde se practicaban sesiones de desprendimiento de hábitos para tratar de eliminar el concepto de propiedad privada. Después, trabajó comunitariamente la tierra.

Dice Ofelia que no tiene vocación para el matrimonio: "Es difícil para una mujer que trabaja, que es famosa, que está muy ocupada; no funciona para mí, no podría atender la casa convencionalmente como estamos habituados, pero creo en el amor, por supuesto, aunque la convivencia es muy difícil".

No pertenece a ningún partido pero cree firmemente en el cambio. Se siente muy agradecida con la vida. "Ése es mi lema", me dijo. No hay duda: su compromiso es con la vida; sobre todo, su compromiso es con muchas causas humanas. Ofelia dice que no busca la felicidad porque la tiene, y que tampoco está en busca de la libertad porque la posee. "He logrado la plenitud. A lo largo de mi vida he sido muchos rostros, caras, nombres. Yo no soy yo, yo soy muchos yo", confirma con tono y expresión de niña traviesa.

En efecto, las Ofelias son: la que lleva más de diez años trabajando formalmente por los derechos humanos de los pueblos indígenas de México; la que forma el Comité de Solidaridad con Grupos Étnicos Marginados; la que trabaja por la defensa de los presos indígenas que hay en el país; la que preside el Fideicomiso para la Salud de los Niños Indígenas de México, del cual dependen diecisiete mil pequeños; la procuradora electoral de Chiapas; la ciudadana activista que sí cree en la dignidad indígena y en la libertad del ser humano.

Actriz y hippie

Nos vimos en sus oficinas que están en el sur de la ciudad. Vestida con un conjunto de pantalón y blusa blanco en algodón; alrededor del cuello llevaba una mascada negra que hacía perfecto juego con el color del moño de terciopelo que sujetaba una cola de caballo negra y abundante. Después de diez años, me dio mucho gusto verla; sobre todo, verla tan bonita y de tan buen humor. Sus ojos brillaban mucho y seguía con la misma cálida sonrisa que cuando Carmen Parra me la presentó. En nuestra reunión hablamos de la sociedad privilegiada mexicana, de los marginados, de los derechos humanos, de la dignidad de la lucha para la justicia de todos: "Tener de más provoca que muchos tengan de menos", afirma contundente. "No se trata de dar limosna, se trata de dar conciencia." Hablamos de los malos hábitos que no nos dejan ver la injusticia y la desigualdad social. Hablamos de las señoras que insisten con énfasis en cosas como: "A mí no me gustan las alcachofas".

Después de decirle que estaba igualita, lo primero que se me ocurrió fue preguntarle: "Oye, Ofelia, ¿y tú hiciste tu primera comunión?".

"Sí, sí hice mi primera comunión. Tengo foto y todo. En la fotografía hay una cosa muy chistosa. Como sabes, soy yucateca, e hice mi primera comunión en Mérida, Yucatán, donde hace un calor terrible. Entonces todas las niñas llevábamos guantes; yo creo es la primera vez que te los pones y creo que la única, ¿verdad? Entonces tengo metidos dos dedos en un solo guante y se me ven como cuatro deditos. Me puse velo y todo. Estuve en colegio de monjas, el Sacré Cœur de Mérida, Yucatán, que allá se llama el Hispano Mexicano. Todavía viven muchas de las madres que fueron mis maestras. Son unas mujeres extraordinarias, con un corazón de sacré cœur, ¿no?

Los primeros años viví en Yucatán, después vine a México. En los años cincuenta, Mérida les quedaba chico a mis padres, y vinieron a hacer la América al Distrito Federal. Después de veinticinco años, regresaron. Yo llegué a México cuando tenía nueve años. Aquí me metieron en una escuela de gobierno, la Cuauhtémoc. Aunque yo en Mérida era una niña de clase alta, cuando llegamos aquí mis padres quisieron liberarse de su familia, querían probar su independencia. Entonces mis padres me metieron en una escuela pública. Hice mi secundaria en la Secundaria 28 y luego estuve en la Prepa 1. Terminé mi bachillerato. Al mismo tiempo estudiaba danza. Estudié nueve años en la Academia de Danza del INBA y en el taller de Lee Strasberg en Estados Unidos. Tuve maestros y maestras verdaderamente extraordinarios. Cuando nuestro país reconocía a sus educadores, cuando ser maestro era una profesión decente, yo tuve maestras que tenían un caudal cultural grandísimo, y en una escuela de educación oficial. Y ahorita, desgraciadamente, el salario de un maestro no alcanza ni para la canasta básica. Yo no sabía si quería ser bailarina, lo único que sabía es que mi mundo era la escena. Yo no podía pensar en ser una actriz de cine, eso era demasiado para mi familia. Yo les dije que quería ser bailarina de ballet clásico. Pero claro, en el camino, pues se fueron atravesando Jodorowskys y Julios Castillos. Y entonces esa profesión de clásica se fue transformando; pero mis papás no se daban cuenta, porque yo les decía que seguía bailando *El lago de los cisnes*. Cuando mis padres se enteraron, me pusieron un alto. Me dieron a entender sus reglas: En esta casa o se respetan o se va uno de esta casa, me dijeron. A los diecisiete años me fui a vivir con una amiga. Entonces no sabían pero ella era una feminista. Sufrimos muchísimo. Después de mi huida, mi hermano mayor sufrió mucho; el segundo se fue a vivir conmigo. Empecé a trabajar profesionalmente y a ganarme la vida. Luego hice televisión y, después, cine. Mi historia artística profesional es muy insólita. Yo nunca he hecho más que estelares. Desde lo primero que hice en el teatro, en el cine, en la televisión. Hice *Lucía Sombra* y yo era Lucía Sombra. Y nunca había hecho televisión antes, de la noche a la mañana me volví famosísima. Todo esto a los diecinueve años. Era yo una estrella de televisión, y, realmente, no lo quería. La fama me pareció un horror, era perder la privacidad. Salía a la calle y las señoras me pedían autógrafos. Al mismo tiempo era hippie; fui del movimiento de 68. Era contradictorio; mientras las amas de casa me pedían autógrafos, yo estaba pensando en otra cosa. Yo creo en el destino. Siempre he sido muy rebelde. Entonces decidí no firmar un autógrafo más. El éxito es una responsabilidad."

"No quiero ser feliz ni libre: ¡soy!"

Y platicando y platicando llegamos hasta 1975. Ese año, Ofelia bailó mambo en el Teatro Blanquita. "En esa época conocí a Celia Cruz, a Mantequilla, a Borolas, a Resortes, a Palillo, a Acerina y su Danzonera y, naturalmente, a Pérez Prado. Esto fue gracias a Margo Su, quien era dueña del teatro y lo hizo volver a su significado original, el teatro popular. Juan Ibáñez fue el director de escena. Hicimos muchos espectáculos con María Conesa. Allí bailaba el mambo de 'La niña popoff' y 'Mambo en sax'. ¿Que qué sentía cuando bailaba mambo frente a tanta gente? Sentía que dejaba atrás todas mis pequeñeces. Es casi un acto ritual. Algo que es maravilloso en nosotros, los mexicanos; como que todo para el México profundo es ceremonial, es ritual, es un arte casi místico. Esos bailes eran catarsis, eran momentos en los cuales pierdes tu ego, y haces una comunión con el público. El público se vuelve parte de ti, porque tú estás recibiendo su energía. Se hace como un reciclaje. Ellos, los que te miraban con su ritmo cardiaco, te están dando su energía."

Después hablamos de la felicidad y la libertad: "Yo no busco la felicidad porque la tengo, ni la libertad porque la tengo. Estoy convencida de que todos las tenemos. Por ejemplo, cuando oigo a Madonna

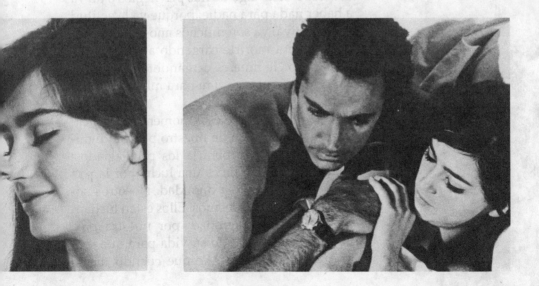

que dice que hay que ser 'ambitious', que la ambición es muy importante, que hay que buscar la libertad, entonces me digo: Bueno, éstos tienen tres años, ¿verdad? ¡Somos libres! Ser ambicioso; a mí me educaron diciéndome que la ambición era un defecto. Era muy feo. Y ahora, tú le preguntas a alguien del grupo madonesco y 'Oh, no, she's very ambitious', lo que quiere decir que es buenísimo. ¿Te das cuenta cómo han cambiado las cosas? No soy ambiciosa, ni quiero ser feliz, ni quiero ser libre: ¡soy!".

Después hablamos del primero de enero de 1994 y de lo que vino después: "Esto de Chiapas fue la decisión de que 'o me muero o te mueres'. A este extremo teníamos que llegar. Porque la sociedad privilegiada mexicana es sorda y ciega, y no se quiere dar cuenta de que o cede o va a perder ¡todo! Creen que es suficiente con decir: 'Ay, el problema es tan grande que mejor no lo veo. Mejor me tapo los ojos'; en vez de empezar a dar algo, empezar a cuestionar tu privilegio. Yo no quiero que me den un costal de arroz, quiero que pienses cuánto de más tienes, cuánta injusticia padeces, porque también el que tiene de más está padeciendo la injusticia. Tener de más no es justo ante los ojos de Dios, como no es justo tener de menos. Entonces, si somos elementalmente conscientes, te tienes que dar cuenta que el tener de más provoca que muchos tengan de menos. O cedo algo de mis privilegios o no va a haber nada para nadie; porque ya la actitud es definitiva, ya son muchos años: de morirte de diarrea a morirte cargando a un cacique, pues mejor te mueres cargándote al cacique. Y allí no hay ni para ti ni para mí, y se perdió todo.

Yo creo que este momento es delicadísimo para la vida de nuestro país; la dignidad tienen que recobrarla los privilegiados; cuando se dice: 'Ésta es una lucha por la paz digna, ellos tienen la dignidad. Nosotros somos los que no la tenemos. Ellos están luchando por nuestra dignidad, por nuestra paz. Ellos están ofrendando su vida para que seamos dignos nosotros. Porque cuando dicen:

'Ay, sí, la paz y la dignidad de los buenos dignos...' ¡No! Ellos son dignos. Los que somos indignos somos nosotros, los que queremos cerrar los ojos ante la situación no queremos escuchar su voz y creemos que es suficiente con decir: 'Ya voté por el PRI, ya voté por la paz'; hasta que los privilegiados no se den cuenta que hay que luchar por el privilegio de todos. O luchamos por la justicia de todos o cada vez vas a tener menos. Porque si tú te pones de parte del tirano, a ti te va llegar también, así tengas millones y millones. Porque si tú no eres solidario con los derechos humanos, también los tuyos serán violados. Entonces, no se trata de dar limosna, se trata de dar conciencia."

Cuánto, cuánto, cuánto...

"Yo creo que la sociedad privilegiada mexicana tiene que hacer un cuestionamiento sobre su consumo. No necesitamos que nos den un kilo de arroz; nada más cuestiona cuánta agua de más tiras al día, cuánta gasolina de más gastas al día, cuánta comida de más consumes al día, cuánta sordera, cuán guaje te haces con todas las injusticias, cuántas mordidas das, cuántos policías sobornas. O mejor decimos: 'Yo quiero que mis impuestos se utilicen en proyectos productivos. Y quiero saber, exactamente, en qué te los gastas. Y quiero que se gasten en salud, en educación, quiero que se gasten en proyectos productivos en las zonas marginadas. No quiero que te los gastes para comprar votos para el PRI'. Eso es dignidad. Los marginados de este país quieren la dignidad. Ve el ejemplo que ellos nos han dado. ¿Cómo se juzgó a Absalón Castellanos y se le devolvió? El señor está en su casa. Y él, ¿qué ha devuelto? ¡Nada! El señor no ha dado nada. No cree que nosotros le debemos decir: 'Oye, Absalón, ¿por qué no regresas algo?'. Nuestro peor enemigo es la costumbre, el mal hábito. No puedes dejar de bañarte con tu agua caliente, 'en mi regadera'; y 'a mí no me gustan las alcachofas'; estas definiciones imbéciles que nos ponemos. Yo creo que hay que cambiar de hábitos. Los privilegiados están sumidos en la ignorancia: 'Yo nada más entiendo lo que veo en mi tele, en el cable'. Ellos están muy manejados por los medios. El panorama es el cambio. El verdadero privilegio de la vida es vivirla y dar. Yo no soy ningún ejemplo. Yo soy la voz de muchos que no tienen el contento, el gusto; la felicidad está en tratar de ser consciente y vivir tu momento lo más dignamente posible. No sacrifico nada, ni me expongo, ni nada. Más te expones en el Periférico." Y platicando y platicando...

La vida de "Vida"

"*¡A*y, que Dios me la cuide y me la guarde muchísimos años más!*", le dijo una viejecita a Amparo Ochoa en una de sus tantas giras. Desafortunadamente Dios tuvo a bien cuidarla nada más cuarenta y siete años, ya que, a causa de un cáncer estomacal, Amparo Ochoa murió un lunes a las 22:45 horas en Culiacán.

¿Por qué Dios no habrá querido cuidarla y guardarla muchísimos años más?, me pregunto entre triste y enojada. ¿Por qué Dios cuidará y guardará a otras muchas personas que a mi manera de ver no valen la pena, como por ejemplo a aquel señor de cuyo nombre no me quiero acordar y que vivió todos los años del mundo y que declaró que habría que exterminar a todos los zapatistas?, ¿o a aquel otro que cuando lo corrieron de su puesto dicen que se fue a París o a Houston?

Es que cuando Amparo Ochoa nació aquel 29 de septiembre de 1946, aparte de darle la vida, Dios le hizo un inmenso regalo: una voz que jamás olvidaremos. Una voz que también sabe dar calorcito en el corazón. Una voz que acompañó a muchos campesinos, obreros, madres solteras, trabajadoras, huelguistas, viudas, intelectuales, universitarios, etcétera.

Cuando Amparo Ochoa era pequeña, su padre, don Octaviano Ochoa, decidió llamarla Vida. En la casa de la familia Ochoa, todos tenían apodos muy poéticos. A su hermana María del Socorro, la llaman Conin. A su tío Guadalupe, le decían Lupillo. Y con nombres así bautizaron a los demás miembros de esta familia tan cantora. En su casa de Sinaloa cantaba el papá, la mamá, los nueve hermanos y naturalmente el tío Lupillo, que, además de cantar, tocaba treinta y dos instrumentos; él no necesitaba estudiar, bastaba con que se le diera un instrumento para que se pusiera toque y toque. Si a Lupillo no lo hubieran matado por andar con grupos izquierdistas, hubiera aprendido a tocar todavía más instrumentos.

Cuando Vida era una niña, su padre le contaba sus vivencias con las fuerzas de Pancho Villa. "Nada más acuérdate que en el mundo hay gente cabrona y hay gente buena: acércate más a la gente buena, por el amor de Dios", le decía. Y Amparo Ochoa le tomó tanto amor a la Revolución.

Gracias al periodista Pablo Espinosa, nos enteramos que cuando Amparo Ochoa era una niña quería estudiar danza: "Primero, cuando tenía seis años, fue danza fina, de ésa que se baila de puntitas". Y de puntitas se la pasaba todo el día en su casa en Costa Rica, pequeño poblado aledaño a Culiacán. Desgraciadamente, al muy poco tiempo Vida se quedó sin maestra de danza, y entonces se dedicó a la rumba. En una mesota de esas que están hechas a puro hachazo, que tenían don Chano y sus hermanos, la subían para que bailara como Tongolele. Y Vida, feliz de la vida, bailaba frente a su pequeño público; movía sus hombros cubiertos con olanes y se levantaba la falda igualito que Tongolele.

Además de bailar, a Vida le gustaba mucho interpretar canciones del campo; muchas de ellas las aprendió gracias a su padre y a un hermano, Mateo. Desde muy niña, también tocaba la guitarra. En una entrevista que le hizo Arturo García, Vida le contó: "Tuve una infancia feliz, gozosa. Nunca fui una niña reprimida, siempre me dieron muchas alas, me dejaron expresarme con mucha libertad. Pero no creas que fui consentida. No me crié en un medio donde se me protegiera por ser la mujercita, no. Se me trataba igual. Además, mis compañeros de juego eran puros hermanos, mis hermanas ya habían crecido. Por eso nunca jugué a la comidita ni a que yo era la señora de la casa. No. Yo sacaba la resortera y me agarraba macizo con mis hermanos... me tenía que defender".

Y Vida crecía llena de vida mientras cantaba en su casa, en el coro de la iglesia local, en actos escolares y cívicos. Ya entonces arrasaba en los concursos de canto que organizaban en Costa Rica. Cuando cumplió dieciséis años participa en un primer programa radiofónico: *Amanecer Ranchero*. Imaginémosla, con su pelo largo, negro, todo rizado, sus ojos oscuros llenos de chispas y una dentadura preciosa, diciendo: "Buenos días, paisanos, aquí su amiga Amparo con algunas cositas de la región".

En esa misma época, 1962, Amparo gana el primer lugar en un concurso estatal de canto en Mazatlán. No obstante su éxito, no pensaba en el canto como una profesión. "Quiero ser enfermera", les dijo un día a sus papás. Y se fue a Hermosillo; allí vivió dos años.

Un día, su hermana Conin fue a visitarla, y mientras las dos se comían una nieve de melón, le dijo: "He estado pensando mucho en ti y llegué a la conclusión de que mejor deberías ser maestra". Después de mucho hablarlo, la convenció; se puso a estudiar duro y se graduó. Cinco años fue maestra, primero en el campo y luego en Culiacán. "Me gustaba mi trabajo de maestra porque yo sentía que aprendía mucho de los niños, pero un día tuve deseos de saber más sobre la música y me vine a México, a estudiar en el Conservatorio. Así nomás, para aprender, no para cantar en los escenarios ni nada de eso. Pedí permiso a la escuela por un año, después por dos, después por tres hasta que ya me mandaron preguntar si iba a dejar la plaza. Pues la dejé. Ya no regresé".

En 1969, Vida logra el primer lugar en un concurso de aficionados de una importante radioemisora de la ciudad de México. En su tierra había oído hablar de ese concurso; no había otro foro a su alcance y decidió participar en él. "Lo recuerdo muy bien porque uno de los premios era un par de zapatos Duraflex." Ese mismo año, se inscribe en la Escuela Nacional de Música de la UNAM. "Llegué a México en 1969. ¿Sabes de dónde surgió todo este interés mío? Del 68. Porque de ahí o poco antes comencé a conocer la obra de Óscar Chávez y me gustó muchísimo. Me pareció muy bello y muy lleno de ternura y con un gran amor por la tierra y por los poetas del campo. ¡Y luego no lo podía creer! Cuando lo conocí, y también a Salvador el Negro Ojeda, a Los Folkloristas, toda esta gente, conocerlos y ver cómo compaginábamos, cómo nuestros intereses eran los mismos. Nos encontrábamos en la Casa del Lago, en la Universidad, porque ahí empecé yo a cantar, en las cafeterías. No había peñas. La primera que hubo la inauguramos en 1973. Ángel Cervantes y su esposa, muy amantes de la música latinoamericana, pusieron la peña de El Cóndor Pasa, y los primeros en trabajar ahí fuimos Víctor Bautista, el grupo Ontá, cuya música va a ser reconocida años adelante porque era avanzada musical y literariamente, y yo. Esta contracorriente en la que vamos, especialmente ellos y compositores como Armando Chacha, David Haro, Gabino Palomares, Francisco Madrigal, Jorge Buenfil y tantos otros..."

Entre 1969 y 1971, Amparo canta, acompañada de su guitarra, en cafés y bares; entonces ganaba cuarenta o cincuenta pesos diarios cantando dos o tres tandas. Pero nunca faltaron los problemas con los dueños, por su vestimenta o el contenido de sus canciones. "Siempre he pensado que cantarle sólo a lo superfluo es muy feo, es denigrante. Muy distinta es, por ejemplo, la canción jocosa, que hace planteamien-

tos irónicos y utiliza la sátira burlesca. Yo asumo como una responsabilidad de mi trabajo brindarle recreación al público. Y la diversión más sana e integral es llevar información, invitar a la gente a tener una actitud positiva y, así, darle una energía revitalizadora."

En 1971, Vida comienza en el cabaret musical La Edad de Oro, al lado de Óscar Chávez. Dos años después, se presenta frente a trece mil espectadores, en el primer festival masivo de música latinoamericana, al lado de Los Folkloristas, Óscar Chávez, Julio Solórzano, Ontá, Los Calchakis... A partir de esta época, a Amparo Ochoa se le reconoce como intérprete de canciones de protesta. En 1974, graba un disco colectivo en solidaridad con el pueblo chileno, luego del golpe militar pinochetista. "Es que si una está preocupada por un futuro más justo, si sabe que las cosas no están bien desde el momento en que se ven en la calle niños limpiando coches para poder sobrevivir, pues uno tiene que entrar a conocer la política de su país. Y si uno en su canto expresa estas necesidades y los reproches que el pueblo hace a un sistema injusto, pues entonces ya se está actuando en un nivel político... El pueblo mexicano es super aguantador."

Amparo Ochoa no nada más interpretó canciones de protesta, también le cantó a la desesperanza, a la revolución, a la dignidad, pero sobre todo a la mujer. A la mujer consciente, a la que tiene veintiséis años y está a punto de casarse en el Club de Rotarios, a la que lava y plancha, a la que ya está harta de su papel de sumisa, a la que tiene ganas de liberarse, a la luchona y a la revolucionaria.

Es evidente que ella no pertenecía al firmamento del Canal de las Estrellas. Allí no se permiten las canciones críticas ni nacionalistas;

sobre todo, nada de canciones de indios. Amparo no se parecía a Yuri, a Thalía o a Paulina Rubio; nunca se pintó el pelo de rubio platino; nunca uso modelos de Gianni Versace; nunca se prestó para anunciar la tarjeta de crédito American Express; nunca pasó largas temporadas en Miami aprendiendo inglés. De ella nunca se publicó una entrevista en *Eres*. Jamás anduvo con Ricky. No se presentó en Valores Bacardí. Y jamás, pero jamás, cantó con el grupo Garibaldi. Nunca se hizo un lifting, ni se inyectó colágeno en ninguna de sus partes íntimas. Amparo Ochoa se vestía con blusas blancas y faldas llenas de olanes. Amparo Ochoa cantaba en cualquier barrio, frente a cualquier fábrica. Víctor Roura escribió: "Amparo Ochoa se sube a una débil estrada de madre para animar a los obreros en huelga. Lleva consigo una guitarra. Rasga y canta. Los obreros aplauden". "Pero ¿quién es esta bella mujer que viene hasta el desamparo laboral?", parece preguntarse don Samuel González, con tantos años como callos en las manos. Amparo los arenga. Les dice que no decaigan. "Su lucha es justa."

Vida dice del contenido de sus canciones: "Yo cuestiono. Siempre he sido muy cuestionadora, desde bien chiquita. Yo recuerdo que en Sinaloa, en mi pueblito Costa Rica, escuchaba alguna canción machista en la radio y decía: Oilo tan creído, cree que las mujeres vamos a aguantar eso. Mi papá se sorprendía. A mí las canciones que más me gustan son las que hablan bonito de la gente, las que retratan nuestros paisajes, nuestros ranchitos. Y claro que las canciones contra los machos las entienden en el extranjero, porque allá también hay machitos alemanes, machitos franceses y soviéticos y griegos, y de todo".

En 1989, Amparo viajó mucho interpretando sus canciones. Después de una gira por Sudamérica, se fue a Canadá, Holanda, Bélgica, Rumania y Bulgaria. "Es muy chistoso ver, por ejemplo, "La maldición de Malinche" en griego, pero es también muy satisfactorio. Reciben con gusto nuestro canto, en el que les decimos quiénes somos realmente los mexicanos. No somos gente que vive con el tequila en la mano, ni con el revólver al cinto: no somos pendencieros. Amamos la vida, la paz, luchamos. Todo eso se lo decimos: los problemas, las broncas que tenemos, pero también nuestras alegrías, nuestras costumbres. Me gusta ir a Canadá, porque allá la gente conoce un poco más de la música mexicana, se interesan por nuestras raíces. Trabajo siempre con mucho público: a cada concierto asisten por lo menos diez mil personas."

Cuando Vida se enteró que tenía cáncer en el estómago "no lo podía creer", así le dijo al reportero de la revista *Proceso*, Roberto Ponce: "Pienso que nos pasa a todos, me decía: ¿Quién? ¿Yo, cáncer? Y yo, ¿por qué? Si no fumo, no tomo y cuido mucho mi alimentación. Pero como me dijo el gastroenterólogo en México: Su vida es de mucho estrés, me imagino que no come a sus horas. Y es cierto, se descuida uno mucho; tienes un ensayo porque tienes prueba de sonido y te olvidas de ti. Ya estás desayunándote a las tantas de la mañana porque ya te levantaste tarde y luego comes hasta las seis de la tarde. Luego cenas otra vez ya que terminaste el show hasta la una de la mañana, y así me la he pasado yo casi toda mi vida. Y las giras, de arriba para abajo, y bueno, ni modo, uno no lo piensa hasta que se encuentra en esta situación".

Cuando su muerte, el compositor Federico Álvarez del Toro, quien la conoció muy bien porque juntos grabaron un disco llamado *Mujer,* en donde también participaron Tania Libertad y Betsy Pecanins, escribió: "Amparo era la cantante más querida por su sencillez, calidad artística, humana y solidaria a toda prueba. Su corazón era vulnerable a la pobreza de la gente, a los dolores de su pueblo, ello quizá influyó en su salud simultáneamente al desgaste que sufren los artistas independientes, la desatención estatal, el dar más de lo que reciben, padecer en carne propia burocracias culturales y hacer suyos dolores ajenos. Cómo es posible que con el beneficio de su voz se hayan construido escuelas, hospitales y que ella haya carecido de recursos para atenderse, no haya recibido el beneficio de una orden presidencial inmediata para tratarse con máximos cuidados como correspondería a una artista de su estatura y trayectoria".

Nunca como ahora el contenido de muchas de sus canciones ha cobrado sentido y vigencia. Nunca como ahora deberíamos escucharlas con atención. Nunca como ahora sus corridos y cantos a la Revolución nos parecen cercanos y familiares. Nunca como ahora debería haber más "cantoras" como Amparo Ochoa. ¡Lástima que Dios no nos la cuidó y guardó muchísimos más años!

Un ángel melancólico

*A*udrey Kathleen Ruston van Heemstra nació en Bruselas el 4 de mayo de 1929 a las 11:35 horas. Dos días después, mientras la madre y la nana cambiaban los pañales de la bebé, el padre escuchó por el radio: "Hoy se entregó el premio a la mejor actriz, que fue Mary Pickford". "¡Qué horror! Se me olvidó el discurso que había preparado", dijo Mary emocionada al recibir lo que desde entonces se conoce como el Oscar. Joseph Ruston apagó el aparato e, irritado, dijo: "Todas esas artistillas de eso que llaman cine son tontas". Acto seguido se dirigió a su oficina. Años después, la hija de ese banquero británico recibiría su primer Oscar por su primer película estelar, *Roman Holiday*, que coprotagonizó Gregory Peck. Durante la entrega de los Oscares en 1954, Audrey Hepburn no olvidó su discurso y conmovió a un numeroso público con sus palabras de agradecimiento.

Cuando la pequeña Audrey (luego Audrey) tenía seis años, una tarde, al llegar del colegio (de monjas), encontró a su madre en la recámara llorando desconsoladamente. Quiso acercarse a ella para preguntarle la razón de sus lágrimas pero la nana se adelantó y la sacó al jardín. Desde esa tarde nunca más volvió a ver a su adorado papá, a quien solía acompañar los sábados a su lujosa oficina en un banco. Entonces, el señor Ruston dirigía la filial en Bruselas de un banco anglofrancés. "¿Por qué se fue papá?", preguntaba constantemente Audrey a su nana. "Porque las abandonó", contestaba. Desde entonces, Audrey creció inmersa en un mundo de melancolía; añoraba los días en que toda la familia se veía reunida por las noches, y antes de dormir miraba durante horas los álbumes familiares. Desde su cama platicaba a su papá lo que había hecho en el día.

No obstante esa ausencia, la niña crecía en un ambiente de privilegios y refinamiento. Pero en 1939, cuando estalla la guerra, la baronesa Ella van Heemstra decide salir de Bruselas. Con enormes sacrificios, la familia llega a Arnhem, en Holanda, donde vivían algunos parientes. Al año siguiente, los alemanes invaden Holanda y las tropas de Hitler ocupan Arnhem. Fue así como la familia Van Heemstra perdió fortuna y propiedades. Y entre más incierta era la situación familiar, más profunda se hacía la melancolía de Audrey. "No estés triste", le repetía su madre. Todo era inútil: la niña de once años extrañaba la época en que no había guerras ni divorcios ni leyes que confiscaran patrimonios. Además, la salud de Audrey era muy precaria. A raíz de un edema pulmonar, la niña adquirió una anemia que no la abandonaría ni cuando adulta; constantemente se le hinchaban tobillos y rodillas. "¡Vamos a la calle a buscar comida!", le ordenaba su mamá, y recorrían calles desoladas por los bombardeos en busca de pan y endivias para alimentar a la familia. La señora Van Heemstra platicaba con su hija de cuando la reina Guillermina designó personalmente a su abuelo, el barón Aarmoud van Heemstra, como gobernador de la Guayana Holandesa, y de cuando su tía abuela, la baronesa Marianna, fue dama de honor de la reina Juliana. "Aun si no tenemos dinero ni casas, lo importante es conservar las tradiciones, los buenos modales y el respeto por los demás", decía; mientras ella hablaba y hablaba con su acento ligeramente esnob, a su alrededor la niña observaba a hombres y mujeres pobres, de cara triste. "¡Dios mío, cuánta hambre!", pensaba Audrey con una gran compasión.

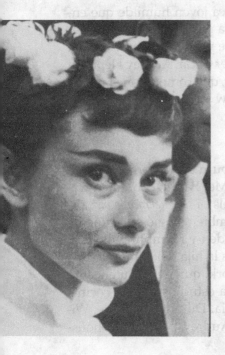

La perfecta Gigi

Años más tarde, a finales de 1948, la familia Van Heemstra emigraría a Londres. Allí, Audrey retomaría sus clases de ballet y, algunas veces, cuando salía de sus cursos, a lo lejos, entre el vaivén de la gente percibiría a hombres altos y de tipo distinguido que le harían pensar en su padre. "¿Y si un día me lo encuentro? No, él nos abandonó", le decía una voz interna con dejo melancólico.

A pesar de su extrema delgadez, Audrey fue una jovencita preciosa, con cuello de cisne y ojos enormes y pestañudos. "Parece modelo", le decían a su madre. En 1946, todavía en Holanda, le proponen pequeños papeles en algunos espectáculos de la televisión. En 1948 participa en su primera película, *Nederlands in zeven lessen*. Ya en Inglaterra, para 1951 había participado en cinco películas, lo cual le permitió llegar hasta Broadway. Durante ese año, mientras filmaba *Monte Carlo Baby*, Colette, la escritora francesa, al verla decide que la que ya se hacía llamar Audrey Hepburn (Audrey, una forma inusual del masculino Andrew, con frecuencia provocaba que la gente la llamara Audrey; y Hepburn era el segundo apellido de su padre) podría ser una Gigi perfecta para la proyectada puesta en escena en Broadway de una adaptación de su obra. Audrey tenía entonces veintiún años, pero su fina silueta y su cándida expresión la hacían verse como una niña. "¡Tú eres mi Gigi!", exclamó Colette. Y en efecto, enfundada en su vestido de marinera y su sombrero de paja, era la Gigi ideal. ¿Cuántas veces no le aplaudió un público numerosísimo cuando decía al final de la obra aquello de: "Ya reflexioné, tío Gastón (así llamaba cariñosamente al magnífico partido que representaba Gastón Lachaille de la poderosa familia Lachaille Sucre): decididamente prefiero ser desgraciada con usted que sin usted". Fue tan grande su éxito que al poco tiempo resultó contratada para interpretar *Ondine*, de Jean Giraudoux.

Poco después, la Paramount le propone su primera película estadunidense: *Roman Holiday*, al lado de Gregory Peck. La historia trata de una Cenicienta pero al revés: no es la típica joven humilde que encuentra a su príncipe azul, sino una verdadera princesa, triste y melancólica, que se enamora de un periodista pobre y sin porvenir. Con esta película, para sorpresa de todos, gana su primer Oscar. Audrey Hepburn se convertía así en un nuevo modelo de mujer, que rompía con el molde de las rubias sensuales del tipo de Jean Harlow y Marilyn Monroe.

Entre la guerra y la paz

A los veinticuatro años, Audrey Hepburn era ya famosa, ganadora de un Oscar y futura esposa del actor Mel Ferrer, con quien trabajaría en el filme que adaptó la novela de Tolstoi *La guerra y la paz*, dirigida por King Vidor. Además, la prensa también elogió su siguiente actuación en *Sabrina*, al lado de William Holden y Humphrey Bogart, y que dirigió Billy Wilder. En ella, Audrey es la hija del chofer de una prestigiosa y adinerada familia de Nueva York, quien con su encanto y refinamiento, previa estancia en París para estudios de alta cocina, enamora a los dos hijos mayores de la familia. Durante el rodaje, William Holden se enamora perdidamente de Audrey, pero su alcoholismo y carácter violento ahuyentaron a la actriz. "William Holden era una gran persona pero también un hombre muy desdichado. Carecía del sentido de la mesura y esto lo llevaba a vivir todo con un apasionamiento extremo. Su calidad humana estaba fuera de toda duda y en circunstancias normales me podría haber enamorado de él. Reconozco que fue su alcoholismo lo que me impulsó a rechazarlo", dijo Audrey Hepburn en una entrevista.

En 1956, ya marido y mujer, Mel Ferrer y Audrey Hepburn protagonizan a Natasha Rostov y al príncipe Andrei Bolkonski. Trece años vivieron juntos; tuvieron un hijo que ahora tiene cuarenta años y que se llama Sean, pero desafortunadamente se separaron en 1968, después de que ella filmó *Breakfast at Tiffany's*, *Charade* y *My Fair Lady*. No hay duda de que la enorme popularidad de Audrey abrumó a Mel Ferrer, quien carecía de suerte y carácter, características indispensables en el medio artístico.

En 1969, Audrey decide casarse con el psiquiatra italiano Andrea Dotti. Vestida toda de rosa con un diseño de uno de sus mejores amigos, Hubert de Givenchy, el día de su boda la mirada de Audrey no era tan melancólica. Sin embargo, el gusto le duró poco: el italiano resultó más playboy que psiquiatra; después de estar separados durante años, el matrimonio termina en 1980. Luca, hoy de casi treinta años, es el segundo hijo de la actriz. "Necesitamos que alguien nos quiera. Yo lo necesito. Quiero dar amor y necesito que me correspondan. Uno no teme la edad, ni siquiera la muerte, tanto como se teme la soledad y la falta de afecto de la gente", confesó entonces Audrey. Por esta razón decidió vivir con el exactor holandés Robert Wolders, que entonces acababa de enviudar de la actriz Merle Oberon. Robert era siete años más joven que Audrey, pero esto nunca le preocupó a ella.

Embajadora de la UNICEF

En los ochenta, Audrey nada más apareció en dos películas: *They All Laughed* y una actuación cameo en *Always,* esta última bajo la dirección de Steven Spielberg. A partir de 1987, la vida de Audrey Hepburn da un vuelco inesperado: la UNICEF le pide que releve a Danny Kaye (que acababa de morir) como embajadora especial.

Muchos de sus amigos aseguran que durante esa época Audrey fue más feliz que nunca: "Ocuparse de los niños de Etiopía y Somalia la hacía sentirse útil. Aunque sufría mucho por su abandono, le complacía plenamente ayudarlos. Era como si la vieja tristeza que llevaba consigo desde niña hubiera hecho finalmente contacto con niños igual de tristes. Es decir, que solidarizarse y ocuparse de ellos, era una manera de consolarse de su propia tristeza", dice Roger Moore, que la conocía muy bien.

En junio de 1992, Audrey empezó a sufrir dolores en el abdomen. Sus médicos le recomendaron que se hiciera exámenes. Sin embargo, la actriz no quiso hacerlo hasta regresar de una importante gira por Somalia. "No hacía más que llevarse la mano al vientre con gesto de dolor", dijo un funcionario de la ONU. Durante el viaje le rogábamos que reposara, pero respondía: "Éste no es el momento de descansar". Y en efecto, en la prensa se le veía retratada en diferentes momentos durante su primera y última estancia en Somalia. Allí, en medio de docenas de niños, aparece más delgada, pero feliz. En muchas de las fotografías se le ve abrazando a pequeños con una expresión de absoluta plenitud y solidaridad. Se le ve dándoles de comer, jugando con ellos, cargándolos, platicando y bañándolos como si se hubiera tratado de sus propios hijos. Finalmente, en los últimos días de octubre, le diagnostican cáncer en el colon; tres días después la operan.

Al regreso de su viaje por Somalia, Audrey Hepburn concedió su última entrevista a Vinciane Moschler, en el palacio de las Naciones Unidas en Ginebra. Esto fue lo que dijo: "Cuando llegué a Somalia pensaba que estaba suficientemente preparada; había visto y leído muchos reportajes, además de haber seguido varias emisiones en la televisión. Pues bien, la situación es aún más aterradora de lo que uno se puede imaginar. Resulta indescriptible. Encontrarse en Mogadiscio es como estar en medio de una ciudad fantasma. No recuerdo haber visto, aun durante la segunda guerra mundial, caos semejante. Me quedé aterrorizada al comprobar que ya no había bebés, ni niños menores de diez años, ya que todos murieron de hambre. Sin embargo, y a pesar de todo este dolor, me sentí profundamente conmovida al ver cuán digno era el dolor de estas madres frente a la pérdida de sus hijos. Otra de las cosas que me impresionaron sobremanera fue el silencio de los hospitales. ¡Dios mío, qué silencio! Por momentos resultaba insoportable. El milagro de Somalia es que sea un país sin gobierno que continúa existiendo gracias a la ayuda humanitaria internacional. No obstante no practicar ninguna religión, tan sólo constatar esto me hace creer profundamente en la bondad de los hombres. Debo reconocer que he vivido, gracias a la misión que me ha encargado UNICEF en África, Asia y América del Sur, los momentos más bellos de mi vida. Y espero tener suficientes fuerzas para continuar con esta tarea. Hay todavía muchas cosas por hacer. Personalmente recibí una educación fundada en el respeto al prójimo. Además, durante la última guerra viví cinco años en Holanda. Es una experiencia que jamás me ha abandonado. De hecho, tengo la costumbre de no tirar nada de desperdicios en la basura. Una de las prácticas que más me relajó fue ir a los supermercados. Adoro ver las montañas de verduras, frutas y pomos de mermeladas. Literalmente, me fascinan estas imágenes; mucho más aquéllas que se aprecian en cualquier boutique de lujo. Mi responsabilidad en UNICEF es lo que me ha dado más gratificaciones a lo largo de mi vida, muchísimas más que el cine. De hecho, nunca pensé que tuviera demasiado talento o que fuera excesivamente guapa, ni nada. Caí en el cine por casualidad. Era una desconocida, me sentía insegura, no tenía experiencia y por añadidura era demasiado delgada, con un cuello excesivamente largo y los dientes de fuera. En el fondo siempre me sentí triste. He trabajado mucho, eso sí es verdad. Pero nunca entendí realmente mi vida sino hasta que colaboré en la UNICEF". Eso dijo Audrey Hepburn a los sesenta y tres años, unas semanas antes de morir el 20 de enero de 1993 en Tolochenaz, Suiza.

La felicidad, en la maleta

El pastor de la pequeña capilla calvinista de Burgenstock, situada en el borde del lago Quatre Cantons, muy cerca de Lugano, dijo un breve discurso durante el entierro de la actriz: "Tuve la felicidad de haber bendecido la unión de la señora Hepburn y el señor Ferrer en esta misma capilla en 1954. Desde entonces estuvimos siempre en contacto. Constantemente Audrey me escribía para comentarme sus pensamientos y preocupaciones, pero también sus esperanzas. En Dios encontré el valor y la fe, me dijo al volver de su viaje a Etiopía. Cuando por última vez la vi en el féretro, reconocí su expresión de profunda paz. No sería justo pensar que una mujer con tanta calidad humana haya desaparecido exclusivamente a causa de una enfermedad. Si pensáramos en su muerte nada más en esos términos, me atrevería a decir que no existe Dios. Estoy seguro de que Audrey Hepburn fue un ángel, según el sentido que le da la Biblia: es decir, aquel portador que lleva la felicidad. Sin duda, este ángel supo trazar un camino de amor para los demás".

Mujeres seductoras

La condesa descalza

*D*icen que las que nacen bajo el signo de Capricornio tienen una naturaleza ambivalente. Que igual se suben hasta alturas insospechadas que bajan hasta abismos insondables. Que así como son felices en el agua, de pronto, extrañan las montañas. Que pueden ser muy abiertas y luego por completo herméticas. Las de capricornio sólo logran el arduo equilibrio en una perpetua tensión de atracciones opuestas.

La vida de esta condesa capricorniana no duró mucho, se apagó demasiado rápido; tal vez la vivió con demasiada intensidad. Se trata de una mujer que se le conoció como "el animal más bello del mundo". En los cincuenta, desató infinidad de sueños en millones de hombres de todas partes del mundo. Muchos la amaron en secreto, los posters con su fotografía pegados en la recámara. Otros, le escribieron cartas del estilo de: "Aunque usted no me conozca, ni me conocerá jamás, quiero decirle que la amo". Esta condesa capricorniana fue inspiración de arrebatadas pasiones: actores, músicos, toreros, intelectuales, escritores, millonarios, todos pasaron por su vida.

"¿Te acuerdas de la fotografía que te tomé en aquel picnic?", le preguntó John a su cuñada de diecisiete años. "Bueno, pues me quedó tan artística y bonita que se me ocurrió enviarla a los estudios de la Metro Goldwyn Mayer y mira lo que recibí como respuesta", continuó, a la vez que le enseñaba la carta. Cuando Ava leyó: "Estamos muy interesados en entrevistarnos con la señorita Gardner. La esperamos el 23 de agosto a las 10:00 a.m. en la oficina del señor Louis B. Mayer", no lo podía creer. Corría el año de 1941.

"¿No le importa si escupe el chicle?"

Ava llegó puntualmente a la cita. En la oficina del señor Mayer la esperaba una secretaria para llevarla primero al departamento de maquillaje. "¿De qué color quiere que le ponga su máscara?", le preguntó la maquillista. "¿Máscara? ¿Qué es eso?", inquirió Ava sorprendida. La señorita no le hizo caso, y le puso el rímel que sentía harían lucir más expresivos a sus ojos. Una vez que quedó espléndidamente maquillada, la llevaron con Sidney Guilaroff, el peinador de los estudios. "Señorita, ¿no le importa si escupe el chicle?", le sugirió. Con cierta vergüenza, Ava se llevó la mano a la boca y discretamente sacó una pequeña bola rosada y olorosa. "Ahora venga. Vamos a ver a la señorita Gertrude Vogler", le dijo la secretaria de Mayer. Cuando la señorita Vogler escuchó el acento sureño de Ava, se quiso morir. "Vamos a tener mucho trabajo de dicción", le comentó, en tanto escribía una breve nota al señor Mayer.

¿Quién era entonces Ava? Nadie. Una simple estudiante bonitilla cuya única ambición era convertirse en secretaria ejecutiva. Quince años después de esa cita en la MGM, se convertiría en una de las mujeres más bellas de Hollywood.

Bajo el signo de Capricornio, nació la pequeña Ava en Grabtown, en Carolina del Norte, el 24 de diciembre de 1922, a las diez de la noche. Ava Gardner fue la séptima hija de Jonas Gardner, un granjero irlandés de ojos verdes, vestido siempre con su overol de peto y su camisa de lana de cuadros blancos y rojos. Su madre, Mary Elizabeth, Molly, como todo el mundo la llamaba, nació en Escocia.

La infancia de Ava se desarrolla en un ambiente tranquilo; de aquella época, ella evocaba, sobre todo, los aros de humo que producía su padre con los Bright Leaf que fumaba mientras se balanceaba en la mecedora de la veranda de su casa. La familia Gardner formaba parte de una colonia de blancos que escuchaba a lo lejos la música que los negros tocaban después de haber trabajado en los campos de algodón. Desafortunadamente esta paz no dura mucho para la familia Gardner, y todo este ambiente de armonía cambia por completo cuando Jonas Gardner cae gravemente enfermo por una bronquitis. Cuando muere, Molly se ve obligada a vender su casa para irse a instalar a Newport News, donde adquiere una casita muy modesta. Decide entonces rentar cuartos a los obreros de los astilleros del lugar. Ava tiene diecisiete años y está a punto de salir de la escuela para buscar un trabajo. Cuando camina por las calles de Nueva York con la sección de empleos del periódico bajo el brazo, con frecuencia se para frente a los carteles de cine para admirar las fotografías de Greta Garbo y Joan Crawford. Quién le iba a decir que muy poco tiempo después la llamarían de los estudios Metro Goldwyn Mayer.

"Are you Mickey Rooney?"

Ava empieza a trabajar en el cine interpretando pequeños papeles. Mientras tanto, hace todo lo posible por relacionarse con los actores de moda. Una noche va al Club Mocambo a una fiesta de disfraces. Estaba Ava sirviéndose, platicando con un joven productor, cuando de pronto se le aparece un extraño personaje disfrazado de Carmen Miranda. No obstante el maquillaje y el turbante lleno de frutas, su cara le resulta muy familiar. "Would you dance with me?", le preguntó este Carmen Miranda bis. Y en tanto bailaban, se dio cuenta quién era. "Are you Mickey Rooney?", le preguntó Ava con cierta timidez. En efecto, era Mickey Rooney, número uno de los actores adolescentes, que entonces ya ganaba cinco mil dólares a la semana.

Habrá sido por oportunismo o por debilidad, el caso es que Ava Gardner comienza a tomarle verdadero afecto a Mickey Rooney. Pero ¿qué tipo de afecto? Podría decirse que semejante al que tenía Blanca Nieves por Tontín. "Mira, mamá, te presento a mi prometida", un día anunció Mickey a su madre. "¿Cómo que tu prometida? Si todavía eres un niño. ¿Qué ya te la echaste encima o qué?", preguntó esta mujer autoritaria.

No obstante los temores de la madre, el matrimonio se lleva a cabo el 10 de enero de 1942; Louis B. Mayer es testigo. Ese día, Ava lleva puesto un traje sastre azul y una corsage de orquídeas. ¿Que cómo estuvo la noche de bodas? Pues ella se la pasó bebiendo champagne, y él, jugando con sus nuevos palos de golf que le había regalado Bing Crosby. Durante los quince meses que duró su matrimonio, Mickey se la pasa bebiendo y teniendo aventuras con las extras de películas de segunda. Ava cae enferma de una terrible apendicitis. Al regreso del hospital encuentra en su closet tres camisones que no son de ella. "¿De quién son?", le pregunta furiosa Ava. "De mis admiradoras", contesta muerto de risa el pequeño Mickey. Y, el 21 de mayo de 1943, la señora Rooney pide el divorcio; el día en que lo firman, para consolarse, Mickey va a cenar a casa de su madre. "¿Verdad mamá que qué nos importa que se haya largado Ava? ¿Verdad que la que se lo pierde es ella? ¿Verdad que yo todavía estoy muy joven y que me puedo casar las veces que quiera?", le preguntaba Mickey a su madre, mientras comía las albóndigas con espagueti que le había preparado.

Flirteo con Hughes y boda con Shaw

Pero qué importa, Ava ya estaba en el cine. De 1941 a 1946, filma diecisiete películas, mismas de las que ya nadie se acuerda. O, a ver, ¿algún lector recuerda *We Were Dancing* con Norma Shearer, o *Calling Dr. Gillepsie*, con Lionel Barrymore? En esa época Ava gana cien dólares a la semana; no obstante, comienza a hacerse de buenas relaciones, sobre todo, empieza a tener pretendientes. En una ocasión, para escapar del acoso de John Huston, Ava se echa a la piscina con todo y vestido; Charles Laughton le lee la Biblia en voz alta y George Raft le declara que sus sentimientos no son muy paternales que digamos.

En esta misma época, Ava Gardner conoce a Mister Paranoia, a Howard Hughes; ese millonario extravagante, dueño de la TWA, que con frecuencia llevaban a todas partes sus aviones particulares. Si, por ejemplo, perdía en el juego, compraba el casino para recuperar lo que había perdido. Bueno, pues cuando conoce a Ava con sus taconzotes de aguja, en ese momento se enamora de ella. Y pone a sus pies dece-

nas de cajas de zapatos de tacón alto. Le ofrece diamantes de Tiffany's. Como Howard Hughes es también Capricornio, Ava cree encontrar en él a su alma gemela. Sin embargo, parece que juega con él, que no lo toma muy en serio. Lo provoca, lo seduce y luego desaparece. Howard no entiende y continúa enviándole regalos, flores, perfumes, y nada...

Conoce entonces a Artie Shaw, el espléndido director de orquesta y virtuoso del clarinete, el primer blanco en contratar a cantantes negros. Con él, Ava se aficionará al jazz y probará sus primeros cigarros de mariguana. Un 17 de octubre, Artie Shaw y Ava se casan. Artie es un intelectual y quiere que Ava aprenda; la hace leer a Dostoievski y a Thomas Mann. Le contrata al maestro Stefan Vronsky, prestigiado jugador de ajedrez. "Avala", le dice, agregando la terminación "la", como suele hacerse en yiddish. No sabemos si a Ava no le gustó el ajedrez o la lectura de Dostoievski, el caso es que un año y una semana después, se divorcia de Artie. Y a pesar de que Ava entonces sólo tiene veintitrés años, su mirada a veces muestra ya la tristeza de una mujer mayor. Quizá fue en esta época que el corazón de Ava se empezó a arrugar lentamente.

Frank Sinatra, su único amor

Siempre en busca del amor, Ava se relaciona con otro Howard, nada más que éste de apellido Duff, actor de la Metro; juntos descubren los burdeles de San Francisco. Un día decide posar desnuda para el escultor Joseph Nicolosi pero los de MGM se enojan, se ponen furiosos. "¿Cómo te atreves?", le dicen. "Se tiene que rehacer la escultura. Dile al escultor que le ponga un drapeado", le sugieren, no, más bien le ordenan. Y después del segundo Howard, empieza una aventura con Robert Taylor, entonces esposo de Barbara Stanwyck.

Pero como en Hollywood no hay hombre que llene realmente el inmenso e insaciable corazón de Ava, ella opta por volar hasta Italia. ¿Y a quién creen que conoce allí? Nada menos que al que se convertirá en su tercer marido y, tal vez, en su único amor: Frank Sinatra. La Voz, como lo llamaban; casado, católico y con tres hijos. ¿Qué sucede? Pues que estalla el escándalo. La señora Sinatra sufre como enana, los niños están cada vez más abandonados por su padre, los rumores de la relación extramarital crecen. Frank sufre. Ava empieza a beber. La señora Sinatra llora. El representante de Frank se mortifica por los contratos. Y en el Copacabana de Nueva York, Sinatra ya no puede más, extraña demasiado a Ava; añora sus besos, su cuerpo de sirena, sus ojos que miran y parecen estar invitando a hacer el amor. No, ya no puede más y se da un tiro. Sí, literalmente, se pega un balazo pero no en el corazón ni en los sesos, se lo da a una almohada que aprieta con toda su alma. Y como no le resulta este suicidio, semanas después abre el gas de la estufa, pero en esos momentos llega su representante y lo salva. Mientras tanto, Ava está en el puerto catalán de Tossa de Mar. Allí se encuentra filmando *Pandora and The Flying Dutchman*. Frank Sinatra va a buscarla. El 7 de noviembre de 1951, finalmente se casan. Así es Hollywood. Hace que sus hijos se casen varias veces. Es su destino: Ava Rooney, Ava Shaw, y ahora, Ava Sinatra. Para la ceremonia lleva puesto un vestido escotado de coctel, y en el cuello luce dos hilos de perlas. De luna de miel se van a Cuba.

Meses después, Ava filma *Mogambo,* con Clark Gable y Grace Kelly, en la que en plena sabana se improvisa una pista de aterrizaje de mil ochocientos metros. Para la realización de la película, el director John Ford contrata cincuenta camiones, hace instalar trescientas tiendas de campaña, un hospital con antena y radio, alquila varios DC-3 e, incluso, manda construir una prisión. Allí, Ava interpreta el papel de una alcohólica; tal vez fue donde empezó a interpretarlo sintiéndolo cada vez más su papel.

De regreso a Estados Unidos, Ava debe enfrentar las infidelidades de Frank Sinatra. Miren nada más, primero estaba como un enloquecido tratando de definir su situación con Ava, y ya ven, una vez que todo se definió, de nuevo empezó a buscar otras relaciones. Ay, los hombres, ¿cuándo cambiarán los hombres? Never, ¿verdad? Bueno, pues era tan cínico Frank Sinatra, que fíjense ustedes lo que hizo un día. Llamó a Ava por teléfono y le preguntó: "¿Quién crees que está aquí en mi cama, a mi lado?". El divorcio se pronunció el 29 de octubre de 1953. No lo van a creer pero entre los tres hombres con los que se casó Ava, suman veinte matrimonios. ¿Se dan cuenta? Sin embargo, Sinatra jamás olvidará a Ava, y como nunca se olvida a una vieja melodía, de vez en cuando se encontrarán.

La más bella y la más sola

Nunca estuvo tan bella Ava Gardner como en 1954. Incluso, Cole Porter le compone una canción. El sindicato de elevadoristas la elige como "la mujer con quien a uno le gustaría quedarse atorado en lo alto del Empire Estate". Es justo en esta época que Ava filma la película que la hiciera famosa en todo el mundo: *The Barefoot Contessa.* El director es Joseph Mankiewicz, y el actor Humphrey Bogart. En España conoce a Luis Miguel Domínguín. Se enamoran, salen, bailan flamenco, beben vino en bota, al mismo tiempo que Domínguín empieza a formalizar su relación con Lucía Bosé. Ay, los hombres, siempre los hombres. Pero Ava es feliz en España y se queda. Se relaciona con el jet-set. Se le invita a fiestas, corridas, cocteles. Y conoce a un hombre que le cambia el concepto de la vida: Ernest Hemingway. Gracias a este escritor, Ava Gardner participa en la filmación de algunas de las adaptaciones de sus obras, como *The Sun Also Rises.* Después de filmar *55 Days at Peking,* participa en *The Night of the Iguana,* de John Huston, junto con Richard Burton y Deborah Kerr. Seguramente esas noches le traían muchas tristezas, ya que Ava empieza a beber más intensamente. "Era más bella que todas sus rivales, más amoral, más desenvuelta y desinhibida. Pero también entre todas, era la que estaba más sola", dijo de Ava Gardner la escritora francesa Françoise Sagan. Ava tenía entonces nada más treinta y cinco años.

Después de participar en otras películas que no tuvieron tanto éxito como *The Barefoot Contessa*, a fines de 1960 se instala finalmente en Londres. Todavía en esa época no se había curado de ella misma. De su imagen, de su soledad, y de una vejez prematura que parecía amenazarla día a día. ¿Qué hacía todas las tardes en su departamento? ¿De qué cosas se acordaba? Algunos vecinos decían que se pasaba las horas escuchando los discos de Frank Sinatra. Otros aseguran que en su departamento nunca se escuchaba ni un ruido.

El 25 de enero de 1990, Ava Gardner muere de una pulmonía. Tenía sesenta y siete años pero su corazón parecía el de una mujer de ciento veinte. La condesa descalza murió sola.

Dolores y el Tercer Hombre

"*L*a primera vez que nos vimos fue en un banquete gigantesco en Hollywood, que ofreció Jack Warner. En esa ocasión muchos habían ido al rancho de Darryl Zanuck. En el banquete fue la primera vez que le hablé. Fuimos juntos a nadar. Me acuerdo que nadaba como una perfecta sirena. Lo que ella ignoraba es que cuando yo tenía once años, ya me había enamorado de ella. A esa edad la descubrí en una película muda que se había filmado en alguna parte de los mares de Sudamérica. Fue allí cuando la vi nadar como una sirena, sus pequeños pies se movían con gracia. En aquel traje de baño se le dibujaban unos pechos y una cintura como para volver loco a cualquiera. Yo estaba sentado hasta la última fila, con una niña muy comme il faut, con la cual, mientras veía la película, hacía una que otra travesura... A partir de ese día, mi vida cambió. Ah, durante años cómo me obsesionaron esas escenas. Por eso cuando la vi frente a mí en carne y hueso, nadando tal y como lo había hecho en aquella película, no lo podía creer. Muy poco tiempo después de ese encuentro, descubrí una de sus obsesiones: ¡la corsetería [fina]! Tenía una colección impresionante, nunca había visto algo semejante. Toda tenía que ser cosida a mano. Cada pieza parecía única. Cada una era sumamente erótica, ¡indescriptible! A partir del momento que descubrí que ésa era una de sus debilidades, empecé a comprarle todo tipo de corsetería. Camisones transparentes bordados con encajes finísimos. Con el tiempo llegué a ser uno de los mejores clientes de la boutique más chic, Juel Parks Beverly Hills. Todo esto me salía en una fortuna pero no me importaba, se veía tan hermosa. Otra de las cosas que también me excitaba enormemente de ella, era su mirada de miope. Sus ojos eran negros, muy negros. En esa época ambos estábamos casados y los dos ya éramos artistas muy conocidos; entonces, decidimos vernos clandestinamente en los lugares más secretos y recónditos de Hollywood. Entonces yo tenía amenazas y demandas por difamación de parte del señor Hearst. Nuestra relación hubiera perjudicado todavía más las posibilidades de dar a conocer al público *Citizen Kane*. No hay que olvidar que Hearst era propietario de una importantísima cadena de periódicos muy influyentes. Haber descubierto las escapadas nocturnas de Dolores del Río con un 'comunista', como me llamaba mi peor enemigo, hubiera sido nefasto para ella y para mí."

"La Venus mexicana"

"Por esta razón, nos valíamos de todo tipo de artimañas para encontrarnos. Como, por ejemplo, pedirle a Marlene Dietrich que nos acompañara para confundir a los curiosos y chismosos. Marlene era un señuelo. Estaba entre los dos para distraer la atención. Salía con Dolores saliendo con Marlene. ¿Quién podría adivinar cuál de las dos era la que sostenía relaciones culpables? En una ocasión fuimos juntos a Nueva York. Para evitar que la prensa descubriera nuestro idilio, Dolores reservó su cuarto de hotel con otro nombre. En esa época, ya estaba tramitando su divorcio. [Entonces, Dolores del Río estaba casada con Cedric Gibbons, director artístico de la Metro Goldwyn Mayer, y a quien se le debe el diseño de la estatua que todo mundo conoce como el Oscar. Él mismo lo recibió no menos de doce veces por la dirección artística de películas como *Little Women* (1949), *An American in Paris* (1951), *Julius Caesar* (1953). Dolores tenía treinta y cinco años y había filmado varias cintas, como *Ramona* (1928), que la proyectó internacionalmente. Su primer marido fue el antropólogo Pablo Martínez del Río, de quien se divorciaría para dedicarse al cine, causando gran escándalo entre la burguesía mexicana. A partir de 1925, inicia Dolores su carrera en Estados Unidos. Brenda Gill, periodista norteamericana, escribió: "Nadie en Hollywood se sorprendió cuando en 1930 Gibbons se casó con una de las actrices más bellas del cine: Dolores del Río. Una voluptuosa Venus mexicana conquistó a este ardiente adonis irlandés. Seguramente esta pareja representaba el romance ideal, que se hubiera querido llevar a la pantalla. Nacida en Durango, México, en 1905, Del Río fue bautizada con el nombre de Lolita [*sic*] Dolores Martínez Asúnsola [*sic*] López Negrete. Su padre era banquero y, con el tiempo, uno de sus primos se convirtió en el actor Ramón Novarro, quien actuó en *Ben Hur* [1925]. Como se acostumbra entre los banqueros mexicanos, sus hijas asisten a colegios de monjas, y Dolores asiste al Colegio Francés de San Cosme. A los dieciséis años se casó con el escritor Jaime [*sic*] del Río, del cual se divorció. Cuando cumplió veinte años, conoció en un baile en la ciudad de México al director norteamericano Edwin Carewe. La invitó a interpretar un papel en la película *Joanna* (1925) y de esta forma empezó su carrera. En aquellos días del cine mudo, el muy marcado acento mexicano de Del Río no era ningún obstáculo, por lo cual pudo ser estelar en películas de gran éxito. Se decía que mientras estaba bajo el contrato de United Artists recibía un salario de nueve mil dólares a la semana. El matrimonio de Del Río con Gibbons duró once años.] Por esta razón se sentía un poco más libre."

"Una verdadera reina madre"

"Ella era mayor que yo, por lo tanto, mentía sobre su edad. Bueno, finalmente los dos nos instalamos en suites separadas en el Hotel Ambassador en Park Avenue. La suya fue de inmediato invadida con flores. Eran begonias, sus flores predilectas. También begonias le compraba su madre, cuya familia pertenecía a la aristocracia de su país. Una 'verdadera reina madre', como la describía el decorador James Marcom. Para mí, Dolores representaba todo lo seductor y prestigioso. En otras palabras, todo el 'charme de Hollywood'. [A propósito de la relación entre Welles y Dolores, Marcom dice: "En esa época, él estaba loco por ella. Aunque Dolores no era

una mujer muy inteligente, era un ser adorable. A él le gustaba que tuviera influencias sobre ella. Ella estaba totalmente bajo el imperio de su genio, él *adoraba* eso. Sobre todo, lo que le llamaba la atención es que a ella no le importaba salir con él".] Después de un tiempo, la prensa publicó que a partir del momento en que estuviera resuelto el divorcio de Dolores, me casaría con ella. [Era evidente que su ya prolongada relación no había hecho más que beneficiar las películas *Citizen Kane* y *The Magnificent Ambersons*. En una relación que no era tan estable como la suya, probablemente su pareja hubiera tenido muchas dificultades para comprender y aceptar sus hábitos de trabajo tan especiales. Sin duda, otra le hubiera exigido más tiempo y atención. Pero Dolores era sumamente dócil. Cada vez que tenía necesidad de ella, lo mismo a horas impensables, siempre estaba allí para atenderlo. Sin embargo, al cabo de un tiempo comenzaron los problemas. En esa época, mientras que Dolores se encontraba sumamente nerviosa por la tardanza de su divorcio, él empezaba a proyectar un viaje a Brasil. El dizque futuro marido comenzaba a echarse para atrás... No obstante, jamás se lo dio a entender. A lo mucho, respecto de la boda, le habrá manifestado algunas dudas, pero nada más. Sin embargo, si no hubiera sido por un extraño golpe del destino, ya para entonces se hubieran casado. Afortunadamente para Welles, el abogado de Dolores olvidó registrar un documento muy importante y el proceso del divorcio tuvo que interrumpirse, lo cual le permitió a él eclipsarse sin tener necesidad de dar ningún tipo de explicación. Sin necesidad de una ruptura, empezaban a tomar caminos diferentes. No, entonces Dolores no se imaginaba todo lo que pasaba por la cabeza de su enamorado.]

"¿Todavía me quieres?"

"En la navidad de 1941, le regalé a Dolores una bata preciosa, cubierta de palomas blancas; ésta hacía juego con el camisón y las pantuflas. También le compré tres frascos de perfume, un espejo, un cepillo y un peine. [Lo que no dice es que después de haberla consentido de esta forma, se va a América del Sur con la conciencia relativamente tranquila.] A mi hija Christopher le regalé de navidad cuatro juguetes: un caballo, un panda, un oso de color rosa y una muñeca. A su mamá, la señora Lederer, le envié un inmenso ramo de flores. [Ya en Brasil, conoce a muchas mujeres; mientras tanto, Dolores sufría enormemente su rechazo: largas distancias venían e iban llenas de reproches y reclamos.] El 29 de julio de 1942, me fui a Río. Antes de regresar a Estados Unidos, decidí hacer un viaje por América Latina. Después de haber visitado Bolivia, fui a México, donde me encontraría con Dolores. Desde nuestra ruptura, era nuestro primer encuentro. El poco resentimiento que había, terminó por disiparse. Para mi llegada, Dolores había organizado un pequeño coctel en el Hotel Reforma. Para ella, también era una forma de celebrar nuestra reconciliación... Invitó a los embajadores de Argentina, Brasil, China, Cuba, Perú y de Estados Unidos. También invitó a Diego Rivera y Pablo Neruda. Esa noche yo le iba a regalar un collar precioso que compré en Perú; desafortunadamente me di cuenta muy tarde: lo había olvidado en un hotel en Guatemala. [En efecto, entonces todo se le olvidaba. ¿Por qué? Porque en esos días él ya estaba pensando en otra mujer. Sin embargo, jamás se lo dijo a Dolores; no obstante, ella le preguntó en un rinconcito del salón del Hotel Reforma: "¿Todavía me quieres?". A lo cual contestó que sí con la cabeza, cuando en realidad su corazón decía intensamente que no. No. No se lo pudo confesar. "Hubiera sido muy cruel", pensó esa noche antes de dormirse. Si esa noche se lo hubiera confesado, tal vez Dolores hubiera entendido. Hubiera sufrido mucho, sí, sin duda; pero seguramente hubiera terminado por aceptarlo. Sin embargo, todavía antes de despedirse en el aeropuerto, le dijo: "Nos vemos pronto en Nueva York".]

"Después de haber estado en México, Dolores y yo nos volvimos a ver en Nueva York, en el Hotel Sherry Netherland. La cita era a las seis en punto. Yo estaba feliz de volverla a ver. La sola idea de encontrarme, otra vez como antes, en su suite llena de flores, me excitaba muchísimo. [¡Hipócrita!, lo que no dice es que llegó cinco horas tarde y con varios whiskies encima.] Cuando llegué estaba tan nervioso que al besarle la mano, tropecé. [¿Nervioso? My foot! Lo que estaba era demasiado borracho y apenado por haberla hecho esperar tanto tiempo.] Al verme tirado en el suelo, Dolores se echó una carcajada encantadora. No estaba enojada, ni molesta. Recuerdo que estaba bellísima, con unos hilos de perlas muy largos. Esa noche sus ojos brillaban más que nunca. Toda la suite olía a ella. Al fondo había una mesita con un candelabro de plata con tres velas. El servicio de la mesa era de Sèvres. Todo estaba listo para que cenáramos en la más absoluta intimidad. En una table roulante había salmón, caviar, todo tipo de viandas y unos postres extraordinarios. En el centro estaba la hielera con una botella de champagne. Después de haber brindado por nuestro rencuentro, nos sentamos a la mesa y empezamos a cenar. A pesar de que me encontraba tan feliz, me sentí un poco nervioso, ya que esa noche había decidido hablar con ella de una forma más sincera. A la hora del café, empecé entonces a explicarle que desafortunadamente mis sentimientos respecto a ella habían cambiado pero que, sin embargo, la quería mucho."

"Te digo adiós"

"Siendo Dolores una mujer inteligente [¿?] y muy intuitiva, no tardó mucho tiempo en entender que lo mejor era que ya diéramos por terminada la relación. 'Tal vez sea lo mejor para los dos', me dijo con serenidad y afecto. Yo le dije que siempre seríamos muy buenos amigos, y que podía contar conmigo para todo. 'Tú también', me dijo con una sonrisa en sus maravillosos ojos como los tienen las mujeres de Durango. Después y en perfecta armonía empezamos a recordar viejos tiempos. Nos despedimos como si ya fuéramos viejos amigos. [¡Mentira! ¡Mentira podrida! Fue una noche horrible, especialmente para la pobre Dolores. Después de haberle reclamado su incomprensible retraso, por más que él tratara de calmarla, Dolores se sentía irritada, pero sobre todo rechazada. No se sentaron a la mesa, ni se sirvieron el champagne que efectivamente nada en una hielera llena de agua por los hielos deshechos. "Ya no me quieres, ya no me quieres", decía Dolores entre sollozos. Él ya estaba muy nervioso y tenso. Lo único que quería era desaparecer. "Pues ya que hablas de eso, quiero decirte algo. Es cierto, hay otra mujer. Desde hace mucho te lo quería decir pero como eres tan susceptible e insegura, no me atreví. Entonces dejé pasar el tiempo. Pero ahora ya es demasiado tarde. Me temo que ahora sí

tendremos que terminar para siempre", le dijo cortante y con una actitud de absoluto desapego. "¿Te vas a casar con ella? Dímelo, por favor. Yo ya conseguí mi divorcio. Ya soy libre. Ya nos podemos casar. Por favor, no me abandones. Dime, ¿te vas a casar con ella?", le preguntaba Dolores afligidísima. Pero él no contestaba. Se limitaba a decir: "Son chismes. Puros chismes. ¿Ves cómo eres celosa? Siempre con tus celos e inseguridades". Dolores estaba deshecha. Lloraba y lloraba recostada sobre el sillón. En esos momentos, de vez en cuando, se entreabría una de las puertas que daban hacia el interior de la suite; era su madre que se encontraba en una de las habitaciones: como a todos sus encuentros con él, la había acompañado. Al ver a su hija en ese estado, de inmediato cerró la puerta. "¡Lástima, ahora sí creo que esto ya se acabó!", se dijo la señora Martínez del Río de Asúnsolo, enfundada en una de las batas de su hija. Mientras tanto, la batalla entre los dos seguía. "Bueno, pues ya no hay nada que decir. Te digo adiós. Estoy seguro que muy pronto encontrarás a alguien que te quiera", concluyó él mientras tomaba su abrigo y su sombrero; se dio la media vuelta y con un portazo salió de la maravillosa suite. Mientras tanto, Dolores seguía llorando sobre el respaldo de uno de los sillones. Una semana después, Dolores leyó en los periódicos: "Sin duda, Orson Welles y Rita Hayworth son una de las parejas más enamoradas de Hollywood. Esto lo pudimos comprobar el día de su matrimonio. Ella lucía, aparte de bellísima, feliz, y él se veía el hombre más satisfecho de la Tierra".]

Después de muchos, muchos años, cuando Dolores recordaba a sus amores, siempre confesaba con sus ojos llenos de melancolía: "Como Orson Welles, ¡nadie!".

ISABEL

*J*sabel y su belleza sofisticada y diferente. Isabel y sus maridos, tan ricos y famosos. Isabel y sus hijos sanísimos y super bien vestidos. Isabel y sus casas y departamentos muy bien decorados y acogedores. Isabel y sus travesías por el mundo. Isabel y sus amistades del jet-set internacional: diplomáticos, aristócratas, políticos pero, sobre todo, millonarios. Isabel y sus examores que aún sueñan con ella. Isabel y su infinito guardarropa formado por vestidos carísimos, diseñados exclusivamente para ella y en todos los colores del arco iris. Isabel fotografiada millones de veces a todo color, en blanco y negro y sepia, que aparece en páginas completas y en un centenar de portadas. Isabel y su dentadura perfecta como collar de perlas de una reina.

Isabel y su físico estilo asiático, capaz de eclipsar hasta la belleza más clásica. Isabel, que cuando ríe es como un sol mediterráneo, radiante y esplendoroso, y que cuando parece ligeramente melancólica, se asemeja a una luna soñada por un poeta. Isabel madre de cinco hijos, quienes, probablemente, reciben de su madre tanto cariño como si se tratara de un hijo único, porque Isabel tiene tanto, pero tanto amor dentro de ella, que todavía podría tener más maridos y más hijos.

Isabel y sus recuerdos de infancia en Filipinas. Isabel y Julio, su primer amor. Isabel y el marqués de Griñón, su segundo marido. Isabel y Miguel Boyer, exministro de Economía y Hacienda de España. Isabel y su trabajo de publicidad en la empresa Porcelanosa. Finalmente, Isabel y su vida como de película a colores exhibida en todos los cines plus del universo.

Pero ¿qué diablos tiene Isabel Preysler para haberse convertido en una de las mujeres más notables en la vida social y política española en las dos últimas décadas? ¿Por qué cuando una mujer descubre su fotografía semana a semana en diversas publicaciones se queda largo rato admirándola y envidiando su belleza? ¿Qué tanto tiene la Preysler, como la llaman algunos, para que pueda provocar tanta fascinación entre hombres y mujeres? ¿Cuántas envidias no despertará? Y más aún, ¿de cuántas pasiones secretas no será autora?

A una Isabel así, no se le olvida con facilidad. Por algo será que ninguno de sus exmaridos se haya vuelto a casar. Como tampoco es casual que ambos sigan refiriéndose a ella con tanto afecto y admiración: "Isabel es una mujer maravillosa, sensible e inteligente. Además de ser una madre ¡extraordinaria!". Miguel Boyer también estuvo de acuerdo con los elogios: "Soy feliz con Isabel. Ella ha transformado mi vida, me ha enseñado a ver las cosas desde otra óptica. Es una persona extraordinaria, con una intensa alegría de vivir, gran inteligencia intuitiva y muy hogareña. ¡Tiene un encanto enorme!".

Entretanto, nosotros nos volvemos a preguntar, ¿qué demonios tiene Isabel para provocar estas opiniones tan entusiastas? ¿Cuál es su secreto para que, además de ser una mujer guapérrima, sea una perso-

na tan admirada por hombres tan admirables? ¿Acaso no tiene defectos? ¿Será Isabel tan bonita por dentro y por fuera? ¿Cómo diablos le hace para salir siempre en las fotografías guapa, bien vestida, contenta, satisfecha, polveada, peinada, tan serena y tranquila como si acabara de despertar de una siesta eterna? ¿Qué ha hecho Isabel para llegar a su edad y lucir como si tuviera apenas veintinueve años? ¿Por qué en las fotos nunca le descubrimos un ligero rictus de tensión, o unas pequeñas ojeritas, o el pelo medio graso, o su arreglo desaliñado, o tal vez un barrito oculto en la nariz, o los tacones de sus zapatos un poco desgastados, o con la cara ligeramente brillante? ¿Tendrá Isabel signado un pacto con algún diablo filipino? No nos queda más que decir, con toda su salud mental, que tanta perfección de alma y cuerpo finalmente acaba por irritar. ¡No, Isabel, no se vale!

CONSTANZA

*C*onstanza era la tercera de cuatro hermanas. De todas, Constanza era la más fea, la más deschistada. Sus ojos, sin casi nada de pestañas, eran de un negro opaco y triste. Sobre su frente demasiado grande, se veían una cejas despobladas, que daban a su largo rostro un aire de constante melancolía. Sus labios eran tan delgados que asemejaban dos ligas restiradas, a punto de reventarse. Por añadidura, Constanza era la única de sus hermanas que no sabía ni cantar ni tocar el piano. Lo único que hacía bien Constanza era bordar y zurcir. Sin embargo, una de las características que más llamaban la atención de su personalidad, era su enorme sentido del humor y su buen carácter. Su padre, magnífico músico, le decía constantemente: "Constanza, ¿de qué tanto te ríes?". Y Constanza contestaba: "De que de todas las hermanas Weber, yo soy la más fea y la más tonta. Esto, en lugar de entristecerme, me da mucha risa". Los padres de Constanza no sabían si tomarla o no en serio.

La más bonita de las hermanas Weber se llamaba Aloysia. Ella sí sabía cantar y tocar el piano: era la gran artista de la familia, el orgullo de los Weber. Por eso, cuando en 1777 en Mannheim la conoció Mozart, en un dos por tres se enamoró de ella. El músico tenía veintiún años y se le consideraba como uno de los mejores partidos. Al otro día de conocerla, Mozart le escribió a su padre diciéndole: "Los Weber son unos alemanes excelentes, dignos de los Mozart [textual]. Aloysia, la mayor, tiene una voz maravillosa. Su mayor cualidad es que tiene expresión".

Desafortunadamente, la mamá Weber no apreció mucho los sentimientos del músico, pues los trescientos florines que entonces recibía Mozart por año, le parecieron una miseria para la más bonita y talentosa de sus hijas. Unos meses después, la madre de Aloysia hizo un contrato con otro pretendiente, que le ofrecía setecientos florines anuales. Mozart se descorazonó a tal grado, que prefirió alejarse de los Weber.

Cuando el compositor cumple veintiséis años, se encuentra de nuevo con esa familia. Aunque en ese momento no tiene ninguna intención de casarse, está consciente de que necesita una esposa, que se ocupe de su ropa, su comida y su casa. Se pone entonces de acuerdo con la mamá Weber, quien juzga que Constanza vale la poca dote de Mozart. Entre los dos hacen un contrato que enoja a Constanza, que huye de su casa y se va a refugiar con su tío. Entonces, Mozart comienza a interesarse seriamente por ella. Finalmente, se casan.

¿Que si fueron felices? No nada más felices, Mozart y Constanza formaron el matrimonio más dichoso de entonces. Sus biógrafos dicen que eran todavía más afortunados en el lecho matrimonial; pasaban horas y días en él, manifestándose todo su amor y pasión. Cuando Mozart viajaba, le escribía a Constanza cartas alusivas a estos juegos de amor. En ellas, el genio habla (textualmente) de cómo su ave lo que más añora es su nido. Muchos de estos biógrafos se han jalado los pelos al no poder descifrar todas esas claves eróticas. En uno de los salones de su casa en la calle Rauhensteingasse, en Viena, a un lado de la mesa de billar, se encontraba la cama: lugar sagrado donde Constanza y Mozart se olvidaban del mundo, de sus deudas, de sus respectivas enfermedades físicas, del papá Mozart autoritario, de la mamá Weber negociante, de las intrigas entre los músicos y compositores de la corte, de las envidias de Salieri, de las otras hermanas Weber, que se morían de rabia por la felicidad de Constanza, etcétera.

No, nadie entendía cómo una mujer tan mediocre como era Constanza Weber, pudiera despertar la pasión que sentía uno de los músicos más geniales de la época. ¿Cómo una mujer tan fea, que se la pasa todo el día bordando y zurciendo, puede interesar a alguien como Mozart? "Pero si Constanza era considerada la Cenicienta de la familia Weber", decían los envidiosos y mezquinos, que nunca entendieron que Constanza tenía más que lisito detrás de la oreja: tenía un corazón que sabía amar apasionadamente. Pero lo que menos comprendían, era que Mozart siempre le fuera fiel a Constanza; a pesar de todas las aventuras que se le ofrecían con sus alumnas, como Therese von Trattner.

Seis hijos tuvieron Constanza y Mozart, de los cuales nada más sobrevivieron dos. Ocho años solamente disfrutaron su unión. Cuando Mozart muere a los treinta y cinco años, Constanza se pone de rodillas frente al soberano para solicitarle una pensión con que educar a sus hijos. Entretanto, se ocupa de que la obra de su marido se siga in-

terpretando; se ocupa del archivo de sus cartas (más de trescientas dirigidas al papá Mozart); se ocupa de poner en orden todas las partituras que dejó el músico; se ocupa de pagar las deudas; etcétera. Gracias a Constanza, por ejemplo, pudimos conocer la ópera *La flauta mágica* y muchos conciertos.

Constanza Weber quería tanto, pero tanto a Mozart, que una vez viuda, decidió casarse con su primer biógrafo, para cuidar muy muy de cerca todo lo que escribiera de su único amor. Esto seguramente le hubiera caído muy en gracia a Mozart, ya que si algo tenía la suertuda de Constanza era ese humor mozartiano, que tanto le divertía al mismo Mozart.

Bien dice el refrán: "La suerte de la fea, la bonita la desea", y si encima de esto se es constante, como Constanza, pues quizá se pueda llegar a ser inspiradora de grandes pasiones.

Dos amores singulares

*M*arguerite Duras tuvo dos grandes amores: el primero que conoció en su vida y el último que tuvo antes de morir. El primero todo el mundo lo conoce como el amante de Cholen. El segundo se llama Yann Andréa y todavía no sabemos si la escritora francesa le escribió un libro. A Huynh Thoai Le lo conoció en 1929, cuando tenía dieciséis años; de él se enamoró como una verdadera loca. Gracias al amante descubrió la pasión, la sensualidad, su cuerpo, la entrega incondicional y un sufrimiento que no la abandonó por muchos, muchos años. "Después de mi regreso de Indochina, a los dieciocho años, me morí", dijo en una de sus entrevistas.

No fue sino hasta mucho tiempo después, cuando tenía sesenta y seis años, que se encontró con Yann Andréa. No obstante los separaban treinta y ocho años, se enamoraron como si hubieran sido un par de adolescentes. Yann le enseñó que sin necesidad de alcohol también se podía luchar contra los monstruos del mundo. Asimismo, la estimula en su escritura y en que ya no piense tanto en la muerte. Para la Marguerite Duras de ochenta y un años, Yann fue el compañero perfecto que por las noches siempre estaba allí a su lado, dispuesto a combatir a "los monstruos" que la escritora sentía se le subían a la cama. Con este último amor, descubrió cuán importante es la tolerancia y la voluntad para vivir sin resentimientos. Lo único que pudo separar a estos dos enamorados fue la muerte.

A partir de este amor que, por inexplicable, bien podría tratar de una pareja dispareja, la revista *Paris Match* publicó una serie de reportajes refiriéndose a cuatro parejas cuya diferencia de edades era abismal. Marguerite Duras y Yann Andréa, Edith Piaf y Théo Sarapo, Colette y Bertrand de Jouvenal, y Madame Simone y Alain Fournier.

Todo empezó cuando Yann decidió escribirle todos los días a Marguerite unas maravillosas cartas de amor. En las primeras le recuerda que en una ocasión se hablaron en una bar de Caen, después de la proyección de la película *India Song*, que dirigió la propia Marguerite. Al terminar la función se había llevado a cabo un debate con estudiantes de filosofía entre los cuales estaba él. Pero ella no se acuerda en lo absoluto. De lo único que tiene memoria es que esa noche bebió demasiado y que una sombra la acompañó hasta su coche. Sin embargo, Yann se acuerda perfectamente que en el estacionamiento le hizo dos preguntas: "¿Tiene usted un amante? ¿A cuántos kilómetros acostumbra correr por las noches en su R-16?". Él sí tiene muy presente lo que le contestó: "No tengo

ningún amante" y "Corro a ciento cuarenta kilómetros por hora". Además, lo felicita por haber empleado la palabra "amante".

Al cabo de varias semanas de estar escribiendo todos, todos los días cartas largas y muy tiernas, Yann opta por enviarle notitas mucho más cortas pero más fogosas. Después de dos meses, deja de escribirle abruptamente. Marguerite empieza a inquietarse; ya se había acostumbrado a leer todas esas palabras de admiración y devoción. Entonces le escribe: "¿Ya se olvidó de mí?". Y de nuevo empieza a llegar la correspondencia amorosa. "Eran las cartas de amor más bellas que jamás haya recibido", llegó a confesar Duras en una de sus entrevistas. Entonces Yann le manda poemas, relatos literarios donde se habla de amores imposibles y otras cartas de amor entre personajes de la historia. Y Marguerite lee y relee estas cartas de amor. No se cansa de la admiración que provoca en este muchacho. Al contrario, la necesita. De alguna manera, siente que esas líneas la resucitan, le inyectan vida. Pero por más que le gustan y aprecia su estilo, no las contesta. Marguerite Duras no responde las cartas que le mandan.

¿Por qué por más de cinco años escribe Yann a este monstruo sagrado? ¿A esta mujer que ya no quiere oir hablar de los hombres? Todo el mundo sabía que, para ella, los hombres eran como niños viejitos incapaces de interesarse en otra cosa que no fuera ellos mismos; incapaces de soportar la rivalidad con la escritura; incapaces de comprender el sufrimiento de las mujeres abandonadas, etcétera. ¿Qué tanto buscaba este hombre joven, bien parecido, lleno de vida al lado de una mujer arrugada, alcohólica, de alguna manera destruida?

"Mi rostro está lacerado con arrugas secas y profundas, de piel rijosa. Este rostro cuya expresión no se ha suavizado como sucede en el caso de aquellos que tienen facciones finas. Este rostro que ha conservado sus mismos rasgos aunque su materia esté destruida." Efectivamente, esta destrucción data, como lo afirma Marguerite, desde que tenía veinte años. Pero el verdadero deterioro ha sido a causa del alcohol, combinado con la desesperanza y la falta de ganas de vivir. Por lo que se refiere a ella, entendemos la razón por la cual se deja seducir por este hombre que le escribe cosas tan bonitas. Duras mide un metro cincuenta. Su cuerpo ya no tiene forma. Siempre se viste igual: chaleco, falda recta y, en invierno, suéter con cuello de tortuga, botas cortas. Nunca lleva bolsa. Ella lo llama "el estilo MD". En cambio, él es joven, alto y guapo. Entonces, ¿qué pasa en el fuero interno de Yann? Eso no lo sabemos. Ni tampoco Danielle Georget, periodista y responsable del primer reportaje de la serie "Jóvenes Amantes", publicado en el semanario francés.

Seguramente muchos amigos de Yann le han de haber recriminado su predilección. "¡Ah pa... gustitos!", le han de haber dicho cuando se lo encontraban de la mano de Marguerite. "Pero ¿cómo puedes andar con esa vieja tan excesiva, tan fastidiosa? Será muy escritora y habrá vendido casi tres millones de ejemplares de *El amante,* traducida a cuarenta y dos idiomas, pero muchos la llaman 'la loca de Chaillot'. ¿Qué no te das cuenta que no ha habido hombre que la soporte? ¿Que lleva más de quince años viviendo en una soledad pavorosa en donde no hacía más que beber?" Pero como decía Sacha Guitry: "No hay nada más misterioso que una pareja". También afirmó que no había nada que inspirara más envidia que una pareja de enamorados perfectamente bien compenetrada. Sin embargo, sabemos que Yann Andréa es homosexual y que necesitaba vivir al lado de esa mujer.

Finalmente, Marguerite Duras le contesta al joven Yann en enero de 1980: "No tenía más que un solo deseo, contestarle a este joven estudiante de Caen para decirle qué tan difícil es para mí vivir. También quería decirle que he bebido mucho. Que a causa de esto fui internada en un hospital. Y que no entendía por qué bebía tanto". Después de escribir esta carta, Marguerite fue hospitalizada a causa del alcohol y por tomar antidepresivos.

Siete meses después, Yann le llama por teléfono a Roches Noires y le dice: "Allá voy". Ella pregunta: "¿Por qué?". Él contesta: "Para conocernos". "¿Cuándo?" "Mañana. El autobús llega a las 10:30. Estaré en su casa a más tardar a las 11:00."

"Ring, ring", suena el timbre, pero Marguerite Duras no le abre la puerta. Él espera y espera pero es inútil, no hay respuesta. Llega la noche y se duerme frente a la puerta. Pasan los vecinos y le dicen: "Sabe, señor, nosotros la conocemos. No va a abrir nunca la puerta". Yann sigue esperando hasta el mediodía. Por fin decide irse. Está molesto. Herido. Se va sin dejarle una sola nota.

Una noche, saliendo de la proyección de *Navire Night,* Yann, que no vivía en París, decide ir a verla personalmente. Le lleva la carta. La echa por debajo de la puerta. Toca el timbre y espera la respuesta. La contestación fue muy sencilla: "Pasa", y, a partir de ese momento, nunca más se separarán. Duermen juntos (cuando no lo hace en el cuarto de Outa, el hijo de Marguerite). Viajan juntos. Viven juntos. Y nunca hablan del futuro. "Mi encuentro con Yann fue lo más inespera-

do que pudo haberme sucedido en la última parte de mi vida. Igualmente lo más terrorífico, pero sobre todo lo más importante", dijo Duras. Sin embargo, el 15 de junio de 1981, Yann se va. Duras le escribe una carta: "No obstante ya no lo quiero en absoluto, no quiero nada, nada todavía más que a usted". Marguerite vuelve a tomar. Yann regresa, pero no puede ayudar a que su "amada" deje de beber. "Cada tercer día vamos a comprar botellas de bordeaux, en eso consiste nuestra única salida." Si en esa época la escritora no hubiera dejado de beber, se hubiera muerto. Por tercera vez entra al hospital para desintoxicarse. Cuando Yann sale del Hospital Americano, llora en el taxi. Sufre de pensar que su amor pudiera morir y dejarlo completamente solo. Por otro lado, ella sufre porque cree que Yann ya no la quiere, que en el fondo desea que se muera. Ésa fue tal vez su época más infernal. Los dos se acusan. Los dos se necesitan. Los dos se aman. "Usted es mi preferencia absoluta, desde ahora inevitable."

Quizá, de alguna forma, Yann le recordaba a Paul, el hermano más pequeño de Marguerite Duras, con quien tuvo su primera relación sexual. Durante la guerra, cuando se enteró que había muerto, Duras se daba golpes en la cabeza contra el muro. Sufrió tanto que se quería morir. Incluso buscó ayuda con un psiquiatra, quien le dijo que la única medicina que podía hacer algo por ella era la escritura. Y para no sufrir tanto, en dos días filma *Agatha*, la historia de amor de una hermana por un hermano.

Cuando Marguerite muere tenía ochenta y un años y Yann cuarenta y tres. Mientras la velaban en la Iglesia de Saint-Germain-des-Prés, probablemente ella sabía que estaba encerrada en aquel féretro. Sin embargo, Yann, custodiándolo, no tenía ni idea de qué hacer, ni dónde estaba. Él también estaba muerto. Alrededor de su cuello llevaba una bufanda azul que había pertenecido a su amor. Como un autómata, estrechaba la mano de todos aquellos que le presentaban sus condolencias. Allí de pie, a un lado de la caja, se quedó muchas, muchas horas. Estaba tan acostumbrado a protegerla del frío, que para él era normal...

Aquellos ojos verdes

"Si necesitas algo, sólo chíflame", le dijo de lo más espontánea Lauren Bacall a Humphrey Bogart en la película *To Have and Have Not* (1944), del director Howard Hawks. Tiempo más tarde, el día de su boda, Bogart le regaló a Betty, como la llamaba, un silbato de oro. Y de esta manera se conforma una de las parejas más célebres de la posguerra.

Nadie hubiera dicho que esta joven moderna norteamericana de diecinueve años, exmodelo de cabello castaño y conocida porque "sabía desnudar con la vista a los hombres", iba a despertar la pasión de uno de los actores más cotizados de Hollywood.

La Mujer de la Mirada, "The Look", solían llamar a Lauren Bacall por sus ojos color verde penetrante. Se decía que quienes habían osado asomarse en su interior, nunca más olvidaron esa mirada. Libre de todo compromiso, Lauren Bacall (Betty Perske, nacida en 1924) era considerada entonces la encarnación de la mujer moderna. Con su personalidad aparentemente im-per-tur-ba-ble, y con ese estilo tan ambiguo, nos recuerda de alguna manera el magnetismo de Greta Garbo. Otros de sus atributos eran su gracia natural y su distinción. "Es la actriz más chic de Hollywood", opinaron las revistas femeninas de la época.

En 1956 y 57, Douglas Sirk (en *Written on the Wind*) y Vincent Minnelli (en *Designing Woman*) le procuran a Lauren Bacall las interpretaciones en cuyos roles podía valorarse más su distinción "impregnada de vulnerabilidad". Pero a principios de los sesenta la moda empieza a cambiar radicalmente; es más bien de un estilo oriental que tiende a lo ostentoso y a lo muy poco distinguido. Y esta moda, naturalmente, no le queda a Bacall. Sin embargo, en esa época comienza a triunfar en el teatro; sobre todo, con la comedia musical inspirada en la obra de John Axelrod, *Applause,* gracias a la cual recibe el Tony, el premio más prestigioso en ese ámbito.

En 1947, Lauren Bacall tiene una oportunidad para reivindicar su identidad judía y sus ideas políticas. Junto con Humphrey Bogart y

otros actores, protesta contra la cacería de brujas que desató el senador McCarthy. Muchos años después, Lauren sería una gran colaboradora en la campaña por la presidencia de Robert Kennedy. De todas las actrices de su generación, fue la que más aplaudió la caída de Richard Nixon. "Yo no soy nada más un simple objeto. Quiero dar mi contribución a los otros", dijo en una de sus tantas declaraciones.

Tuve el privilegio de entrevistar a la Betty de Bogie; es decir, a la Lauren Bacall de Humphrey Bogart. No obstante que me moría de ganas por encontrarme con uno de los últimos mitos del cine norteamericano, no tenía ni idea de lo que le preguntaría. Por añadidura, ese día hacía particularmente calor; tanto que sentía que las ideas se me derretían como charamuscas bajo el sol. Para colmo, la entrevista estaba prevista en el set de la filmación *Noche y día,* que dirigió Bernard-Henri Lévy, a treinta kilómetros de Cuernavaca.

La cita era a las tres de la tarde, pero mis compañeros del canal 40, Jaime Katzew, Aarón Cohen, Gustavo Viñas, Lorena Albarrán y yo llegamos a las cinco. Durante el trayecto no pensaba en otra cosa más que en nuestro retraso y en mis posibles preguntas: "¿Me podría decir cómo se hace la onda del pelo que lleva desde hace más de cincuenta años? ¿Qué tan buen amante era Bogie? Y cuando se besaban en la intimidad, ¿lo hacían igualito que frente a las cámaras o diferente? ¿Cómo hacía para tener una cintura tan chiquita? ¿Suele ver las películas que hizo con su primer marido? ¿Todavía conserva la gabardina y el sombrero que Bogart utilizó en la película *Casablanca*?", etcétera.

Después de pasar por Xochicalco, Alpuyeca y Miacatlán, finalmente llegamos a la Hacienda de la Santa Cruz de Tetecala. El lugar es maravilloso. Una vez que atravesamos ese enorme portal del siglo XVI, súbitamente tuvimos la sensación de que el tiempo se había parado. Todo parecía estar igualito como lo dejaron los hacendados del porfiriato: los viejos muros de la casa, las escaleras con su barandal de hierro forjado, los altísimos techos de los corredores, los jardines y patios medio abandonados, unos tabachines y jacarandas con flores como antiguas. Este ambiente tan nostálgico contrastaba enormemente con los enormes camiones, campers y gente del staff vestida con blue jeans y playera, que iba y venía con sus walkie-talkies en la mano. "¡¡¡Si-lencio!!! ¡¡¡Si-len-cio!!!", gritaba alguien con una voz fortísima. Otros estaban en unos cuartos que hacían las veces de oficina, frente a sus computadoras portátiles y a sus calculadoras.

Cuando llegamos, Bernard-Henri Lévy (a quien vi diez kilos

más delgado por el exceso de trabajo y el calor) dirigía precisamente a Lauren Bacall. La actriz vestía una bata de lino color chabacano y miraba el horizonte. "¡¡¡Si-len-cio!!!", volvía a gritar el gritón. Y en un absoluto mutismo de todos los que estábamos allí, vimos desarrollarse una de las escenas del filme. "¡¡¡Cooooooorten!!!", vociferó por fin el encargado de gritar. Fue en ese momento que Bernard-Henry Lévy me presentó a Betty.

La primera impresión que tuve fue la de una mujer cuyo gesto duro sugería una vida llena de soledades y preguntas sin respuesta. No obstante ya no tenía ni su cinturita, ni su onda, ni su sonrisa, ni el brillo de aquellos ojos verdes penetrantes, conservaba su distinción y personalidad. Me extendió una mano fría. Me quedé helada (¡qué bueno porque tenía mucho calor!). Entonces, Lucy me sugirió: "¡Rápido, pídele la entrevista!". Dicho y hecho, di unos grandes pasos para alcanzarla (la seguía un joven que la cubría con una sombrilla), y con mi inglés medio derretido, le dije: "¿Se acuerda que la llamé a Cuernavaca para solicitarle una entrevista?". Me vio. Más bien, me "barrió" con absoluto desapego, como si no se acordara que dos minutos antes me había presentado con ella Bernard-Henry Lévy. Sentí horrible. Le sonreí. Sudé. Y esperé. Me miró y me dijo: "En este momento no puedo. Françoise Giroud me va a hacer una entrevista. ¡Imposible!". Y claro, al oir ese nombre, me hice chiquita, chiquita. ¿Cómo no va a preferir que la entreviste la amiga cercanísima de Jean-Jacques Servan-Schreiber, la exdirectora de la revista *L'Express*, la extraordinaria periodista, la feminista tan polémica, la excolaboradora del expresidente francés Georges Pompidou, la inventora del término nouvelle vague? "No importa, la espero", me atreví a decirle.

Finalmente, Françoise Giroud, la gran amiga de Bernard-Henry Lévy, se sentía muy cansada, ya que había llegado la víspera y se había quedado viendo la filmación hasta la una de la mañana. A esa hora de la tarde y con la diferencia de altura y ese intensísimo calor, empezaba a sentir sobre las espaldas sus ochenta y dos años de edad. A pesar de que Bacall ya no estaba tan ocupada, me hizo esperar una eternidad.

Dos horas después de haber llegado, por fin me encontré frente a ella en su camper con aire acondicionado. Ya no era la mujer dura, más bien se trataba de alguien cálido y con ganas de charlar.

–Por favor, no me haga preguntas que tengan que ver con el pasado.

–Créame que no eran para nada mis intenciones. Vine para hablarle del presente. ¿Cómo ve la vida en estos momentos?

–La veo cada vez más corta. Seguramente se debe, primero, al paso del tiempo y, segundo, porque desde hace dos años he estado trabajando mucho. Han sido muy productivos. Y esto no hace más que estimularme. Nada me gusta como trabajar.

–¿Por eso aceptó rodar la película de Bernard-Henry Lévy?

–Absolutamente. Ésta es la primera vez que actúo en una película francesa. Primero Bernard me mandó el guión a Nueva York. Me gustó. Después me vino a ver. Y claro, como es tan encantador, inteligente y seductor, me fue muy difícil decirle que no. Sabe, yo soy muy perfeccionista y, con este compromiso, quería saber qué tan bien podía hacerlo. Entonces acepté.

–Entonces, ¿se felicita usted de haber aceptado?

–Sí. Los demás actores son muy talentosos. Alain Delon es de verdad un excelente actor. Me impresionó. Es mucho mejor de lo que imaginaba. Muy profesional. Siempre se sabía su parlamento. Siempre llegaba puntualmente. Además, Bernard es un director muy serio y atento al mismo tiempo.

–¿Cuáles son sus próximos proyectos?

–Tengo dos películas más. Nunca paro. Soy muy perseverante. Además, quiero hacer una pieza de teatro. Me encanta mi profesión. En la vida te tiene que gustar lo que haces, de lo contrario, se es muy infeliz.

–Si no recuerdo mal, primero fue modelo y, a los diecinueve años, se hizo actriz, ¿verdad?

–Fui modelo desde los quince años. Desde esa edad quería ser artista. ¿No ha leído mi autobiografía que se llama *By Myself*?

–Me apena mucho decirle que no.

En esos momentos frunció ligeramente el entrecejo. Sus ojos se veían verdísimos. Para entonces, ya se había convertido en la eterna Lauren Bacall. La vi bellísima. Su voz me parecía extremadamente seductora.

–¿Tampoco ha leído mi otro libro que se llama *Now*?

–¡Qué pena! Pero fíjese que no.

–Sí, realmente es una pena. Allí no hablo tanto de mi vida, sino de mi trabajo y mis reflexiones. ¿Está segura que no lo venden en Sanborns?

No lo podía creer. Con toda naturalidad, me preguntaba por Sanborns, una de las cadenas de tiendas que más quiero. Me empezó a caer realmente bien. Aunque ya no la llevara, se me hizo la buena onda.

–Fíjese que no he visto. Pero seguramente en Sanborns sí lo hay. Le prometo que la próxima vez que vaya lo voy a buscar. ¿Cuántos hijos tiene?

–Tengo tres. Dos hombres y una mujer. Los tres ya están casados. El primero vive en Nueva Jersey y el segundo en California. Leslie vive en Nueva York, es profesora de yoga. Se parece a mí pero con el colorido de su papá [Bogart]. Tengo cuatro nietos.

–Hábleme más de usted. Dígame lo que quiera. ¿Por qué mejor usted no se pregunta y se contesta? Y yo nada más la escucho.

–Soy una persona muy independiente —me dijo sonriendo como tal vez lo hizo millones de veces con Bogie. Como mi primer marido murió cuando yo todavía era muy joven, tuve que asumirme muy pronto solita. Fue muy difícil. Pero aleccionador. Paso mucho tiempo sola. Me gusta mucho leer, ver a mis amigos de vez en cuando y viajar. Me encanta viajar. Soy producto de mi trabajo. De niña siempre vi a mi madre trabajar mucho. Las dos vivíamos solas. Fue un buen ejemplo. No me gusta vivir en el pasado. Ése hay que cancelarlo. No hay que pensar en él. En lo único que se debe pensar es en el presente, mucho más que en el futuro. Ése también hay que olvidarlo. Nunca hay que decir: mañana hago esto o lo otro. Hay que hacerlo ahora. Sabe, la vida es muy dura. Cada vez estoy más convencida que hay más momentos difíciles que fáciles. Por eso hay que aprovecharlos al máximo. Pasan tan rápido... El hoy no vendrá jamás. Tiempo que se pierde, tiempo que nunca se puede recuperar. Por ejemplo, esta entrevista jamás se podrá repetir. ¿Me entiende? En el fondo, me siento una mujer con mucha suerte. Fui muy feliz, tuve a mis hijos, tengo amigos y tengo trabajo. ¿Qué más puedo pedir?

Y al preguntarme esto, me miro fijamente. Me sonrió. La vi más joven, más bonita y humana. Me conmovió. Nos despedimos. Nos dimos un beso y nos dijimos adiós. Y, en ese momento, me acordé de algo importantísimo: "Perdóneme, señora Bacall, ¿me puede decir cómo se hace su onda maravillosa?". Se rio y contestó: "Desde que era niña se me formaba. Pero con unos tubos más pequeños en la parte de enfrente se le hará". Cuando me acompañó hacia afuera, curiosamente la volví a ver dura y muy mayor, tal como la había visto cuando me la presentaron. Pero lo que fue peor, la sentí profundamente sola en un mundo que ya no comprendía muy bien y en el cual tal vez ya no encaja, como solía hacerlo sobre todo cuando era feliz.

Una criolla muy temperamental

*L*a figura de Joséphine de Beauharnais (cuyo nombre de soltera fue Marie-Joséphe Rose Tascher de la Pagerie) es tan enigmática como la de su marido, Napoleón Bonaparte. ¿Quién fue realmente esta mujer nacida en Martinica el 23 de junio de 1763? Esta mujer que había sido educada en un convento de Fort-de-France y que después se casara, en 1779, con el vizconde Alexandre de Beauharnais, cuyo padre había sido gobernador de Martinica. Esta mujer señalada como la amante de De Barras; totalmente distinta a Désirée Clary, primer amor de Napoleón. Esta mujer que al casarse con el emperador era viuda y tenía dos hijos: Eugéne y Hortense (la futura reina). Esta mujer que, para muchos historiadores, era de cascos muy ligeros, muy coscolina y demasiado lista para los negocios; ¿quién fue?

Permítanme hacerles un poquito de historia acerca de esta emperatriz criolla tan singular. Una vez que se casó con el vizconde de Beauharnais, no pasó mucho tiempo para que empezara a tener problemas con su esposo y acabaran divorciándose. Sin embargo, antes de regresar a su isla natal, se instala con su hija en casa de su suegro en Fontainebleau, pero dos años después se ve obligada a regresar a París "a causa de una revuelta de esclavos negros". En 1790, gracias a los ruegos de su exmarido, él en pleno ascenso en su carrera política, se reconcilian y ella se convierte en la perfecta anfitriona parisina. En su casa de la rue Université recibe tanto a personalidades de la Revolución, como a miembros del antiguo régimen. No obstante esta vida, aparentemente tan mundana y encantadora, en marzo de 1794 Joséphine recibe una noticia terrible: el arresto de su marido. El 21 de abril lo acompaña hasta la prisión des Carmes. Tres meses después, Alexandre de Beauharnais es ejecutado. ¿La razón? La ignoramos. ¿Y Joséphine...? Se queda encerrada en la cárcel.

Si algo tenía "Josefinita" era su talento para las "relaciones públicas". Lugar al que iba, lugar en donde siempre hacía "relaciones", que más tarde, seguramente, le servirían para sus propios intereses.

De este mismo espíritu, conoce, detrás de las rejas, a Thérese Cabarrus. Entonces ella era amante de Tallien, personaje que tuviera mucho que ver en el fracaso de Robespierre, y, gracias a él, Joséphine es liberada el 6 de agosto.

Dos años más tarde, gracias a De Barras, su "protector" (por no decir su amante), conoce a Bonaparte y aquél la convence de casarse con él. "Anda, no seas tonta. Yo sé lo que te digo. Este muchacho es un magnífico partido. Créeme que va a llegar muy lejos. Tiene magníficas relaciones, es muy inteligente y su debilidad son las niñas bien. Te conviene. Aunque lo veas así de chaparrito, es un hombre ambicioso, con mucho talento para mandar. Algo me dice que pasará a la historia", le ha de haber dicho este De Barras, que ha de haber conocido a su "protegida" como a la palma de su mano. Entonces nuestra criolla tenía treinta y tres años y estaba "como quería"; era distinguida y amante de todo lo que tenía que ver con el lujo y con una vida más bien confortable... En los salones parisinos brillaba en compañía de Madame Tallien y de Madame Récamier.

Finalmente, Joséphine se sintió seducida por la profunda energía y la ambición sin límites de este joven militar, cuya celebridad comenzaba a consolidarse. En esa época ya había dispensado algunos cañonazos a los insurgentes de la realeza, acción que le había brindado mucha popularidad.

¿Por qué siendo ella mucho mayor que Napoleón, éste se enamora de ella? Tal vez el emperador se enamoró de sus "mañas", de su sabiduría femenina, de su personalidad ya hecha; pero sobre todo se enamoró de la estrella que advirtió en su frente lisa y tersa; sabía que ésta le daría toda la suerte que necesitaba para triunfar. ¡Qué sabio fue finalmente nuestro Napoleón! A los dos días de su matrimonio, el 9 de marzo de 1796, se le nombra general en jefe de la Armada de Italia; sus tropas lo esperan en Niza y tiene que partir, no sin antes despedirse, con todo su amor, de su flamante esposa.

Believe it or not, Joséphine se ponía sus "moños" con el general. Se sentía enamorada más que de Napoleón, de todo su entorno y de lo que representaba. Con todo y sus "moños" (y mañas) lo alcanza en Milán el 13 de julio. "La verdad es que voy con unos esfuerzos enormes. No se puede imaginar cómo extraño mis cenitas parisinas. ¡Cómo extraño mi shopping, mis amigos...! En fin, mi vida de todos los días. La verdad es que es una lata eso de ir hasta Milán. No hay ningún confort y los italianos son muy mal educados. Si no fuera por todas esas

cartas apasionadas que me manda Napoleón, me haría de la vista gorda. No obstante, me da pena el pobre hombre. ¡Me quiere tanto que hasta me abruma!", le ha de haber escrito a su "protector" De Barras. Efectivamente, en el fondo, Joséphine "bostezaba" con su marido. Llegué a esta conclusión después de haber leído la biografía que escribió Max Gallo y el *Diccionario de mujeres célebres* de Lucien Mazenod y Chislaine Schoeller.

En camino a Milán casi, casi la aprehenden los austriacos; de ahí que se instalara en el castillo de Montebello, muy cerquita de donde se encontraba su marido. Allí la trataron como a una verdadera reina. "A pesar de que me tratan tan bien y que procuran darme gusto en todo lo que quiero, los días se me hacen interminables. En otras palabras, estoy ¡a-bu-rri-dí-si-ma! ¡Cómo me gustaría que me acompañara en estas tardes tan calurosas...! Y usted, ¿a qué cenas ha ido en París? ¿Ha visto a Madame Récamier? ¿Qué cuenta Madame Tallien? ¿Sigue igual de pretenciosa? Claro, como ahora ya es la señora De Tallien... Si no está tan ocupado, ¿por qué no aprovecha para venir a verme? Suya, Joséphine", imagino le escribía a su eterno "protector".

Termina por regresar a París a principios de 1798, época en que Napoleón inicia la expedición a Egipto. Para entonces, entre los dos, ya se había instalado un abismo.

¿Le preocupa esto a Joséphine? ¡Para nada! Mientras su marido estaba de lleno en sus planes, ella andaba feliz de la vida compre y compre en las boutiques de París. Es obvio que entonces no había tar-

jetas de crédito pero Josefinita se las arreglaba para firmar cuentas y más cuentas. No contenta con comprar pinturas, biombos, espejos, porcelanas, vestidos, zapatos, collares y demás accesorios, decide adquirir Malmaison, una casita a las afueras de París donde, por cierto, terminaría sus días.

"¿Qué crees? Tu mujer te está poniendo los cuernos. Desde París nos llegan todos estos rumores. La criollita resultó totalmente infiel", le han de haber advertido a Napoleón varios de sus mariscales. ¡Pobre, estaba tan enamorado de ella! Cuando regresa a París en octubre de 1799, le pide el divorcio. Pero como Joséphine, además de ser una chingüegüenchona, era una espléndida actriz natural, le lloró, le suplicó, le rogó hasta que lo convenció. ¿Intuía Napoleón toda esta farsa? Así es. Como seguía tan ligado a ella, decidió mejor hacerse el occiso, y quizá le dijo: "Está bien. Pero no lo vuelvas a hacer...". Sin duda, el periodo más feliz para Joséphine fue el del consulado. Con todo gusto y refinamiento decoró Malmaison, e hizo de ese lugar un pequeño nido donde de vez en cuando iba a visitarla su marido, entonces ya primer cónsul. Además, organizaba unas fiestas como las que hoy reporta la revista *¡Hola!* En esos días, ¿se llevaría mejor con su marido? No necesariamente. Había muchas cosas que se habían roto entre ellos. Sin embargo, ella tenía cierta influencia sobre él. Por ejemplo, a menudo intervenía en favor de familias que habían pertenecido al antiguo régimen y con las que se llevaba super bien. Era tan lista (vivales) Joséphine, que no nada más tenía la habilidad de recibirlas en su casa sino hasta de involucrarlas con Napoleón.

No obstante, el abismo seguía creciendo entre los dos. Bien dice el refrán que "lo que hace la mano hace la tras": su marido la empieza a engañar pero Joséphine se aguanta. Y entre más la engañaba, más gastaba. Y las deudas seguían acumulándose.

A partir de la creación del imperio (18 de mayo de 1804), nuestra criolla empieza a sentirse muy amenazada; tiene miedo de que comiencen a rechazarla por su mala fama. Y el mismo temor nace en Napoleón, quien no deja de pensar en su dinastía. "¡Híjole, cómo la aguantas! ¿Qué no te das cuenta de todo lo que te hace? Te pinta el cuerno; gasta tu dinero; hace negocios con la fabricación de los uniformes de tus ejércitos; en otras palabras, se está burlando de ti. Ay, hermanito, te están viendo la cara y tú como si nada", le han de haber dicho sus hermanas al emperador, que odiaban a la emperatriz.

Tenía tanta personalidad Josefinita que impone en el mundo

una nueva moda, tanto en el mobiliario como en la vestimenta de las mujeres. Después de haber consultado mis archivos personales, me entero que Felícitas Saint-Maxaint, amiga de Joséphine, vivía en Louisiana y se casa con el virrey De Gálvez. Pues bien, Felícitas introduce en México la moda "napoleónica", es decir, "a la Joséphine", cuyo estilo, muy de la antigüedad clásica romana, inspirado en los murales encontrados en Pompeya, pega con tubo no nada más en Europa, sino también en América. ¡Qué escotes llevaban entonces las mujeres mexicanas! Entre más "pechonalidad" tenían, más se escotaban. Muchas de ellas eran tan frondosas que hasta parecían, como decía doña Lola, "nodrizas de Pilatos". "¡Ay, padre, estas mujeres de la sociedad cada día enseñan más. Les debería decir algo en su próximo sermón!", suplicaban las mochas de entonces a fray Diego Bringas de Mazaneda. Así lo hizo. Corría el año de 1803.

Fueron tan contundentes sus palabras en el sermón del domingo siguiente, que pasaron a la historia en forma de libro: *Sobre la inmodestia de los vestidos*. Era tan "mala" la influencia que ejercía Joséphine en las mujeres, que en esa época se imprimieron los discursos del padre Francisco Domínguez: *Sobre el amor puro y bien ordenado con que se debe ver a las mujeres*. Curiosamente, en varios capítulos ponen a doña Felícitas, esposa del virrey De Gálvez, como lazo de cochino. En primer lugar, por ser amiga de una *criolla* de costumbres sumamente *extrañas*, y en segundo, por haber introducido una moda tan *perversa*, capaz de quitarle el sueño al más piadoso.

La reputación de Joséphine andaba de mal en peor y esto empezaba a preocuparle seriamente. De ahí que, una vez convertida en emperatriz, haya procurado comportarse con la mayor dignidad posible; ejerciendo con toda inteligencia y puntualidad sus tareas de soberana. No obstante sus grandes esfuerzos pasó lo irremediable... "Ahora sí me quiero divorciar", seguramente le advirtió Napoleón, ya que él mismo no podía aguantar tantos rumores en relación a los amoríos de su mujer; además de sus gastos excesivos y sus constantes pleitos con la familia Bonaparte. Y por más que Joséphine le lloró, le rogó, le suplicó: esta vez, su "actuación" no funcionó.

El divorcio se pronuncia el 15 de diciembre de 1809. A pesar de que Joséphine pierde muchos beneficios, conserva el título de Impératrice-reine-couronnée, (emperatriz-reina-coronada). Y, aquí entre nos, no le fue tan mal a la soberana; no se quedó tan desprotegida: su exma-

rido le permite conservar la propiedad de Malmaison, le cede el castillo de Navarra, el castillo de Laeken, cerca de Bruselas, y una pensión de tres millones de francos.

A partir de entonces, Josefina empieza a viajar mucho más.

Como para la época fue una mujer sumamente libre, de vez en cuando no nada más recibía a sus "protectores", sino también al propio Napoleón. En 1814, en el momento de la abdicación, dicen las malas lenguas, es también la anfitriona "consentida" del zar Alejandro I. Más tarde, sus "protectores" serían el gran duque Constantino y el rey de Prusia.

Acababa de cumplir cincuenta y un años cuando la muerte sorprendió a la pobre de Joséphine. ¿Adivinen de qué murió? De un super resfriado. ¿Quién se lo pegó? Vayan ustedes a saber quién... Mientras tanto, Napoleón seguía luche y luche de batalla en batalla, y de mujer en mujer...

Max Gallo, en *Le chant du départ*, insiste en decirnos que Napoleón siempre sintió una gran pasión por Joséphine, y que ésta no fue debidamente correspondida.

Entre batalla y batalla, Napoleón escribía cartas a Joséphine en donde le expresaba todo su amor y su gran desesperación por no recibir contestación alguna. "Hace días que no tengo noticias tuyas", escribe en una de ellas, con grandes letras para que su Joséphine no se impaciente con su escritura. "Me he hecho esta observación treinta ve-

ces el día de hoy. He hecho llamar al encargado del correo y me dijo que pasó por casa pero que no le diste ningún recado para mí. ¡Mala, fea, cruel, tiránica, monstruito adorable! Sé que te ríes de mis amenazas y de mis estupideces. ¡Ah, pero bien sabes que si pudiera, si tan sólo pudiera encerrarte en mi corazón te metería en mi prisión!"

Dice Gallo que la idea de retener absolutamente a Joséphine se convirtió en una verdadera obsesión para Napoleón. Si pudiera haberla conquistado en su totalidad, hubiera sido su victoria definitiva. Y vuelve a escribir en otra carta: "Espero que podrás acompañarme durante mi campaña en mi cuartel general para no irte jamás. ¿No eres acaso el alma de mi vida y el sentimiento de mi corazón?".

Al otro día, insiste: "Dices que tu salud es buena; por lo tanto, te suplico que vengas a Brescia. Envío en este momento a Murat para que prepare tu alojamiento en la ciudad, tal como tú lo deseas... Si quieres trae contigo todos tus objetos de plata además de los que te son necesarios. El viaje será dividido en pequeños tramos, para que no te canses. Iré a buscarte, lo más lejos posible, el día 7".

Max Gallo afirma que escribirle a esta mujer en términos tan amorosos, era para Napoleón una manera de no sentirse tan solo; era una manera de olvidar el tiempo y la guerra; como si bruscamente no existiera otra cosa para él que esta mujer, este amor. Abre las cartas ajenas dirigidas a Joséphine como si violara una fortaleza; enseguida pide disculpas, se humilla y promete que es la última vez. Y el que ha rendido a los austriacos en Wurmser, a los croatas en Quasdonovitch, le solicita constantemente perdón a Joséphine: "Si soy culpable, te rindo todo lo que mereces".

Si en algo creía Napoleón era en el destino. Siempre le obsesionó: afirmaba que era gracias a su destino que había conocido a Joséphine; de ahí que hiciera grabar en su anillo de compromiso las siguientes palabras: "Al destino".

El pobre de Napoleón nunca se imaginó que, en relación a su mujer, ese destino iba a serle tan adverso. Nunca le perdonó a Joséphine la manera en que ridiculizaba el nombre de Bonaparte; y Napoleón sabía todo respecto a la vida privada de su mujer: sabía de su relación con el capitán Charles, con el cual se citaba en Malmaison; sabía que seguía frecuentando a De Barras; que la habían visto en casa de Gohier, el presidente del Directorio; en fin, sabía que hombre poderoso que apareciera a su alrededor, hombre que terminaría visitando a Joséphine en la intimidad de Malmaison. ¡Fue demasiado!

Mujeres marginadas, resignadas, conformes

Una vieja historia

𝒞atalina tiene cincuenta y cuatro años. Es madre soltera. Se acuesta y se despierta siempre con una expresión triste en el rostro. Su hija Isabel, sus hermanos y conocidos ya están acostumbrados a su mirada melancólica. A Catalina no le gusta hablar ni salir a la calle. Lo que más disfruta es ver en la televisión las telenovelas de la tarde. Por las mañanas, cuando abre sus ojos tristes, le da lo mismo que sea lunes, jueves o domingo: para ella todos los días son iguales. Catalina vive en Puebla con una vieja tía solterona. Isabel hace su vida en la ciudad de México, está casada, tiene dos niños y es maestra de sexto año de primaria. Quiere mucho a su madre pero no la entiende. Catalina tampoco se entiende a sí misma, ni al mundo, ni a su hija. Quizá a la persona que más quiere es a su tía, porque, desde que se acuerda, es la única que realmente la comprende.

En 1950, Catalina tenía catorce años. Iba a un colegio de monjas, tenía muchas amigas, era deportista, excelente estudiante y muy disciplinada. El día de los premios de fin de año, el cuello blanco de su uniforme aparecía por completo inclinado hacia un lado, por todas las medallas que había recibido. Desde chiquita Catalina era extremadamente sensible. Cuando algunas veces la regañaban, ya fuera en su casa o en la escuela, se ponía roja roja y con enormes esfuerzos retenía las lágrimas, sin dejar que se asomaran jamás. "Catalina llora para adentro", solía decir su madre.

Una tarde, Catalina salió de su casa, en la colonia San Rafael, para ir a Larín a comprar un chocolate. Al salir de la tienda, en la esquina se topó con un viejo coche ford coupé (dos puertas). De pronto, el señor que se encontraba del lado del conductor la llamó: "Oye, niña, ¿nos podrías decir dónde queda la alameda de Santa María?". Catalina les explicó, pero los señores parecían no entender sus indicaciones. Nuevamente les dijo: "En la próxima esquina dan vuelta a la derecha, luego otra vez a la derecha. Se siguen derecho, derecho y allí está la...". Antes de que terminara la frase, el señor se bajó del coche y a empellones subió a Catalina a la parte de atrás. La joven comenzó a gritar y a tratar de

143

MUJERES MARGINADAS RESIGNADAS CONFORMES

defenderse pero era inútil, el tipo la sujetaba con una fuerza brutal, mientras el otro manejaba a toda velocidad, alejándose de la colonia San Rafael. Rápidamente llegaron por el rumbo de Chapultepec. Se metieron por atrás del monumento a los Niños Héroes hasta llegar a la parte más arbolada. Cuando el coche se deslizaba lentamente, de repente, el tipo que iba con Catalina se bajó y salió corriendo. El conductor continuó internándose todavía más en el bosque. En tanto, Catalina, con la cara roja roja, lloraba y le pegaba gritando: "¡Déjeme salir! ¡Por lo que más quiera, déjeme ir, por favor!". De repente, el coche se detuvo justo entre dos troncos de árboles, de tal manera que resultaba imposible abrir cualquiera de las dos portezuelas. Inmediatamente después, el del volante brincó a la parte de atrás y comenzó a besar a Catalina. Ésta hacía todo para evitarlo, pero por más que lloraba, gritaba, manoteaba y pataleaba, el tipo la vencía con su fuerza física. A medida que le iba quitando su ropa, le decía palabras obscenas. Para no escucharlas, Catalina rezaba con toda su alma las oraciones que había aprendido en el colegio: "Dios te salve Reina y Madre: vida y misericordia...". Pero ni Dios ni la Virgen la salvaron y el tipo la violó. A partir de lo ocurrido, Catalina ya no supo de sí. Jamás se enteró cómo llegó a su casa ni quién la llevó ni qué dijeron sus padres al verla llegar tan tarde ni nada. Sólo se acuerda que durante mucho tiempo le dolió intensamente el cuerpo y que sentía que algo le quemaba por dentro y por fuera.

Cuando llevaron a Catalina con el pediatra, éste le descubrió, aparte de moretones y mordeduras, numerosas quemaduras en todo el cuerpo provocadas por un cigarro encendido. Al cabo de unos días, muchas de esas quemaduras se infectaron.

Un mes estuvo Catalina en cama. No quería comer, parecía como desconectada. Su primera salida no fue al colegio, sino al ginecólogo, el doctor Guerrero. Catalina estaba embarazada. Sus padres no sabían qué hacer; estaban desesperados. Después de varias reuniones de familia, una noche le dijo su mamá: "Mi hijita, te vas a ir a vivir con tu abuelita y tu tía a Puebla. Nosotros iremos muy seguido a visitarte".

Desde entonces Catalina vive en Puebla. Por el día parece como desconectada, pero por las noches se conecta con su tristeza y llora por adentro. De vez en cuando viene a México a visitar a su hija, a su madre (su padre ya murió) y a sus hermanos. Cuando pasa por Larín, que todavía está cerca de donde vivía en la colonia San Rafael, se acuerda de cuando de niña venía a comprar chocolates y siente que se le pone la cara roja roja.

Basurero en Las Lomas

A pesar de que su vientre crecía mes con mes, su patrona parecía no percatarse de nada. Claro, la sirvienta procuraba disimularlo al máximo con su suéter de cocoles largo, que le cubría buena parte del uniforme de cuadritos rosa y blanco y el delantal de tira bordada. Sin embargo, por más que quería parecer la de siempre, a veces sentía que el quehacer del departamento la agotaba mucho, especialmente planchar. Pero se aguantaba, porque lo importante era conservar a como diera lugar el trabajo. Después de veinte años de trabajar con una familia tan honorable no quería arriesgar su empleo. Además, su hermana, y compañera de trabajo al mismo tiempo, jamás se lo perdonaría. Las dos ya se habían "hallado" con la señora. Estaban acostumbradas, después de tantos años, a su estilo personal de mandar. En realidad, no tenían ni una queja de ella; al contrario, siempre las había considerado, respetado y, a veces, hasta les manifestó afecto. Nunca les negaba sus vacaciones, ni permisos para ir hasta su pueblo a ver a su mamá. Periódicamente, con justicia (conservadora) les aumentaba el salario. En las navidades nunca olvidaba regalarles, que un suéter, que una blusa o que una bolsa (imitación piel); hasta un agua de colonia de marca francesa les tocó un año, aparte, naturalmente, de su buen aguinaldo. Una vez, en uno de sus tantos viajes a Europa, la señora les trajo a cada una de ellas una falda kilt escocesa. Los niños, ahora jóvenes, habían aprendido a quererlas y a respetarlas mucho. En otras palabras, casi casi eran consideradas de la familia. En su cuarto tenían televisor a colores y casetera; sus camas no eran viejas, ni estaban destartaladas como las de muchas de sus compañeras que, como ellas, trabajaban en los departamentos del conjunto Palmas Corinto, allá en Las Lomas.

Con frecuencia las dos hermanas se sentían tan a gusto que ni ganas tenían de salir los domingos. Preferían quedarse para ayudar a la señora a recibir a sus amigas de toda la vida, que llegaban a comer para después jugar bridge. Muchas de estas amistades estaban tan acostumbradas a su presencia, que desde que llegaban al departamento lo primero que hacían era ir a la cocina a saludarlas. "A ver cuándo me das la receta de la mousse de camarones", algunas le decían a la cocinera. Otras, mientras revolvían las cartas, comentaban a la anfitriona: "¡Ay, qué suerte tienes con ese par de joyas! Son honradas, trabajadoras, amables, limpias; bueno, hasta educadas me parecen. Tú las has civilizado, las has hecho gente. Luego luego se ven sirvientas de casa grande. Además, desde que quedaste viuda y con los hijos ya tan grandes, ¡ay, tú, pues como sea, son una compañía! ¡Qué envidia! Tan difíciles que están ahora. O son cochinas o respondonas, o de plano son unas buenas rateras. Cuídalas, no te las vayan a sonsacar. Con decirte que aquí en Las Lomas ya hasta están pidiendo su salario en dólares. Además de que te exigen Seguro Social y que en su cuarto haya televisión a control remoto, porque acaban demasiado cansadas para cambiar el canal. ¡Hazme el favor!". Cuando la patrona escuchaba esto sentía que las quería más. Por lo general, después del bridge, las llevaba a misa de siete en San José de la Montaña.

Hace aproximadamente dos semanas, la señora de la casa encontró a la cocinera "alzando" la recámara de ellas. Al ver esta anomalía, enseguida preguntó si su hermana había salido. "No, señora, lo que pasa es que tuvo una pequeña hemorragia. Sabe, por su edad, y está en el cuarto recostada. Yo me encargaré de su quehacer porque a lo mejor se tendrá que quedar así unos días." La patrona, al escuchar esto, enseguida sugirió llamar al médico. La hermana repuso que no era necesario, que lo único que necesitaba era descansar.

Dos días después, al ver que la recamarera seguía indispuesta, la señora volvió a proponer llamar al doctor de la familia para que la revisara. Nuevamente, la hermana la tranquilizó, diciéndole que cada día estaba mejor y que seguramente estaría de pie al otro día.

Pero al día siguiente tampoco apareció. Estaba la señora de la casa preguntándose justamente cuál había sido el motivo de aquella hemorragia, cuando de pronto la cocinera le anunció que en la puerta la buscaba el administrador del edificio. "Señora, quisiera hablar a solas con usted", le dijo muy seriamente. Lo hizo pasar al saloncito de juego, cerró la puerta y, después de haberle ofrecido amablemente un vaso de agua, preguntó cuál era la razón de su visita. "Señora, en el basurero que corresponde a su piso encontramos un niño recién nacido muerto. Se conoce que lo echaron por el ducto de la basura de la coci-

na. Estaba todo moreteado. Seguramente al meterlo vivo, el bebé se golpeó al caer al bote. Gracias a una de las sirvientas de su vecina nos enteramos que una de sus muchachas estaba embarazada. Desafortunadamente, me veré obligado a dar parte a la procuraduría."

Hace una semana que la recamarera está en la cárcel. La cocinera, por cómplice, fue despedida y regresó a su pueblo. ¿Y la patrona? Se quedó sola sin su par de joyas, y preguntándose muy en su interior si no hubiera sido mejor haber recurrido al aborto.

Lucha en Las Lomas

$\mathcal{V}$estida con uniforme de cuadritos rosa y blanco, pequeño mandil ribeteado con encaje de tira bordada, sandalias de plástico Windy's, peinada a la Verónica Castro, la ejemplar servidora doméstica dice a su patrona: "Señora, le quiero decir que si no me sube la próxima quincena, hay otra casa donde me ofrecen más sueldo". Al oir esto, la dueña de casa siente cómo se le desencaja la quijada, se le nublan los ojos y la presión se le baja hasta el suelo. "Pero si te acabo de subir hace apenas un mes", agrega como pidiendo misericordia. "¿Y usted cree que con cien pesos de más me va a alcanzar para algo? Es que con esto de la inflación [*sic*], pues, ya no alcanza para nada. Fíjese, nada más de útiles de mi hija, tuve que pagar ochocientos, y mil doscientos pesos de uniformes. Por eso, si no puede subirme, mejor busque a otra, porque yo necesito ganar más", explica, mientras mira atentamente las uñas pintadas de morado de sus manos morenas. La señora no puede

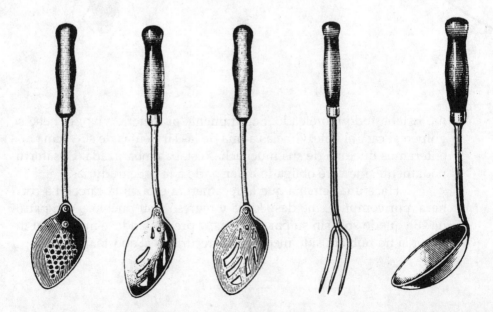

dejar de sentirse chantajeada, presionada y dependiente de estas "horrible maids", como las llama ella, "criadas encajosas, que no hacen más que pedir, mal encaradas, pero, sobre todo, mal agradecidas; ¿cuándo se iban a imaginar estas indias que podían vivir como gente y no como animales, como tenían costumbre de vivir en sus pueblos?; muchachas irresponsables, flojas buenas para nada, les da uno la mano y se cogen el pie, ¿qué más pueden pedir, con televisión en su cuarto, tres comidas garantizadas, agua caliente, uniformes, y encima de todo esto, quieren ganar como si fueran secretarias ejecutivas, cuando ni saben contestar el teléfono?". Todo esto piensa la señora mientras con un tono de voz muy educado le dice: "Pero si ya estás ganando cuatro mil pesos. Yo estoy muy contenta contigo, aunque tengas por allí tus defectitos. Los niños te quieren mucho. Además, no te puedo estar subiendo cada mes". La sirvienta la mira fijamente; de pronto se acuerda que la odia, que la detesta, que no la puede ver ni en pintura: "Vieja hipócrita, si yo tengo 'defectitos', usted nació toda defectuosa, por eso el licenciado ya ni viene a cenar y llega bien tarde. Cómo dice que está contenta conmigo si cada día me trata peor: no se te vaya a ocurrir comer del filete; allí tienes tus huacales y frijoles; acuérdate que el queso es para el licenciado y la fruta para los niños; ¿tú te acabaste el pan dulce?; no dejes tanto tiempo prendida la televisión; no me gusta que te hablen por teléfono; súbeme mi bolsa; tráeme mis cigarros; plancha-

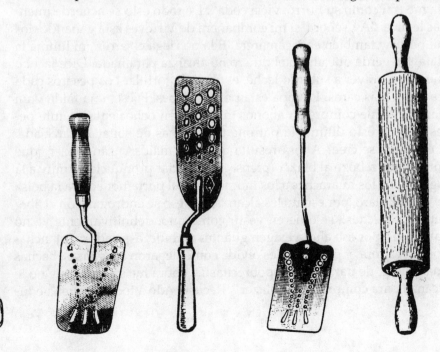

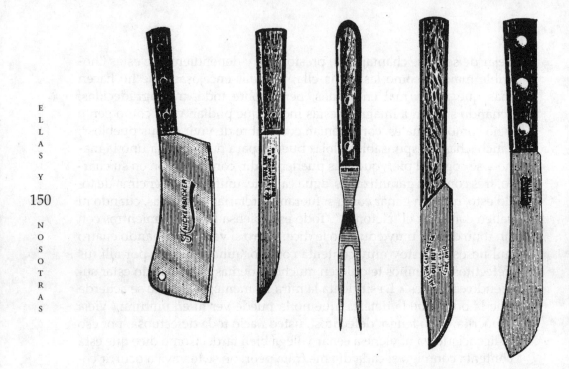

me mi blusa de seda, con cuidadito; acércame el teléfono; hazme un juguito; veme a comprar el último número del ¡Hola!; no se dice 'trajistes'; no digas groserías delante de los niños; tráeme mi Sucaril; todo el día me trai como su burro, vieja coda". De todo esto se acuerda mientras le dice: "Ay, señora, si mi compañera de Virreyes está ganando dos mil pesos y también es recamarera. Ella no riega el jardín, ni limpia la plata. De verdá que ahora el dinero no alcanza para nada. Dice Jacobo que van a volver a subir la leche, el pan y la tortilla. Los peseros cada día están más caros. La ropa está por las nubes. Fíjese, una falda y un blazer que me compré en abonos, me salió en ochocientos veinte pesos". Al oir esto último, la patrona tiene ganas de soltar la carcajada: "Pero ¿qué se cree? Ahora resulta que las "maids" usan blazer, ¡qué horror!: del rebozo al blazer (piensa, sin olvidar pronunciarlo muy a la inglesa), de los huaraches a los mocasines, del portamonedas a la bolsa de charol; claro, por eso no les alcanza, por eso se endrogan con el abonero; ¡pobrecitas!, se quieren vestir como uno, definitivamente ya no hay clases; por eso ahora exigen guantes de hule, aspiradora, planchadora, secadora; y pronto se les olvida cómo llegaron a las casas, hechas una mugre, de dar lástima, ¡pobrecitas!; y ahora me sale con que no le alcanza para comprarse un blazer". Recurriendo a toda su buena edu-

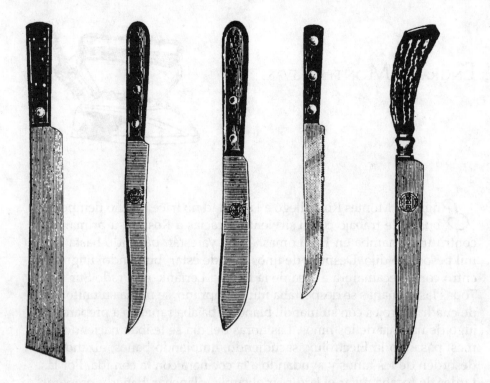

cación y paciencia, trata de inculcarle con voz suave: "Mira, deberías de ahorrar y no gastar tanto. Además, yo te he dado muchísima ropa que ya no me sirve, ropa americana, magnífica. No te puedes quejar, aparte de tu día de salida, te doy una tarde libre a la semana. ¿Ya se te olvidó el viaje tan bonito que hicimos a Disneylandia? ¿Sabes cuánto te costaría ahora?".

Mientras la oía, la sirvienta sentía dos planchas hirviendo sobre cada mejilla. Todo su coraje le removía entre sus manos sudadas dentro de las bolsas del delantal. Jamás las había sentido tan rijosas. "Bueno, señora, me sube o me voy", dice torciendo un poquito la boca. En esos momentos, la señora siente también que se le tuerce, pero la boca del estómago. "¿Cuánto quieres ganar ahora?", le pregunta sin mirarla. "Necesito ganar mil quinientos pesos para darle una mejor educación a mi hija", contesta contundentemente. Eran nada más trescientos pesos más, pero entonces habría que subirle a la cocinera, al jardinero, al chofer. Su presupuesto no alcanzaba para tanto. "¿Qué le contesto a esta pelada?", se preguntaba una, mientras la otra pensaba: "Vieja coda, ¿a ver quién la aguanta?". El silencio se hacía cada vez más difícil, más pesado y muy insoportable.

Engracia Montes Rivas

*E*ngracia Montes Rivas llegó a la ciudad no hace mucho tiempo en busca de trabajo como sirvienta. Gracias a Rosita, su prima, encontró una chamba en Las Lomas. "Allá ya están pagando hasta dos mil pesos", le dijo. Después de unos días de estar buscando, Engracia entró como recamarera a casa de la familia Leriank, en Prado Sur 640. Todas las mañanas se despertaba muy temprano, se ponía su uniforme de cuadritos rojos con su mandil blanco y bajaba rapidito a preparar el jugo de naranja de los niños. Las horas del día se le iban haciendo camas, pasando la Electrolux, sacudiendo, limpiando baños, alzando el desorden de los niños y ayudando a la cocinera con la comida. Por las tardes, le tocaba regar el jardín, ir al super, planchar, bañar y preparar la merienda de los niños y ayudar a levantar la cocina. Cuando Engracia se iba a acostar, no miraba la televisión como su compañera, sino que se sentaba a los pies de su cama y se ponía a bordar flores de muchos colores. "¿Qué te pasa, Engracia, por qué traes esa cara?", le preguntó el viernes pasado la cocinera. "No me hallo, porque aquí ni tiempo le dan a uno de bordar", contestó sin alzar la mirada de su trabajo.

Esa noche Engracia no apagó la luz de su cuarto. Al otro día, la tripulación de la patrulla número 15063 de la Secretaría General de Protección atestiguó ante las autoridades que había encontrado a una joven de diecinueve años de edad colgada de una viga con un cordón de plancha en el interior del cuarto de servicio de la casa donde trabajaba. La joven se llamaba Engracia Montes. Sobre el burro estaba toda la ropa de los niños planchada.

Concepción

"¿*Ya* se lo contaste a tu marido?", le preguntó la patrona a Concepción. "No me va a creer. Nada más le dije que me asaltaron", contestó con los ojos totalmente vidriosos por unas lágrimas que se resistían a salir de unos ojos cuya mirada denotaba una tristeza antiquísima. Las dos se quedaron en silencio. Se miraron. En seguida se dieron un abrazo largo y solidario. Era como si mutuamente se dieran el pésame por algo terrible que las lastimaba por igual.

Concepción tiene cuarenta y seis años. Sin embargo, dada su piel ajada, una visible calvicie y pronunciadísimas varices en las piernas, parece diez años mayor. Siempre mira como si estuviera asustada. Se expresa con dificultad y no oye absolutamente nada de un oído. Hay días en que parece como ausente. Otros, se le ve particularmente nerviosa y dispersa. Es muy trabajadora, pero por lo general hace su trabajo de una forma completamente autómata. Se diría que una voz interna le está dictando órdenes todo el tiempo. Desde hace más de veinte años, Concepción es trabajadora doméstica de entrada por salida. Tiene cuatro hijos y un marido igualito a los que salen en las películas de la época de oro del cine mexicano. Es decir, de esos que pegan (le ha dado tantas tundas a Concepción que asegura que ya ni le duelen), que gritan, que se ausentan por semanas, de ésos que son autoritarios, gritones y, por añadidura, celosísimos. Cuando Concepción habla de él, clarito se siente que le tiene no miedo, sino pavor; nunca hace nada sin consultarlo y cada semana le entrega todo el dinero que gana. Sin embargo, cuando pronuncia la palabra "mi esposo", le brillan los ojos; en seguida su voz se torna amorosa y cálida. Como si, en el fondo, estuviera orgullosa de que el padre de sus hijos actúe como el verdadero macho tradicional. Tal vez y a pesar de todo, lo quiere como es, ya que por lo menos tiene a alguien que mire por ella, alguien que con el tiempo se ha convertido en su voluntad y en la brújula de su vida.

No obstante Concepción ha sufrido mucho (seguramente fue víctima de un papá semejante a "su esposo" y de una mamá resignada como ella), no es amargada, ni mucho menos enojona. Al contrario, tiene muy bonito carácter y siempre saluda y se despide con una sonrisa. Incluso se echa sus buenas carcajadas, y constantemente se está riendo de sus propias tonterías. "Ay, es que a mí todo se me olvida", dice, cubriéndose la cara con unas manos que parecen haber lavado y planchado desde hace una eternidad.

El sábado pasado, Concepción salió de la casa de su patrona un poquito después de las 5:30 p.m. Tomó su Ruta 100 y se fue hasta la fuente de Petróleos, donde suele tomar la micro con dirección a Cuautitlán Izcalli. La combi venía llena de pasajeros. Un poco antes de Echegaray, como a las 6:20 p.m., se subieron tres señores; uno de ellos le dijo algo al chofer. Inmediatamente después, el conductor desvió su acostumbrada ruta y se fue por todo Río Hondo. "Ay, ¡qué raro!", se dijo Concepción extrañada. "A lo mejor están componiendo por donde siempre pasamos", pensó. Poco a poco, el ambiente en el interior de la combi se fue haciendo cada vez más tenso. No obstante la micro pasaba por calles extrañas y solitarias, nadie protestaba ni se movía. Todos parecían sumidos en un sopor denso y pesado; como si, en esos momentos, el cansancio de toda la semana los hubiera paralizado. Sin embargo, algunos pasajeros se miraban entre ellos de vez en cuando. "Y ahora éste. ¿Qué onda?", parecían decirse con los ojos. Como pudieron, se bajaron tres señores y dos jóvenes 'de angelito'. Uno de ellos, el de menos edad, llevaba un arete. "¡Qué bueno que se bajó el del aretito! Mi esposo jamás se pondría uno", reflexionó Concepción en tanto intentaba reconocer el camino. Para entonces, nada más quedaban en la combi dos mujeres, los tres hombres que subieron antes de Echegaray, el chofer y ella.

A partir de ese momento, Concepción empezó a sentir miedo. "Como que nos estamos yendo hasta Palo Solo. ¡Híjole, dónde que ya se hizo bien oscuro! Y hora, ¿qué hago?", se preguntó con cierto nerviosismo. De pronto, la micro se detuvo. Uno de los tres individuos se dirigió al chofer y de un empujón lo sacó de la micro. Entre tanto, los otros dos jaloneaban a las tres señoras. Las bajaron de la combi.

Un tipo como de veinte a veinticinco años tomó a Concepción por la cola de caballo y la empezó a arrastrar por un camino de terracería. "¡Saca todo el dinero, vieja cabrona!" "¡Pero si no traigo nada! ¡Se me fue todo en el pasaje!" "¿Y el anillo y tu relojito, ¡pendeja!?", le gritaba al mismo tiempo que le oprimía contra el cuello la punta de una navaja. Por más que se resistía Concepción, el hombre más la jaloneaba y la arrastraba. Y entre jaloneos y empujones, atravesaron un riachuelo y una vía del tren hasta subir al cerro. "Como no trais dinero, cabrona, ahora me pagas con tu cuerpo. ¡Acuéstate, hija de tu madre...!", le ordenó el tipo. Concepción obedeció y se tiró al suelo. Estaba muerta de miedo. Le dolían las piernas, la cabeza y el cuello. Después de desvestirla, de tentarla y de morderla por todo el cuerpo, se le encimó, la montó y ¡la violó! Concepción puso la mente en blanco. No pensó ni en su marido ni en sus hijos. Lo único que le preocupaba es que no tenía para regresar a su casa. "Dónde que es bien tarde", se repetía una y otra vez, sin darse cuenta que en esos momentos estaba sintiendo asco, tristeza, náusea, coraje, impotencia, indignación, odio, resentimiento, rabia, y quién sabe cuántas cosas más sentía la pobre de Concepción, completamente desnuda y tirada en el suelo, hasta que el tipo se desahogó. Se acomodó los pantalones y en tanto se subía el zíper de la bragueta, le dijo: "¡Vieja cabrona, eso te pasa por no traer dinero!". En seguida, desapareció.

Tirada así, sin nada de ropa, sobre un pasto bien crecido y duro, Concepción ya no se sentía Concepción. Se sentía una mujer "chingada", violada, maltratada y humillada. "¿Por qué todavía se cobró con mi cuerpo si se llevó mi anillo y mi reloj?", se preguntaba, mientras buscaba por aquí y por allá su blusa, su falda y su suéter de coco-les. "¡Me abusó!", se decía en tanto se abotonaba. "¡Se me encimó como si fuera un animal!"

Como pudo bajó del cerro y se fue caminando y caminando hasta que llegó al Toreo. Allí le platicó a un señor de un puesto de periódicos lo que le pasó. "No tengo para el pasaje", le dijo, sintiendo un cansancio como nunca antes había sentido. No nada más le prestó dinero el señor, sino hasta se la encargó al chofer.

Concepción llegó a su casa cerca de las once. Sus hijos ya estaban esperándola con cierta intranquilidad. Afortunadamente, todavía no llegaba su marido. Les dio de cenar. Y se acostó en el catre. Se tocó el vientre y pensó: "Me dejó bien adolorida. Clarito me acuerdo de él. Era muy moreno. De unos veinte a veinticinco años. Llevaba un pantalón verde, chamarra sencilla y zapatos negros. Tenía la cara redonda. Y el pelo cortito como lo llevan los soldados. Así estaba de pelón, como andan los soldados".

Esa noche, Concepción soñó que perdía una medallita de la Virgen de Guadalupe en la Basílica.

Al otro día se despertó muy tempranito para ir a trabajar. Les dio de desayunar a su esposo y a sus hijos. "Anoche me asaltaron", le dijo a su marido. "Eso te pasa por salir tan tarde", le contestó.

Cuando llegó a la casa de su patrona, le contó lo que le había pasado. "A mi esposo nada más le conté que me habían asaltado. Si le cuento lo otro, no me lo va a creer", le dijo a su patrona, sintiendo todavía mucho dolor en el vientre y la entrepierna.

¿Cuántas Concepciones no habrá violadas todos los días en la ciudad de México? "Concepciones" que jamás se atreven a levantar actas en la delegación y mucho menos a contarle a "su esposo" que fueron "abusadas" por la sencilla razón de que no llevaban dinero. ¿Para qué?, si no les creerían los maridos.

Los trabajos de Remedios

"¡Ay, niña!, ¿hasta cuándo te vas a dejar cortar esta melena?", preguntó la madre de Remedios mientras intentaba desenredar, con mucha dificultad, la larguísima cabellera.

Después de que Remedios se lavaba el pelo, como todos los domingos, el acto de desenmarañarlo se convertía invariablemente en una drama entre madre e hija.

–¡Híjole, mamá, no tan fuerte! Duele. Ya te he dicho mil veces que el pelo no voy a cortármelo nunca, nunca. Raimundo no quiere. Dice que si me lo corto, él me corta a mí. ¡Ay, me estás jalando muy fuerte, mamá!

–Pues te aguantas. Nomás de pensar que por culpa de ese idiota no puedo cumplir con la manda que le ofrecí a la Virgen de los Remedios, me dan ganas de arrancártelo a jalones. Desde que cumpliste los quince años debí habértelo cortado para llevarle tu trenza a la Virgencita. Eres una malagradecida. Después de que gracias a ella te salvaste de la pulmonía. Si no hubiera sido por el milagro que nos hizo, te hubieras muerto. Vergüenza debería de darte.

—¡Ay, ay! Ya párale, mamá, mira cuántos cabellos me has tirado con esos jalones que me das. Con este condenado peine duele horrible, ¿por qué no mejor tratas con el cepillo? ¡Ayyy!

—Ya cállate, no seas exagerada. Y no muevas tanto la cabezota, que así menos puedo. Si tanto te duele, se lo deberías ofrecer a la Virgencita, para que perdone tu ingratitud... Ah, y me haces el favor de hacerte una trenza después de que se te seque. No quiero verte con la melena toda suelta, porque así pareces loca.

—Pues así es como le gusta a Raimundo. Dice que por atrás se me ve igualito que el de Daniela Romo. ¡Mamá, que no me jales tanto!

De nada valían los reclamos de la pobre de Remedios, al contrario: entre más gritaba, más fuertes eran los tirones. Hincada en el suelo, con la cabeza inclinada, miraba de reojo de vez en cuando el reloj que estaba sobre el buró. Eran las 10:20 a.m. A las doce en punto tenía cita con Raimundo en la estación Hidalgo del metro.

Faltaban veinte minutos para el mediodía cuando Remedios salió corriendo. Ese domingo estrenaba unos zapatos blancos que había comprado con su primer sueldo como mesera del café La Blanca. Todavía un poco húmeda, su larga cabellera se veía más bonita que nunca: brillaba y olía a coco recién cortado.

Después de pasear por la Alameda, Remedios y Raimundo se fueron a comer a Tortas Armando. Luego entraron al cine Palacio Chino a ver *Furia ciega*. Durante toda la película, él estuvo acariciando "el pelo más bonito del mundo". A las ocho de la noche, acompañó a Remedios a su casa.

Tras ver un poco de televisión al lado de su madre, se desvistió, se hizo una trenza y se acostó.

Al día siguiente, Remedios se levantó temprano para ir a trabajar. Al despertar tuvo una sensación extraña, como que algo le faltaba. Se incorporó y fue al baño. Apenas se vio soltó un grito prolongado que se transformó en llanto y que rebotó en el espejo, al igual que la imagen de una Remedios feamente tusada y con los ojos llenos de lágrimas.

Justo en ese momento, su madre iba en un Ruta 100 rumbo a Naucalpan. En la mano llevaba una bolsa de plástico con la larguísima trenza de la bella Remedios, y en la boca una sonrisa de virgen inmaculada.

Mujeres suicidas

Un amor arrebatado

A ntonieta Rivas Mercado se enamoró del pintor Manuel Rodríguez Lozano; cuando lo conoció, dice Kathryn S. Blair, autora
del libro *A la sombra del ángel*, Rodríguez Lozano era director de Artes
Manuales en la Escuela Nacional Preparatoria. Después de ese primer
encuentro: "Transcurrió una semana antes de que telefoneara. La voz
calmada de Antonieta no respondía a su confusión interior. Manuel
había estado en el primer plano de sus pensamientos desde la noche
de la conferencia sobre Gorki. Se habían quedado hablando hasta las
tres de la mañana. El teatro lo apasionaba, conocía las obras de Gide,
de Cocteau y André Salomon. Compartía su admiración por Marcel
Proust. Había pasado ocho años en el extranjero. No estaba casado. Pero lo rodeaba cierto misterio: era casi demasiado elegante y cosmopo-
lita para ser el bohemio que pretendía. Si pudiera ver sus pinturas le
sería más fácil juzgar al hombre".

Y a partir de ese momento, Antonieta se obsesionó con un amor
que por varias razones parecía imposible. El contenido de las cartas que
Antonieta escribe a Rodríguez Lozano muestra la desproporción de sus
sentimientos, pero, sobre todo, el sometimiento y la angustia por un
amor que, tal vez inconsciente o conscientemente, la propia Antonieta
se fabricó para darle sentido a una vida llena de insatisfacciones y desamor.

A mi manera de ver, Antonieta jamás pudo superar la falta de
amor por parte de su madre.

XVI
(Cuautla) Viernes 29

Manuel: Hace una semana que dejé México y mi propósito,
cumplido (ésta es la mejor prueba), fue vivir a semejanza de un vege-
tal. He bebido sol, agua, cielo, silencio, anegando mi conciencia en
ellos. Resultado, satisfactorio, no absoluto. Al pensar en que sólo me

quedan dos días de ausencia, no obstante cuanto allá me llama, que es toda mi vida, quisiera envolverme en esta quietud como el indio en su sarape y volverme a dormir. Prolongar el clavado en el cielo azul, fijo, fuera del tiempo, por las palmeras reales que vigilan su inmovilidad.

Me he ausentado de mí misma. Sé que sigo existiendo porque me acuerdo de usted, aun olvidada de mí. Porque usted es el camino y el fin de la jornada, y yo soy la realización de una volición suya puesta en movimiento para cumplir un afán suyo, quizá inconsciente. No existo independiente de usted, sino en comunicación constante aunque sin confusión.

En usted todo es orden, todo verdad, todo amor y videncia.

Me han llamado a comer. Regreso el domingo. ¿Quiere llamar entre 7:30 y 8 pm? Si no he llegado aún, un poco más tarde. Tengo mucho que contarle y tendré más gusto en verle.

Saludos a Julián. Dígale que su plan de clase está estupendo. A Andrés no sabe cuánto lo he extrañado.

Lo quiere,

Antonieta

P.S. Tuve la visita de [¿Antonio?] Castro [¿Leal?], [¿Daniel?] Cosío [¿Villegas?], [¿Antonio?] Caso y Vilma Erenzi.

XXIV
Miércoles 9

Manuel: Esta mañana le fui a buscar esperando cogerle antes de que saliera, pero llegué tarde. Llevaba las manos llenas de violetas y rosas para perfumar su estudio, pero no me *atreví* a dejárselas con la portera. Sí le dejé un recado: que me hablara. Tengo hoy una angustia que me recuerda épocas malas. Me sofoca esta angustia confusa pero tenaz. Tengo el sobresalto de un aleteo de desdicha.

Si acaso recibiera esto antes de la una, llámeme. No como en casa, pero estaré de vuelta a las cuatro. Venga temprano por la tarde. La cita es para las 6:30, pero para usted, en cuanto pueda.

Antonieta

XXXII
Domingo 21

Manuel: Han comenzado a sonar las campanadas que en mi vida anuncian la primera hora de contento, sereno y dichoso. ¿La primera? *La única*. Estas mañanas despierto alegre, bendiciendo a Dios. Se ahuyentaron los "despertares ácidos", como dice nuestro buen Alfonso [¿Reyes?]. El contacto primero con la realidad es gozoso. Vuelvo gustosa a la faena diaria, en la que sé he de encontrarle.

Una mañana, me parece que se pierde en el confín del horizonte, en que, penitente, le pedía que me salvara "para mí misma", respondió usted: "No, para mí", y momentos después añadía: "En el estudio nos encontraremos". No sé si "ya nos encontramos". Sé que yo le he encontrado y, si hoy le escribo, no es para decirle nada nuevo, sino porque hay danza en mi corazón. Sabe, usted tiene el don del creador. "Dios dijo, hágase la luz, y la luz se hizo." Me tendió usted la mano en el momento en que todo zozobraba y me levantó tan alto como su afán quiso llevarme. Formuló un deseo de armonía y en mí y alrededor mío todo se volvió fuerte, quieto, ordenado, limpio, sereno, luminoso. ¿Comprende que ahora sea dichosa? Y toda, toda mi dicha se la debo a usted. ¿Por qué no he de decirlo? Quisiera irlo repitiendo a cada uno. Decirles: "Esto, esto que soy, que ustedes estiman, es lo que hizo Manuel un día, jugando. Yo no valía nada. Era el barro que espera el impulso que en el torno le dé forma. Él hizo todo. Soy su obra y más que su obra. Porque la obra no ama y yo le amo". Pero, entiéndame bien, Manuel. Amor es éste que, libre al nacer, no implica servidumbre alguna. Forma ya parte del aire que usted respira y es tan perfecto que no habría renuncia personal que no hiciera sin titubear. Le amo egoístamente y sin egoísmo. Me parece que cuanto más real es el amor, menos es la limitación que sobre el amado impone. En vez de cortar las alas, si pudiera daría nuevas, otras más, para que volara, si volar quisiera. Usted podría no venir nunca a mí como hombre, no quererme para mujer suya, que mi sentimiento no se alteraría.

En los combates de flores, a veces lo ciegan a uno con corolas, con pétalos. Espero que no le haya sucedido, momentáneamente, así.

Antonieta

P.S. Va, pero no por contestación. ¿Había echado de ver que tiene caracteres de monólogo? Además, *no* es una declaración.

XXXIV
2 de julio

Manuel: Perdóneme. Quisiera a mi existencia quitarle todo el veneno que para usted pueda tener. Quisiera darme en fluir constante, impersonal, inmaterial. Que de mí nada parta que le hiera. Quisiera ser quietud, ser reposo. Ambiciono ser la amiga perfecta y olvidarme de que soy mujer.

Cuando me siento como hoy, instrumento, por leve que sea, de molestia, sufro pero acepto el dolor. Todavía creo que me purifica.

Nada quiero de usted para mí, más de lo que me ha dado. Si su vida es otra, en la que yo no esté, nada importa. No *debe* usted sufrir más y menos por mí. ¿Comprende?

Si estas líneas le interrumpen, no son culpables. Van humildes a dolerse de lo que ya fue. ¡Si pudiera ser la que soy sin ser la que fui!

Antonieta

XXXV

Manuel: Perdone mi impertinencia de hace un momento. Me duelo de ella y de mi falta de dignidad. Perdón. No estuve a la altura. Es positivamente ridículo imponer mi compañía cuando es indeseada. Estaba yo tan poco preparada. No estuve inteligente, ¿verdad?

Deseo que la capacidad de mi amor sea perfecta. ¿Quiere ayudarme un poco? Soy torpe y no entiendo bien. Si usted se tomara la pena de explicarme, yo entendería.

No lo ate su concesión a mi necesidad. Disponga de su tiempo como mejor prefiera. Sólo le agradecería me mandara recado —unas líneas, o con Andrés—, como prefiera. Que yo entienda, no pido más. Suya,

Antonieta

Es una mala costumbre adquirida el que lo traten a uno excepcionalmente bien.

XXXVIII

Manuel: Así como los objetos se deforman al penetrar en un elemento extraño, agua por ejemplo, así tengo en este momento, de usted respecto a mí, una impresión deforme. Fue así. Ayer su mirada estaba velada, su actitud distante y entre las pocas cosas que me dijo en la mañana aún oigo ésta, muy clara: Por poco no iba a venir, tenía mi cuadro preparado. Sé que a mediodía generalmente come usted, y ése era el rato que le había pedido. Usted había ido, por lo que le doy las gracias, pero el único momento de animación, de "détente" que tuvo usted, fue cuando Rafael Heliodoro [Valle] tomó su taza de café. ¿No recuerda usted cómo se extendieron ayer los silencios, como húmedas manchas? No vaya a imaginarse que hay, en cuanto he dicho y diré, el menor reproche. Una serie de datos que recogí y que analizo en vista de una comprensión satisfactoria. Es como si en vez de moverse en el aire se hubiera usted movido dentro del agua. Medio opaco, refractario al sonido. En el agua los movimientos se vuelven vagos, lentos. A este grado: al dejarlo en Nuevo México esperaba que se despidiera, olvidando que estaría en México la tarde, que me vendría en unas horas. Y si usted lo hubiera hecho así, estaba dispuesta, no hubiera insistido, tan clara era la idea de que mi presencia no encajaba. Nos vimos en la noche y su tono fue otro. No el usual; voluntariamente evito usar "normal". No el medio de abandono y contención, sino uno de ligera exaltación contenida que se manifestaba en inflexiones de voz, en el ademán. Dispense que lo observe tan de cerca. Ya al fin me deseó buen viaje y recomendó escribiera.

Hubo algo alterado, no sé si deba decir "hay", y debo saber lo que es. Me parece que a medida que he ido más y más hacia usted, instintivamente, conscientemente, usted evita, se retrae, en otras palabras, se desinteresa.

[...]

XL
Domingo

Manuel: Pensando que yo lo estaba, estuvo usted mal. ¿Cómo, usted, tan fino, tan justo, pudo sentir o pensar que obraba yo impulsada por móviles semejantes a los que hace ocho días confesé? Estoy viva y no me repito.

No fui buscando el encuentro. Ni siquiera pensé que allí estaría. Y, si usted recuerda bien, tampoco buscaba yo ansiosa. Buscaba a Laura, a quien necesitaba.

¿Cree usted que podría tener el menor valor un encuentro forzado? Si usted no había querido verme, ¿cree usted que estoy tan deshecha que mendigara? ¿O que la costumbre está, en mí, convirtiéndose en esclavitud?

Para mí sólo tiene valor el acto libre, el don voluntario, y déjeme decírselo una vez más quizá con mayor fuerza que antes: le quiero a usted para usted mismo, lo que no excluye que si usted se diera a mí no lo quisiera. ¿Acaso se le escapa que velo con mi ternura que a veces creo que su madre o su hermana confunden un poco su alma con la mía? No le quiero para sujetarle o limitarle. Le daría el cielo para que volara, así como alas nuevas, si necesario, para apartarse de mí.

¿Podría yo haberme obcecado al grado de comprometer, con tan burdo afán, su convalecencia? Ésta me interesa más que mi propia realización. Es más difícil, y además, yo me voy realizando con sólo seguir el trazo suyo, ¡mientras que usted!

No estoy en un plano de pasión y ceguera. Por esto le puedo escribir. Estaría deshecha en llanto de haber sido justa su suposición. Mire mi letra, Manuel, no tiembla, y si le escribo es porque considero que la relación nuestra está más allá de lo mezquino en la persona, aunque con las raíces hondísimas en todo lo más real. Porque quiero evitar, si posible, toda félure en su ánimo.

Un día me prometí quererle por todos los que no le habían querido bien; comprenderle por todos los que le habían incomprendido; confesarle por todos los que le habían negado. Cuando me aparto de ese eje y vacilo, soy la primera en confesarlo; pero ahora, para terminar, diré: ¿por qué le faltó fe?

Suya en todo lo que no sea desamor (y si gusta, también en él).

Antonieta

XLI
Domingo 2 de septiembre

Manuel: Quizá para usted, tan claro, resulte innecesaria la explicación que voy a hacer.

Ayer le dije, y usted dejó pendiente, que quisiera obtener para mí misma base más firme que un sentimiento. "No quiero hacer las cosas por usted, sino porque sí."

Hace unas semanas le escribía mi necesidad de realizarme y de poder apartarme de su influencia, porque, si ésta es fecunda, mi actual relación de dependencia absoluta deberá modificarse con tanta más rapidez cuanto más vital haya sido una intervención en mí, pero, y a esto es a lo que quiero llegar, confieso que si ambiciono realizarme, independizarme en breve ponerme mis propios pies, es únicamente para decirle: "Esto que hoy hago, porque sí, es para usted".

Toda yo, y por consecuencia mi vida, se ha transformado gracias a usted. Me recuerdo hoy hace un año y ahora, y de no ser por usted me hubiera deshecho a mí misma.

Suya, Antonieta

XLII

Manuel: necesito su amor. ¿No es tiempo? ¿Ya es tarde? Hoy, como hace seis meses, pregunto.

Temo que mi emancipación, aun si usted se la propone, va a ser difícil. Creo en la unidad del cuerpo y el alma, no en la fatalidad, sino por jerarquía.

Mi amor a usted es absoluto. ¿No hay para él lugar en su vida? Tengo tal necesidad de amor. Traigo conmigo una ofrenda de ternura y el alma cansada del camino largo, del error amargo. Tómeme ya.

Su Antonieta

XLIII

Manuel: desde anoche he querido darle las gracias porque existe. Es posible que su mirada, la que yo vi, estuviera en mis ojos. Si así fuera, gracias porque puede prestarle una fuerza que en mí se convierte en fortaleza. Me pareció que sus ojos me limpiaban y al ponerme en pie me encontré invertida de una nueva dignidad. Sentí que en forma única me había usted desprendido, empapando de sentido mi ser. Antes me encontraba siendo un valor externo suyo, algo tan independiente, aunque relacionado, como lo es el sol. Fue como si bajara las defensas en un mirar lúcido y profundo. Y sé que hubo alucinación.

Busqué apoyo en su hombro, impalpable ternura, y aunque mi anhelo abarque aspirar su vida —ayer no pedía, casi no quería más. Su mirada me entregó la alteración decisiva —estamos lejos de la catástrofe—, me centró en mi realidad y fue tanto que tuve que irme. Usted lo sabe. En un cuento de hadas había un corazón encerrado bajo siete candados imposibles de abrir, y el milagro era que un día por sí solos se rompían. Aún estaba yo atada por mi sensualidad que no comprendía, porque ayer fue la liberación. Ayer comprendí límpidamente qué soy. Reaccionando a usted me encontré y el milagro sucedió. El milagro estaba en su mirada, que fue la que me descubrió una nueva modalidad fundamental.

Va mucho escrito sin decir nada. Mi estado no es *lógico* pero tampoco emotivo, es espiritual. No he puesto en usted *más* desde ayer; sólo el significado suyo para mí se hace más y más claro. Es usted explorador y conquistador de un país nuevo al cual soy recién llegada. Además, puedo o no puedo estar enamorada de usted y simplemente quererlo, apreciarlo, estimarlo. Lo importante es que usted como fuego, me depura, que su presencia en mi vida es una piedra de toque, el aguafuerte del grabador.

¿Y si estuviera enamorada? ¿Y si no lo estuviera?

Antonieta

La reina de la noche

Como corresponde a una figura que ya es legendaria, existen varias versiones acerca del suicidio de Lucha Reyes.

1. La noche del 23 de junio de 1944, Lucha Reyes salió del centro nocturno Teocalli, ubicado a una calle de Insurgentes, a un costado del río La Piedad. De ahí se dirigió al balneario Bahía, en la salida a Puebla, donde se reunió con varias de sus amistades. Sin el menor gesto de tristeza, Lucha pasó la velada platicando, riendo y bebiendo tequila, a la vez que tomaba pastillas que, nadie pensó, eran barbitúricos.

"Al despedirse, lo hizo como siempre, quedando con sus amigos para verse al otro día. Al llegar, ya de mañana, a su casa, mandó a su hija a la tienda, quien, al regresar, encontró a su madre en el piso; de inmediato pidió ayuda a los vecinos y fue trasladada al hospital más cercano, donde ya nada pudo hacerse por su vida."

2. Salvador Morales describe en *Auge y ocaso de la música mexicana*: "Eran poco más de las cuatro de la tarde del 24 de junio de 1944, cuando se recibió en la Cruz Roja un llamado: en la calle de Andalucía número 86 agonizaba Lucha Reyes. Había ingerido veinticinco pastillas de un somnífero. Los médicos lucharon durante diez horas por salvarle la vida, pero todo fue inútil. A las 2:30 de la madrugada murió la extraordinaria cancionera. Tenía treinta y ocho años de edad".

Salvador Morales cree que murió "obsesionada por el recuerdo del empresario Félix Martín Cervantes", con quien se casó en 1934 y divorció en 1941, "aun cuando tuvo sonado romance con el aviador Antonio Vega".

3. "Lucha ha bebido toda la noche y sale a cantar. Venitas rojas dividen en mil pedazos el brillo de sus ojos. Trastabillea un poco, pero

se controla. En su programa no hay sino canciones de amor adolorido, traicionado, abandonado. Una rueda de luz blanca persigue sus movimientos, descubre el fiel vaso de tequila en el estrado a donde Lucha acude una y otra vez. Hace esfuerzos por romper la barrera de luz cegadora y adivina, allá en el fondo del salón, a una pareja con las cabezas muy juntas, protegiendo su romance con la oscuridad. Intempestivamente, Lucha abandona la pista y la rueda de luz, penetrando en la negrura. De cualquier mesa toma una botella que rompe con fuerza en una silla, sin detener su marcha. Los clientes no saben qué sucede pero le abren paso con respeto y asombro. En dos pasos más se encuentra frente a la pareja, separa violentamente sus cabezas y va a golpear la cara de una mujer con la botella rota, cuando un mesero le detiene el brazo. El mesero cae, como tocado por un rayo. Las luces del salón se encienden. Lucha mira con extrañeza a la mujer; no es Matilde, y el hombre tampoco es el Negro [Félix Martín Cervantes]. Le pareció. Estarán en otro sitio, besándose igual que éstos. Regresa a la pista sin disculparse, con la amargura renovada, y toma otro trago antes de seguir cantando.

"Y luego, ella cantaba como nunca: su presencia electrizaba, la figura alta y delgada llenaba el escenario y en aquel rostro anguloso, modelado a machete, se adivinaban los encabronamientos y los dolores que en el cuerpo amontonaba y no hallaban por dónde salir. Ella los extraía por la voz y cantando nos metía sus emociones por cada poro de la piel, y adentro se nos hacían grandes, sin dejarnos respirar. Nos regalaba su pasión, salida desde dentro de su alma rota y vertida con su voz quebrantada.

"Y el Negrito no llegaba, ese Negro se alejaba de ella y ya no quería volver, nunca más.

"Una tarde de junio, la mujer fuerte, la mujer bragada, ya no quiso pelear. Mandó a la niña a la farmacia y con el último trago de tequila se tomó los nembutales del frasco y le garrapateó a su Negrito un recado final. Y se acostó a dormir con la dignidad de un animal herido por miles de espinas en el cuerpo.

"La viejita [su madre] ya no llora. Se mete, se pierde en cada foto mientras fuma su cigarro, tan chiquito como ella. Después de mucho rato, se da cuenta que estoy aquí, sentada y quieta, en una dimensión que no me pertenece.

"Afuera en las calles la vida sigue", cuenta Margo Su.

4. Nancy Torres, aparte de haber formado un dúo con Lucha

Reyes, fue su amiga desde que la cantante tenía trece años: "De Lucha nunca supe que quisiera suicidarse, de Lupe Vélez, que era mi amiga, sí, cada que se peleaba con uno de sus amantes hacía la payasada, hasta que se le hizo, pero Lucha no. Tenía treinta y ocho [años] cuando murió. Cuando la reencontré en el 42, porque la enterré en el 44, ya andaba con el piloto ese [Antonio Vega Medina]; no lo conocí, no sé si era guapo, pero supe de él por supuesto, aunque no concibo esa relación de ella con el hombre este. Ella no estaba solita cuando se suicidó, él estaba con ella y fue quien mandó a la hija de Lucha a traer barbitúricos y se los echó a fuerza a la boca con tequila. Y, si no se los dio él, le dijo 'tómatelos, ahí está el tequila'. De todas maneras, la mató, ¿no? Es la verdad; ahí está la chamaca que lo vio. Cuando Jorge [Negrete] y yo [llegamos], como a eso de las cinco de la tarde ya estaba en Gayosso, le vimos las marcas de que había sido golpeada. Ya estaba para enterrarla [porque] desde la mañana estuvo así. La chamaca anduvo buscando a la mamá [de Lucha], pero no la encontraba y no podía dar nadie el permiso para enterrarla".

Se asegura que Lucha tenía una relación conflictiva con su madre, Victoria Aceves Orozco: "De acuerdo con los testimonios, el trato que recibía de su madre tocaba los extremos: la apoyaba o la hundía. Lucha volvió siempre a ella tras sus fracasos de pareja, ya que se hacía cargo de su manutención".

Seguramente nunca conoceremos la verdadera razón de su muerte. Lo que sí sabemos es que Lucha nació para sufrir. Cuando tenía cuatro años, se quedó muda a causa de una epidemia de tifo. A los seis, recuperó la voz gracias a un grito desesperado que emitió en el momento en que su madre y su hermano Manuel se encontraban peleando.

Cuando Lucha era joven, dice Margo Su, tenía voz de soprano, quería ser cantante de ópera y, para ello, había estudiado en el Conservatorio. "Sin medios económicos, se vio obligada a trabajar en el teatro de revista, en la compañía de don Pepe Campillo, quien tuvo la genial idea de reunirla con las hermanas Ascencio en un trío de historia: el Trío Reyes-Ascencio. A pesar del éxito inmediato en discos, radio y teatro, Lucha se separó muy pronto de las Ascencio; consiguió un contrato para Europa, donde empezaría cantando en Alemania. Su plan era ambicioso: estudiar el bel canto en Italia; y sólo regresaría a México en plan grande: Bellas Artes, en la ópera." Desafortunadamente, Lucha regresó derrotada y enferma, sin dinero. Y lo peor, había perdido por completo la voz a causa de un virus desconocido, o una infección mal cuidada o las cuerdas forzadas y rotas sin remedio.

Y así como un buen día se fue, su voz regresó. Aunque, ciertamente, no era una de soprano. La historiadora musical Yolanda Moreno Rivas dice: "La personalidad y la neurosis haría el resto. Prodigaba su voz hasta desgarrarla; gemía, lloraba, reía e imprecaba. Nunca antes se habían escuchado interpretaciones en ese estilo. Sobreponiéndose a las críticas que no aceptaban su falta de refinamiento, pronto Lucha Reyes simbolizaba y personificaba a la mujer bravía y temperamental a la mexicana. La atormentada artista, capaz de manifestar con toda franqueza que al cantar la canción 'Rayando el sol' sentía 'ganas de echarse un trago porque un nudo se le formaba en la garganta', estaba destinada a personificar el mítico rol femenino encargado de dar voz a la canción del género ranchero".

Gracias a este estilo tan particular, pero sobre todo a su temperamento, en muy poco tiempo Lucha se convirtió en una cantante muy diferente a las demás. Poco tiempo después de que comienza a consolidar su éxito, conoce a Félix Cervantes, el empresario y representante más importante de esa época. Se enamoran y se casan. Pero el matrimonio no dura más que cuatro años. "¿Por qué fue el divorcio?", preguntó Margo a la madre de Lucha: "Porque mi hija tomaba mucho".

Sí, en esa época Lucha empieza a beber; primero, por miedo a perder a su Negrito adorado, y segundo, por temor a que una buena mañana se le fuera la voz. Y para no perder a su hombre, decide tener un hijo, pero Lucha no puede tener hijos a causa de dos abortos. Durante meses, la cantante ve médicos, visita laboratorios, sigue tratamientos y termina por resignarse. Deciden adoptar a una niña a la que llaman María de la Luz. Otro fracaso: su Negrito adorado no soporta a los niños y menos ajenos… Lucha sigue tomando tequila, mucho tequila. Tiene miedo, miedo de quedarse sola, de quedarse muda, de quedarse totalmente desenamorada. Y su Negrito ya no puede más y se va, porque a lo que él le tiene miedo es a esa mujer temperamental; siente que su amor lo ahoga y, al final, Lucha se queda sola con Marilú.

Llamar "Reina de noche" a Lucha, fue porque dicen que María de la Luz Flores Aceves nació durante una noche de tormenta un 23 de mayo, en 1906. Algunos de sus biógrafos aseguran que vio la primera luz en un burdel que manejaba su madre en Guadalajara. Además, *Reina de noche* se llama la película que dirigió Arturo Ripstein, de la que Raquel Peguero dice: "Controvertida desde su nacimiento, la primera idea de hacer una cinta sobre la Reyes fue de Astrid Hadad, quien desde que llegó a México se fascinó con el personaje. Investigó durante años sobre la personalidad de la cantante, y junto con Homero Espinoza que trabajaba con Jean Michel Lacor, de Ultrafilms, lo convencieron de hacer una película en la que se mostrara fundamentalmente a la mujer y sus circunstancias. El proyecto era ambicioso (hubiera costado unos cinco millones de dólares), se tenía un primer tratamiento de guión, bastante lineal, que no convencía a nadie. Pensando en mejorar su propuesta, Astrid llamó entonces a [Paz Alicia] Garciadiego para que entrara al rescate, le pasó su material, le contó su idea, el paralelismo que encontraba con Edith Piaf, pero al final, el guión no fue lo que ella pensaba, Astrid quedó fuera y *Reina de noche* se convirtió en una 'biografía sentimental' de Lucha Reyes".

No hay duda que el nombre de Lucha le quedaba como anillo al dedo a la pobre de Lucha. ¡Cómo luchó! Toda su vida fue una constante lucha, por eso siempre que cantaba: "Me llaman la tequilera, como si fuera de pila, porque a mí me bautizaron con un trago de tequila", lo hacía con los ojos llenos de lágrimas. Cuando cantaba se acordaba de todas sus desgracias: de su primer divorcio con el periodista Gabriel Na-

varro, con el que tuvo un hijo, que murió al nacer; de los pleitos que tenía con su madre; de los regaños de Félix; de cuando regresó de Alemania en un buque de carga en tercera clase; de su amor por el aviador Antonio Vega; de su relación también amorosa y conflictiva con su guitarrista, José Gutiérrez; de sus noches en el Bar César, a donde siempre iba con su amiga Nancy Torres, la Potranquita; de su hija adoptiva Marilú. ¡Pobre Lucha!

Dice Enrique Ramírez, autor del espléndido reportaje "Lucha Reyes: el vértigo de una voz", que a su cadáver se le dispensó la necropsia y que fue sepultada el 26 de junio de 1944 en el lote de actores del Panteón Dolores. Los diarios dieron la noticia del suicidio en pequeños espacios de nota roja. La muerte de Lucha fue opacada por la de Carmelita Romero Rubio, viuda de Porfirio Díaz. En la revista *Mañana*, Salvador Novo estableció un paralelo entre ambas mujeres; representante una, del México revolucionario y la otra, del México porfiriano: "Si las diferencias o las discriminaciones subsisten en el Más Allá y si el premio se condiciona a las aspiraciones que lo solicitan y a los méritos que lo procuran, a esta hora Carmelita se habría reunido con don Porfirio, y Lucha Reyes disfrutará de la compañía comprensiva y bronca de los Dorados de Villa, de Zapata y de los zapatistas".

Todavía millones de mexicanos seguimos escuchando sus canciones; nos acompañan "El herradero", "La Panchita", "La mensa", "Los tarzanes", "Por un amor", "¡Ay, Jalisco, no te rajes!", pero sobre todo, "La tequilera".

Dicen que su madre murió hasta los ciento cinco años en la Casa del Actor, y que todos los días hablaba de la melancolía que mató a su hija Lucha a los treinta y ocho años.

Las cartas de Miroslava

*E*l 10 de marzo de 1955, en su casa de Kepler 83, en la colonia An-zures, Miroslava se quitó la vida cuando apenas tenía veintinueve años. ¿Las razones? Existen varias versiones acerca de su muerte. La primera que se divulgó fue que al enterarse la actriz del matrimonio de Luis Miguel Dominguín con la exmiss Italia, Lucía Bosé, optó por suicidarse. La segunda se refería a sus deudas económicas. La tercera atribuía su amor no correspondido a Mario Moreno, Cantinflas. Y la cuarta, que se procuró desmentir en seguida, entrometía la confusión sexual de Miroslava.

En mi libro *Primero las damas*, uno de los diez cuentos dedicados a mujeres narra las últimas ocho horas de la vida de Miroslava; en ese relato se inspiró Vicente Leñero para escribir el guión que sirvió para la película que dirigió Alejandro Pelayo e interpretaron Ariele Dombasle y Claudio Brook, entre otros. A pesar de que había escuchado todo tipo de interpretaciones acerca del suicidio de Miroslava, quise escribir un cuento de amor; me refiero exclusivamente a su decepción amorosa con Luis Miguel Dominguín.

Hoy me sigo preguntando cuál fue realmente el verdadero motivo de su muerte. Tal vez, la interpretación que más me satisface tenga que ver con el torbellino de dudas en el que seguramente murió Miroslava; entre ellas, quizá esa confusión sexual que la rebasó, y que le provocaba mucha culpa; sobre todo, en relación con su padrastro y hermanastro Ivo. (En una de las entrevistas que sostuvieron Leñero y Pelayo con Ivo Stern, se enteraron que el doctor Stern no era el padre de la actriz, y que ésta era una niña cuando conoció a la señora Miroslava Becka, que no era judía.)

Primera carta

Antes de morir, Miroslava escribió tres cartas. Si las leemos con cuidado, entre líneas podemos advertir, aparte de mucha soledad y desamor, un gran caos interior lleno de culpa y miedo. Extracto la parte del cuento donde se habla de las cartas que escribió la actriz de *Ensayo de un crimen:* "Sentada sobre la cama, junto a la lámpara del buró, Miroslava empezó a redactar las tres cartas. Con un libro sobre la vida de El Greco en las rodillas, la artista inclinada sobre el papel escribió en checo la que iría dirigida a Ivo, su hermano. Al día siguiente, los periódicos recogerían la traducción hecha por los peritos de la procuraduría: 'Mi Ivo: Perdóname que te cause dolor. Perdóname por todo, pero ya no puedo seguir viviendo. Créeme que te quiero terriblemente, *pero sería yo nada más un estorbo y una vergüenza para ustedes. Yo veo cómo sería esto* [¿?] *en el futuro, hasta dónde llegaría yo* [¿?] *y lo que podría hacer* [¿?]. [Los signos de interrogación y el subrayado son míos] Tú harás feliz a Elena. Cuando te acuerdes de mí, acuérdate sin remordimiento y sin dolor. Yo me sentiré mejor. No puedo seguir. Escríbele y envía la campanita de plata a Luis Miguel Dominguín (calle Nervión número 25, Madrid), y que sea feliz. Te lo pido. A papá le causará dolor; pero es mejor así para él, porque de otra forma sólo lo mortifico y le causo vergüenza. El licenciado Eduardo Lucio arreglará todo. Mis deudas serán pagadas de lo que me deben. No les dejo preocupaciones. Todo se olvidará, incluyéndome a mí. Yo voy con mi mamá. Digan que fue un accidente y así no va a haber escándalo. Si te viera, no lo podría hacer…'

"Miroslava no pudo continuar, las lágrimas se lo impedían. Se cubrió la cara con las manos y lloró por todo lo que no había llorado en años. Lloraba por su soledad, por la de su padre y la de su hermano; lloraba porque todavía no se explicaba por qué había tomado la resolución desde hacía tanto tiempo; lloraba porque no tenía fe en nada, ni en nadie, ni en sí misma; lloraba porque siempre había tenido miedo a la vida; lloraba porque apenas tenía veintinueve años y ya se sentía acabada; lloraba porque su luna de miel había sido tristísima y a nadie se lo había contado; lloraba por todos los amigos que creyeron en ella, en su aparente fuerza; lloraba porque jamás se había entregado plenamente en el amor; lloraba por aquella amiga de infancia que vivía en Estambul y con la cual nunca compartió sus penas; lloraba porque se había reído mucho con Dominguín en su finca; lloraba porque no había llorado lo suficiente la muerte de su madre; lloraba por todas las películas que ya no iba a poder filmar; lloraba porque nadie estaba tan triste; lloraba por compasión a la Miroslava del cine mexicano. Lloraba porque nadie estaba a su lado en esos momentos para consolarla, por la sencilla razón de que nadie mejor que ella sabía de todo el vacío que sufría desde hacía tanto tiempo.

"Con muchos esfuerzos, poco a poco se fue calmando. Había que terminar esa carta y otras dos más. Si seguía llorando, terminaría por renunciar a su objetivo y eso era imposible. La decisión ya estaba tomada. '¿Y si esto fuera nada más una pesadilla como tantas que he tenido, y mañana me despierto viva en mi cama? ¿Y si me arreglo como si nada, y me voy a comer al Quid con Ernesto Alonso? ¿Y si por la tarde me voy a los Estudios Clasa para hablar de mi próxima película: *Vainilla, bronce y morir*? ¿Y si toda esta tristeza que siento, nada más la estuviera soñando y en realidad no existe en mí más que cuando la sueño?'

"Todo esto pensaba, como para hacer tiempo para seguir con aquella carta de su hermano Ivo. Conforme las fantasías se esfumaban, Miroslava fue adquiriendo más fuerzas para continuar. Nuevamente, tomó su pluma Parker y repitió la última frase: 'Digan que fue un accidente y así no va a haber escándalo. Si te viera, no lo podría hacer. Por lo tanto, a la distancia, mi incambiable amor por ti y mucha felicidad en la vida, contra la cual yo no puedo. Tuya siempre y para siempre. Miri'. Firmó con energía, haciendo un rasgo al final, como cuando autografiaba sus fotos. Después dobló la hoja de papel en tres y la metió en uno de los sobres aéreos. Sobre él escribió en letras grandes: Ivo."

Segunda y tercera

"La segunda iba dirigida a su padre. Ésta era, sin duda, la que representaba más esfuerzo. Varias veces empezó la carta, y varias veces arrugó el papel. Volvía a comenzar y cuando sentía que era la definitiva, al releerla le saltaba una frase o una palabra que le parecía inexacta, impropia o muy débil; otra, al contrario, la encontraba agresiva o confusa. Decidió pues hacerla en muy pocas palabras. 'No puedo decirte todo lo que siempre he sentido por él en estos momentos. No sabría explicarme', pensó. Muy lentamente escribió, también en checo: 'Papá. Perdóname, y olvida. No puedo seguir, no tengo valor. Gracias por todo y perdóname que no tenga suficiente voluntad para vivir. Te quiere, Bambulka'. Ésta también la rubricó con fuerza; bambulka: 'bo-lita de lana', 'borlita', le decía su padre de cariño, cuando Miroslava era niña. Como la anterior, la dobló en tres, la metió en su sobre. Con letra muy clara escribió en el centro del sobre: Papá.

"La tercera carta fue ciertamente la más fácil de todas. En ella Miroslava giraba instrucciones precisas a su apoderado el licenciado Eduardo Lucio: pagar sus deudas, entre ellas, un préstamo que le hizo

Dominguín durante su estancia en Madrid; ver lo del contrato del departamento del Paseo de la Reforma; hacer algunos cobros con ciertos estudios. Al finalizar, le pidió que si después de todo lo anterior todavía sobraba algún dinero, se lo hiciera llegar a su hermano Ivo." Hasta aquí la cita del cuento.

Una carta más...

Supongo que además de estas tres cartas, Miroslava escribió una más. Sabemos que antes de morir no le escribió a Luis Miguel Dominguín, de lo contrario se hubiera publicado en todos los periódicos, así como se reprodujeron las otras. ¿Quién era el destinatario o la destinataria? No lo sabemos. Pero quiero pensar que la divulgación de su nombre hubiera provocado un gran escándalo. Y quizá fue lo que quiso evitar la primera persona que la encontró muerta, aparte del ama de llaves de la actriz.

Al ver que nadie respondía del otro lado de la puerta de la recámara de su patrona, Rosario Navarro viuda de Nava se saltó al balcón que daba a su habitación. Al encontrar a Miroslava sin vida, primero llamó al doctor Stern, pero le avisaron que se encontraba en Cuernavaca. Nerviosa como estaba buscó a Isaac Díaz Araiza, entonces gran amigo de la actriz y director del periódico *Cine Mundial*. Acto seguido, se presentó don Isaac en Kepler 83 con fotógrafo. Al otro día, en la edición de *Cine Mundial*, aparecieron en exclusiva fotos de la actriz muerta. En la primera plana, en una gran fotografía, se ve a Miroslava perfectamente bien peinada y maquillada, recostada en su cama (tendida), de ladito como si estuviera dormida; aparece vestida con blusa camisera clara (después vi la blusa personalmente: era azul clara, de seda, comprada en la boutique Gina de la Piazza Spagna de Roma) y una falda negra recta, mismo out fit que lleva en algunas escenas de la película *Ensayo de un crimen;* en las manos tiene una foto de Dominguín. Sin embargo, en las páginas interiores vemos a una Miroslava un poco despeinada, sin maquillar, recostada sobre la espalda y cubierta con una sábana que deja asomar sus hombros completamente desnudos. En la habitación, a un lado de la cama de la actriz, aparecen dos policías uniformados. Al observar con cuidado estas dos placas, nos damos cuenta que no tienen ningún parecido y que sin duda fueron tomadas en dos momentos completamente distintos.

Preguntas y respuestas

La escena que imaginamos es la siguiente: al llegar don Isaac, se encontró con que la policía ya hacía la investigación correspondiente. Sin embargo, el director de *Cine Mundial* quizá insistió (¿cómo o con qué los convenció?, no lo sabemos) para que lo dejaran entrar a la habitación. Seguramente vio las tres cartas y otra más que en seguida guardó para evitar el escándalo. También pudo haberse encontrado con que en las manos de Miroslava había una fotografía que igualmente hubiera ocasionado muchos rumores que sólo hubieran dañado la imagen de su gran amiga. Tal vez, por esta razón a don Isaac, inspirado en esta escena, se le ocurrió hacer de este suicidio toda una mise en scène muy cinematográfica. Hizo que doña Rosario vistiera a Miroslava, que la peinara y maquillara. Que tendiera la cama y pusiera la habitación en orden. Colocó a la actriz en la cama, de ladito, tal y como si estuviera anunciando un colchón de la marca Simmons. En seguida, buscó una fotografía de Luis Miguel Dominguín, se la puso entre las manos y le pidió al fotógrafo que la retratara en su mejor ángulo. No muy lejos de la cama, en esta misma foto, aparece sobre el buró de Miroslava un marquito con una fotografía del torero al lado de su madre, tomada en su finca. "¡Se mató por Luis Miguel Dominguín!", decían los grandes encabezados de los periódicos.

Finalmente, nos preguntamos, ¿Miroslava se mató por amor? Puede ser. ¿Por quién? Eso sí no sabemos. Pero casi, casi podríamos asegurar que no fue por Dominguín. No hay duda que el matrimonio del torero hizo sentir a Miroslava más sola y abandonada, pero de eso a haber tomado una determinación tan drástica por su culpa, sinceramente no lo creemos. No obstante, en sus memorias, dice muy ufano el torero que en una ocasión la artista le dijo que lo único que le faltaba era que una mujer se quitara la vida por él. ¿Cómo podemos saber si realmente dijo eso Miroslava, o si no fueron puras figuraciones narcisistas de un don Juan? De haber existido la otra carta, ¿qué hubiera dicho? ¿Hubiera estado llena de reproches? O al contrario, ¿en ella hubiera admitido que como no podía asumir ese amor, lo mejor era quitarse la vida? ¿Por qué en algunos periódicos de espectáculos (que ya no existen y que vimos en la Hemeroteca) se habló del aspecto homosexual de la actriz? ¿Por qué Isaac Díaz Araiza quiso darle un toque de romanticismo a la muerte de Miroslava? ¿Por qué en una fotografía aparece medio desnuda y en la otra vestida? ¿Por qué cuando quise hablar con Ivo se negó rotundamente, para ceder sólo cuando se le solicitó permiso para filmar la película? Isaac Díaz Araiza ya murió. Seguramente también doña Rosario. De los dos jóvenes policías que aparecen en la foto de *Cine Mundial*, no sabemos nada. Tal vez, la única persona que nos pueda contestar todas estas dudas sea a la que estaba dirigida la cuarta carta, donde Miroslava explicaba el verdadero motivo de su muerte.

MUJERES SINGULARES

Carta de despedida

Mi querida, queridísima Elena:

$\mathcal{S}$iempre he odiado las despedidas. No me gustan; no sé manejarlas. Me hago bolas con los sentimientos que me provocan. Sin embargo, con respecto a la tuya, desde hace tiempo me había estado preparando. Desde la primera vez que te vi, hace como tres años en Cuernavaca, me dije que tal vez ésa sería la última. Recuerdo que cuando nos despedimos hasta se me hizo un nudo en la garganta. Después nos vimos muchas veces. ¿Te acuerdas que también nos hablábamos por teléfono? Era la época en que las llamadas sí podían entrar al 22-50-69; más tarde, por más que una trataba de comunicarse no había manera. Un extraño duende les quitó a ti y a tu hija Helena la posibilidad de comunicarse telefónicamente con los demás. Cuando alguna de ustedes quería mandarme un recado, me hablaba un joven (así me lo indicaba su voz) y me lo daba. Por cierto, hace dos días este mismo muchacho me llamó de parte de tu hija para decirme que estabas en un hospital de Cuernavaca a causa de una pulmonía y que se necesitaban dos mil pesos urgentemente. Sentí horrible: justo acababa de llegar del banco y de enterarme que nada más tenía 1,115 pesos. "Ay, qué pena —le dije al muchacho—, pero fíjese que yo también ando brujísima. ¿Qué podemos hacer? ¿Por qué no me llama mañana y voy a tratar de pedirle dinero a mi hermana Kiki? ¿Se lo mando al mismo número de cuenta de banco que tengo? Muy bien. Deme por favor dos días y yo le consigo como sea ese dinero." Colgando le llamé a Kiki pero desafortunadamente no la encontré. Eso fue hace dos días. Y ayer sábado me enteré que ya te fuiste para siempre. Me llamó Rafael Tovar de su celular, desde la carretera a Cuernavaca, para darme la noticia. Le conté lo del dinero y me dijo que no se lo explicaba porque el CONACULTA había estado cubriendo todos los gastos de doctores y hospital, aparte de lo que te corresponde por tu beca. Se oía triste. ¡Híjole, cuando colgamos me sentí de la patada! No sabía qué hacer. Me quedé sentada al borde de mi cama con cara de mensa. Así estuve como diez minutos. Me empezaron a dar remordimientos porque no había podido enviarles el dinero; porque no te había mandado una postal desde París. Me sentí muy culpable porque antes de salir de viaje no me había despedido de ti y porque no te llamé el 18 de agosto, día de tu santo. "Se murió triste", comencé a decirme. "Estoy segura que murió triste", me repetía sintiéndome un poco huérfana. No sabes cómo me entristeció esta certidumbre. Pero también me daba mucho coraje imaginar que te hubieras ido así de entristecida. Recordé tu mirada y me entristecí doblemente. Después pensé que era una tonta, que nadie podía morir feliz de morirse. "Es que tampoco se ha de haber muerto en paz", pensé. Y, claro, de inmediato me acordé de Octavio Paz y volví a sentir un gran desconsuelo. "¡Qué horror, ya se fueron los dos y su hija se quedó bien sola!", concluí afligidísima. "¿Y ahora qué va a ser de Helenita? ¿Dónde irá a vivir? ¿Se llevará con ella a todos sus gatos? ¡Qué tristes han de estar ellos también!" Reflexionaba en todo lo anterior al mismo tiempo que miraba por la ventana de mi recámara. "¡Qué sucios están los vidrios! ¡Qué día tan gris! ¡Qué frío está haciendo! ¡Qué callada está la casa!", me dije con un chingo de tristeza. ¿Y sabes lo que hice después? Le llamé a Archibaldo Burns. Por un momento, mientras sonaba el timbre de su teléfono, sentí el impulso de colgar. Me daba pena comunicarle una noticia que sabía lo abrumaría. Por otro lado, pensaba que era importante que supiera. ¿Verdad que hice bien en llamarle? Sé que tú lo quisiste mucho. El caso es que cuando se lo dije, se hizo un gran silencio en la línea. "¡Qué barbaridad!", agregó con voz muy compungida al cabo de unos segundos. Después, hablamos de ti, de tu vida, de Helenita y de la muerte. "Últimamente he estado pensando mucho en este tema y es para que se le paren a uno los pelos de punta", me dijo. "Es que es una despedida de a deveras; es irse para siempre", le comenté. Ambos colgamos muy desconcertados.

Ah, cómo desorienta la muerte de los amigos. ¿Verdad que tú y yo éramos amigas, Elena? Lástima que te haya conocido tan tarde. Lo que me gustó mucho es que desde el primer encuentro luego, luego hicimos "click". Sabía que eso sucedería. Estaba segurísima. Lo supe desde que empecé a leer tus libros. En seguida tuve la sensación de que tú y yo ya nos conocíamos. ¿Te acuerdas que te lo dije? Y tú te reíste. Quizá lo que también ha de haber influido, es que hubieras conocido tan bien a mi mamá. Probablemente eso nos acercó mucho. ¿Te acuerdas que se veían en París y te hacía reír mucho con todo lo que te contaba? Ahora sí van a poder platicar muchísimo las dos. Eso es lo bueno de las despedidas terrenales, que los que se van, se vuelven a encontrar en otro mundo. Entonces ya te has de haber encontrado con muchos conocidos. A lo mejor te hicieron hasta una fiesta de bienvenida.

¿Sabes también qué pienso? Que por fin descansaste. Híjole, sinceramente te urgían unas super vacaciones. Llevabas años sufriendo. Llevabas años de mucha soledad y aislamiento. A veces tuve la impresión de que te dejaste acorralar por ti misma. Creo que tú solita elegiste un camino demasiado dificultoso. Uno lleno de curvas, de piedras, de baches, de precipicios y de trampas. Pero ¿sabes qué? No hubiera podido ser de otra manera, una es arquitecta de su propio destino. Y el tuyo te lo construiste sobre muchos sinsabores. "Genio y figura hasta la sepultura", dice el refrán. Hasta allá te llevaste tu genio, tu talento, tu creatividad y todos los cuentos que ya no tuviste tiempo de escribir. Eso también me afecta mucho. Por eso quizá te fuiste triste, por todo lo que no escribiste. ¿Verdad que una pierde mucho tiempo en tonterías? ¿Verdad que a una se le va mucha energía en cosas que no valen la pena? ¿Verdad que no hay nada como el trabajo? Lo que sucede es que te hacías muchas bolas con tu tiempo. Igualito me sucede a mí. Tengo la impresión de que nunca supiste administrarlo. Bueno, y ¿para qué hubieras tenido que administrar mejor tu tiempo? ¿Quién soy yo para decirte nada? Es absurdo hacerse este tipo de consideraciones. Hiciste lo que tenías que hacer y punto. A propósito de eso de "genio y figura hasta la sepultura", permíteme invitarte a recorrer algunos de tus jardines secretos, de los que me enteré por las cartas que le enviaste desde París a Emmanuel Carballo (él también ha de estar muy triste con tu partida), allá por los años ochenta, y que él mismo publicó como una larga entrevista en *Protagonistas de la literatura mexicana.*

"¿Crees en la felicidad?", y le que contestaste: "Sí, porque me acuerdo que la practiqué en la infancia". En ese entonces vivías en Iguala, Guerrero, y tu héroe era el padre Pro y tu enemigo personal Plutarco Elías Calles. Tus juegos consistían en construir un teatrito de títeres y en convertirte en merolico para salir a la calle y vender ungüentos para todo tipo de males. Me explico que hubieras sido muy feliz de niña porque tus padres, José Antonio Garro y Esperanza Navarro, siempre te permitieron desarrollar tu verdadera naturaleza, la de "partícula revoltosa", y por añadidura te enseñaron las múltiples realidades, el amor a los animales, el baile, la música, el orientalismo, el misticismo, el desdén por el dinero y leyéndote a Julio César y a Von

Clausewitz, la táctica militar. Como tú, ellos también vivieron siempre fuera de la realidad; decías que a ellos nada más les gustaba leer. Por lo poco que me han contado de tu padre, tengo entendido que era un hombre muy erudito; que cuando eras niña te leyó los *Diálogos* de Platón. Además, sé que cuando Octavio Paz te hacía la corte, se pasaba horas y horas platicando con don José Antonio.

También le cuentas a Carballo que cuando festejabas el día de tu santo, tu tío Boni, el hermano de tu padre, te enviaba con su criado don Félix, un regalo cada hora; según tú, fue porque adivinó que en la vida nadie te regalaría nada y quiso compensarte. También le platicas mucho de tus hermanas Deva (exnovia de Rodolfo Echeverría Álvarez; tengo entendido que cuando andabas de novia con Octavio, se iban los cuatro a remar a Chapultepec; ya me imagino cómo se han de haber divertido) y Estrellita, y de tu hermanito al que tiraban en la fuente para "ver cómo se ahogaba". Dices que cuando eras niña odiabas los números, te parecían inútiles. Hasta que un buen día el profesor Rodríguez descubrió que tenías grandes aptitudes para escribir. "Es una gran escritora", le anunció a tu familia. Te dio a redactar una invitación para un "baile en palacio" y tú usaste la palabra "gentileza". Bueno, pues a partir de que lo leyó el profesor, de inmediato comentó a tu papá que de seguro te convertirías en una gloria nacional. ¡Qué intuición de maestro! Con razón tu padre siempre decía, levantando el dedo índice: "¡Un maestro es sagrado!" (estoy totalmente de acuerdo con él).

Es muy interesante cómo le narras a Carballo la guerra cristera; que cuando el general Amaro llegó a perseguir a los cristeros, todo el pueblo se encerró; y que Deva y tú corrían junto a su coche descubierto para gritarle hasta quedarse roncas: "¡Viva Cristo Rey!". Cuentas que el padre Pro se asomaba por una ventanita enlutada y que todos

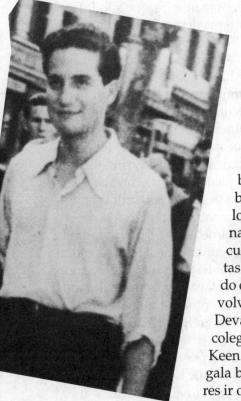

llevaban su estampita en la mano. Ya me imagino cómo se ha de haber visto de triste ya fusilado.

Según tú, cuando eras niña, no pensabas nunca en casarte, "el mundo ofrecía demasiadas atracciones para encerrarse en una casa ajena con un desconocido"; sólo imaginarlo te daba pavor. Pero, más tarde, encontraste que la única razón para casarte era el poder beber café. ¿Cuántas tazas de café no habrás tomado en tu vida? Aunque, tal vez, lo que más bebiste fue Coca-Cola. Te fascinaba la Coca-Cola, ¿verdad? Recuerdo que, cuando te iba a ver, tenías quién sabe cuántas latas vacías frente de ti. O estabas fumando o estabas tomando Coca-Cola. Bueno, pero volvamos a tu infancia. Un día, tu hermana Deva se fue de la ciudad a estudiar en un colegio muy elegante que se llamaba Sara L. Keen. Te mandaba fotos con su uniforme de gala blanco, con su falda muy plisada. "¿Quieres ir o prefieres seguir aquí de salvaje?", te preguntaba tu padre muy alarmado, a lo que le contestabas: "Prefiero ser salvaje". La "escuelita" de Iguala a la que ibas se fundó gracias a la ayuda de algunos "ricos", entre los que se encontraba tu papá; de ahí que en el pueblo te dijeran que "eras una riquilla", y que te creías muy importante. Eso te enfurecía. En una ocasión, el inspector de la escuela les ordenó a las alumnas que hicieran una composición para la fiesta cívica del Día del Árbol; la escribiste, y naturalmente ganaste el concurso. A partir de ese día, dices, empezó tu "gran carrera".

De todo lo que le dijiste a Carballo lo que más me gustó fue aquello de que todo lo que te sucedía en la vida había sido al revés. ¡Qué flojera dan las personas a las que todo lo que les sucede es al derecho!, ¿no crees? ¡Qué extraño que desde pequeña hubieras estado tan obsesionada por "el revés y el derecho" de las cosas! Bueno, pues como todo te sucedía así, al revés, no te gustaban las muñecas y amabas a los soldaditos. Además, te apasionaba "el revés de las cosas (materiales)".

¡Qué bonito! Porque pienso que son precisamente las que son interesantes. De niña pasabas horas y horas enteras desarmando juguetes y examinando los resortes de las camas, el fondo de los sillones, la vuelta de las cortinas y la de los trajes. Te llegó a obsesionar a tal punto este problema que aprendiste a leer al revés y hasta hablar de la misma forma. En otras palabras, inventaste un idioma que nada más comprendían Deva y tú. A las monjas teresianas (con las que estuviste antes de ir a Iguala, viaje que coincide con el momento en que empezó la persecución religiosa) también las habías puesto de cabeza con tus originalidades. "Ofendes a Dios", te decían con su aliento a hostia. Pero el colmo fue cuando para que aceptaras tus ofensas debías clavar una espina de rosal en un Sagrado Corazón que estaba colocado sobre el pupitre de la monja. Pero a ti esto no te impresionaba: tú clavabas la espina y te quedabas tan campante. Esto naturalmente las irritaba todavía más. "¿No tienes remordimientos?", te preguntaba preocupadísimo tu papá. "No, no tengo remordimientos", le contestabas muy serenamente. Cuando llegó a ser muy viejo, te preguntaba lo mismo: "¿Todavía no tienes remordimientos de nada?". Y tú, como Johnny Walker, tan tranquila: no tenías remordimientos. Aclaro: en febrero de 1980, cuando escribiste lo anterior, no los tenías.

Dime, Elena, ¿tampoco al morir? Como puede ser que sí, puede ser que no. Lo poco o lo mucho que te conocí me hace suponer que no tuviste. Sin embargo, me pregunto si tal vez al final de tu vida y al hacer un balance de todo lo que hiciste, no surgió por allí uno que otro remordimiento. Quizá en relación con tu hija. Siempre he pensado que se querían demasiado. Que a lo mejor dependían exageradamente la una de la otra. Y esto, Elena, por desgracia, tiene un costo terrible y muy elevado. ¡Cuánto desamparo ha de sentir Helenita con tu ausencia! Ha de tener la impresión de que le arrancaron un pulmón, o que le cortaron un brazo. No se ha de hallar. Es espantoso no hallarse en la vida. Sentirse perdida, sin brújula. Es como si le quitaran una pata a una silla, así se siente una de descontrolada. Desde aquí, es decir desde mi computadora, le mando toda mi solidaridad y mi amistad. Afortunadamente, como tú, ella también tiene la suerte de poderse apoyar en su pluma. En estos momentos, estoy segura que ella podría escribir los versos más bonitos y más tristes que jamás haya escrito antes. Ojalá que a partir de ahora se ponga a trabajar en su propia obra, y se olvide así de la de su madre y la de su padre. Los pocos poemas de ella que he leído me gustaron muchísimo. ¡He ahí una veta maravillosa!

Pienso, con todo respeto, que ahora como nunca tendría que explotarla. Ojalá que así sea.

¡Qué curioso que de niña hubieras sido pirómana! Te fascinaba hacer enormes hogueras en el jardín. Dices, que en homenaje a tu hermana Deva, quien también amaba al fuego. ¿De verdad un día le prendiste fuego a la casa de doña Carolina Cortina? Y eso que la querías mucho, te imaginas si no la hubieras querido... Te llamó la atención que ella hubiera sido muy alta, de pelo blanco, las mejillas sonrosadas y que se hubiera vestido de bata de encaje. No puedo creer que te hayan fascinado las llamaradas gigantescas que provocaste en su recámara. Y te sorprendiste de que tu papá haya llegado a la conclusión que eras insoportable y que por lo tanto merecías un internado. Llegaste a México con tu maleta llena de cosas marcadas EGN y ¿qué pasó? Que a los dos meses ¡te fugaste! Ay, Elena, ¿y esto tampoco te dio remordimientos? ¡Qué bárbara! Y eso que era un colegio super elegante. Deva y tú estaban en la sección inglesa. Comían en la misma mesa que Miss Taylor, la directora. En esa época, Deva y tú nada más hablaban inglés. Los domingos iban a la iglesia protestante de la calle de Balderas (creo que todavía está). Dices que, en esos días, el embajador de Estados Unidos, Mister Morrow, era importantísimo. Y que los fines de semana los pasaba en Cuernavaca con tu enemigo, Mister Calles, y en tu escuela estaba su hija menor, Artemisa (¡qué bonito nombre!), y que era como su protectora. A ti te daba lástima, porque te parecía tristísimo que fuera hija de un señor como Calles. En esa época las tardes te ponían particularmente triste. "A mí nunca me gustó estar triste ni tener problemas tan complejos", le escribiste a Carballo. Ay, Elena, y sin embargo me temo que los últimos años de tu vida fueron tristísimos, por eso, en el fondo, te querías morir, ¿verdad? Estoy segura que si no lo permitías era por tu hija. ¡Cuánta tristeza te ha de haber provocado dejarla tan solita! Pero como dice Archi: "Nos guste o no, algún día todos nos tenemos que morir".

"¿Cuál de los dos ancianos es tu papá, niña?", te preguntó un día el arriero. "¿Ancianitos?", preguntaste humillada. "Sí, tú también naciste ya ancianita, con el pelo blanco", te respondió. Sus palabras te preocuparon. Pero rápido llegaste a la conclusión de que el arriero tenía razón, ya que en todos los corridos y en las canciones las mujeres tenían el pelo negro y brilloso. Tu primo Boni, con el que te llevabas de maravilla, y tú se quisieron quejar de la triste suerte de ser güeros. Pero, claro, en tu casa nadie les hizo caso. "No nos permitían lamentaciones, era

falta de pudor. Tampoco nos permitían decir ombligo, ni nombrar ninguna parte del cuerpo, aunque nos dejaban bañarnos desnudos en el jardín y nadábamos todo el día hasta que se nos arrugaba la piel por el remojo", escribiste.

En esta misma carta, más adelante cuentas que en el Colegio López Cotilla, de la Plaza Miravalle, te ganaste un concurso de ortografía. Después, la señorita Alicia Vivas de Guerrero te llevó al concurso nacional, ése que se efectuaba en la Escuela José María Iglesias y que salía en todos los periódicos. ¡Qué bonito que las niñas con los ojos vendados frente a un pizarrón escribieran el dictado! Estoy segura que si le hicieran el mismo concurso a muchos funcionarios de los de ahora, reprobarían (bueno, también yo...). Bueno, pues, finalmente, junto con una niña que se llamaba Lucinda Saucedo, fuiste finalista. Después, Lucy se convirtió en tu mejor amiga; llegó a ser campeona nacional y una gran abogada.

Me llama la atención que le hubieras dicho a Carballo que tú en realidad no pensabas ser escritora. Que la idea de sentarte a escribir en lugar de leer, te parecía totalmente absurda. Que tú lo que querías era ser o bailarina o, según tú, general. ¿Te imaginas si hubieras sido generala, Elena? Ahorita te estarían haciendo, en el Colegio Militar, todos los honores del mundo. ¿Te imaginas vestida con tu uniforme lleno de medallas? Porque, eso sí, hubieras ganado muchas batallas. ¿A quién le hubieras hecho la guerra, Elena Garro? En fin... por suerte, don José Antonio sí pensaba que podías ser escritora por tu gran afición a la lectura. También le dijiste a Carballo que tu verdadera vocación era el teatro y que tu profesión era la de ser lectora. "Si hubiera sido rica, nunca me hubiera sentado horas enteras a la máquina para escribir estupideces. Ese tiempo precioso lo hubiera dedicado a releer a mis autores favoritos, a los que ya nadie lee. Qué más quisiera que ser Corín Tellado. En España supe que existía esa escritora y que es el autor que más gana en el mundo. Tiene casa, barco, médico, dentista, vacaciones. ¡Es dichosa!"

No sabía que en 1953 hubieras estado tan enferma en Berna, al grado de haber tenido que recibir un tratamiento terrible de cortisona. Tampoco sabía que fue durante tu convalecencia que escribiste tu primera novela, *Los recuerdos del porvenir*. Dices que la concebiste como un homenaje a Iguala, a tu infancia y a aquellos personajes a los que admiraste tanto. Al terminarla la guardaste en un baúl, junto con algunos poemas que le escribiste a Adolfo Bioy Casares. Según tú, fue el amor loco de tu vida y por el cual casi mueres. ¿Deveras la relación fue como un mal sueño que duró demasiados años? ¿Por qué dices eso, Elena? ¿Te das cuenta, haberle inspirado una pasión a alguien como Adolfo Bioy Casares? Si hubieras visto la vida "al derecho", créeme que no le hubieras interesado nada. ¿Sufriste mucho con este amor, Elena? ¿Cuánto? ¿Pensaste en él antes de morir? ¿De quién, de todos tus amores, te acordaste en esos momentos? Ah, ya sé de que sí has tenido remordimientos. Me acabo de acordar de una entrevista que te hizo el canal 40 hace aproximadamente un año, en donde confiesas haberte arrepentido por todos los amantes que no tuviste. No sabes lo que me impresionó esa reflexión; la dijiste con tal sinceridad y llaneza. Entonces, ¿sí llegaste a tener remordimiento por esto? En fin, son cosas que no me incumben.

Elena, ¿qué crees? Ya llegó la hora en que me tengo que despedir de ti. ¿Te das cuenta? No, no puedo. Antes de hacerlo quiero darte las gracias por tantas cosas que no sé por dónde comenzar. En primer lugar, gracias por haberme enseñado que el acto de escribir es un acto de libertad privada. Gracias por haberme enseñado a no tener innecesariamente remordimientos. Gracias por haberme enseñado a decir lo que pienso y a firmar lo que escribo. Gracias por haberme enseñado a comprender un poquito mejor a los gatos. Gracias por haber sido siempre tan sincera y sencilla conmigo y con todos. Gracias por haberme permitido visitarte tantas veces. Gracias por haberme hecho creer que las dos éramos muy amiguitas. ¿Te acuerdas del día en que corrí a Sanborns para comprar una botellita de oxígeno y que no entendía las instrucciones? Gracias por haberme tenido tanta paciencia ese día. Gracias, Elena. Gracias por todo. Odio las despedidas. Me chocan. ¿Ves cómo me hacen llorar?

El amor de Katherine

*T*al vez lo que más singularice a la ya muy singular actriz Katherine Hepburn, sea el amor que le tuvo a su compañero en el cine y en la vida real, Spencer Tracy. En su autobiografía, *Yo misma*, la actriz habla de ese amor con la misma intensidad con la cual narra su vida y su carrera profesional: "Ahora voy a hablar de Spencer. Me parece que descubrí lo que realmente significa la expresión 'te amo'. Quiere decir que te pongo a ti y tus intereses y comodidad por encima de mis intereses y comodidad porque te amo. El amor no tiene nada que ver con lo que esperas recibir, sino con lo que esperas dar..., que es todo. De hecho, implica devoción total. Y cuando digo total, digo absoluta; lo bueno y lo malo de ti. Soy consciente de que debo incluir lo malo. Yo amaba a Spencer Tracy. Para mí lo primero era él, sus intereses y sus demandas. Mis sentimientos hacia Spencer era únicos. Hubiera hecho cualquier cosa por él. Mis sentimientos, cómo describirlos. Entre nosotros, la puerta siempre estaba abierta. No había reservas de ningún tipo. A él no le gustaba esto o aquello. Yo lo modificaba. Tal vez se trataba de cualidades que yo valoraba. No importaba, las modificaba. Respecto a la comida, comíamos lo que a él le gustaba. Vivíamos la vida que él deseaba. Esto me proporcionaba un gran placer. ¿Qué era lo que me fascinaba de Spencer? Bueno, no es difícil contestar a esto. Tenía el más estupendo sentido del humor. Era divertido, irlandés hasta las uñas. Reía y generaba risa. Tenía una manera graciosa de mirar las cosas... Era un gran actor. Sencillo. Simplemente, podía hacerlo. Nunca se excedía. Era la perfección. No había complicación con él. Su actuación era espontánea. Podía hacernos reir o llorar... Sabía escuchar.

"Hay una enorme diferencia entre el amor y la atracción. Por lo general, usamos la palabra amor cuando queremos hablar de atracción. Creo que son muy pocas las personas que realmente aman. Creo que la atracción es una relación mucho más cómoda. Se basa en los sentidos. El punto débil: eso es el amor. La gente me ha preguntado qué tenía Spencer para que yo haya permanecido a su lado casi treinta años. Por alguna razón me resulta imposible contestar. Honestamente, no lo sé. Sólo puedo decir que jamás hubiera podido dejarlo. Está allí..., y yo le pertenecía. Quería que fuera feliz, que se sintiera seguro, cómodo. Me gustaba atenderle y escucharlo, hablarle..., trabajar para él. Trataba de no molestarlo. Luché por modificar todas aquellas cosas que sabía no le gustaban. Me parecía que algunas de mis más apreciadas cualidades le resultaban irritantes. Las eliminé, las reprimí tanto como pude. No tengo ni idea de lo que sentía Spencer por mí. Sólo puedo decir que creo que si no le hubiese gustado, no se hubiera quedado conmigo. Tan sencillo como esto. Él no hablaba del tema y yo tampoco. Simplemente pasamos veintisiete años juntos en la felicidad total. Eso se llama amor."

Katherine Hepburn jamás le pidió nada a Spencer Tracy. Incluso, nunca se atrevió a sugerirle que se divorciara de su mujer. Por más de treinta años, Katherine estuvo enamorada de un hombre casado, al cual respeta y ama hasta la fecha, pese a que ella ya tiene más de ochenta años. Si esto no es amor, pues entonces quién sabe que será.

E
L
L
A
S

Y

N
O
S
O
T
R
A
S

"Todo lo que hago debe estar impregnado de melancolía", decía Anna Pavlova.

Cuando niña, su familia era sumamente pobre. Al morir su padre se le inscribe en la rigurosísima Escuela Imperial de Danza de San Petersburgo. Allí trabaja incesantemente. "Si no llegas a la perfección, jamás serás una gran bailarina", le decía su maestro. Al terminar sus ejercicios, los pies de Anna estaban completamente rojos. Le dolían tanto que no los sentía. Gracias a esta disciplina muy pronto sobrepasó a sus compañeras.

En 1900 Anna cumplía dieciocho años y ya era considerada una de las mejores bailarinas de la escuela de danza. Constantemente era elegida para interpretar los papeles más importantes del repertorio

clásico del Teatro Marie. Durante una noche de gala en San Petersburgo, Anna bailó completamente sola. El gran Mikhail Fokine realizó especialmente para ella una coreografía inspirada en la música de *El cisne*, extracto del *Carnaval de los animales* de Saint-Saëns. Con su rostro delicado, sus enormes ojos negros, su cuerpo delgado, brazos y manos maravillosamente expresivas, esa noche Anna Pavlova, más que una mujer, fue un pájaro bellísimo lleno de misterio y encanto.

"¿Por qué no empiezas a viajar por el mundo?", le preguntó un día su maestro. "Tu estilo es tan personal y has llegado a tal perfección que muy pronto serás una estrella mundial." En 1909 finalmente Anna escucha a su maestro y se une al Ballet Ruso. En París interpreta el papel principal de *Las sílfides*, *El espectro de la rosa*, *Cleopatra* y *El pavillón de Armida*.

"¡Bravo!, ¡Bravo!", exclamaban con entusiasmo los parisinos. "Su gracia es conmovedora y profundamente frágil a la vez." "Sus actitudes son encantadoras. Anna Pavlova no baila ¡vuela! Es fascinante." "En su baile hay tanta poesía que hace olvidar toda técnica virtuosa." "Encarna la esencia misma de la danza. ¡Es incomparable!", decían algunos encabezados de las reseñas en la prensa.

Con excepción de Nijinski, Anna comienza a eclipsar a sus compañeros. Para ella nada cuenta más en el mundo que la danza: "En mi vida no hay lugar para un marido, un hijo o una vida privada", afirmaba entonces la bailarina. Y continúa con sus tournées por el mundo entero hasta África del Sur, Nueva Zelanda, Japón, India y América. En veinte años recorre quinientos mil kilómetros. Durante sus presentaciones, Anna siempre buscaba adquirir nuevas influencias; de las danzas gitanas, indias, españolas, turcas, etcétera. Sin embargo, siempre volvía a sus dos papeles preferidos: *Giselle* y *El cisne*.

Un mes antes de que una terrible pleuresía se la llevara para siempre, Anna Pavlova interpretó por última vez, a los cuarenta y nueve años, al cisne. Al otro día, en la prensa se leía: "Nunca antes habíamos visto a un cisne tan melancólico como el que interpretó Anna Pavlova. Tanta melancolía parecía venirle de un corazón demasiado enfermo. El público tenía las lágrimas en los ojos. El teatro se inundó de una extraña tristeza. Fue uno de los espectáculos más conmovedores que jamás hayamos visto". Unos días después, el cuello de este maravilloso cisne se rompió para siempre.

MARY SHELLEY

*E*ra particularmente bella. Sus ojos siempre estaban como sombreados. Con pasión, su padre fue quien la instruyó. Tenía una inteligencia impetuosa. Era tan brillante que decían que tenía un intelecto masculino, por su capacidad de penetración para comprender asuntos abstractos; "ciertamente lo heredó de su madre", comentaban.

En pocas palabras así era Mary, hija natural de William Godwin y de Mary Wollstonecraft.

De niña siempre vivió rodeada de descubrimientos científicos, impregnada de ideas subversivas. El padre de Mary era metafísico y su madre una célebre feminista. Desde pequeña, Mary siempre se sintió fascinada por los fantasmas, por todo lo que era macabro y melodramático. En su diario siempre escribía cosas de horror, que sensibilizaban las facultades mentales y de alguna manera reflejaban una "estética del terror".

"¿Por qué escribes cosas tan extrañas? Mira lo que pusiste aquí; nueve gotas de sangre humana, siete granos de polvo de fusil, medio onza de cerebro putrificado y trece versos de tumba aplastada", le preguntaba su madre. "No las escribo yo. Esas cosas me las dictan mis sueños", le contestaba la niña. Curiosamente, si algo le gustaba a Mary aparte de escribir era dormir. Dicen que se pasaba días enteros sin querer abrir los ojos.

Imaginemos a Mary a los dieciséis años. Nos encontramos en Londres, en 1814. Tiene una silueta fina. Es de nariz recta, boca delgada y sus ojos tienen una mirada extraña, demasiado melancólica para una mujer de tan poca edad. Sus ojos resultan todavía más oscuros y hundidos por el contraste blanquísimo de su piel. Sujeta su pelo castaño oscuro con un chongo, en forma de un ocho acostado. Un día, en una fiesta le presentan a un joven muy apuesto que se llama Percy Bysshe Shelley. No obstante que no se conocían, al mirarse se reconocieron. A partir de ese momento, se establece entre ellos una relación de complicidad y de mucha ternura. Una tarde de otoño Mary le dijo "ven, vamos a visitar a mi madre". Caminaron por un bosque con el suelo cubierto por hojas secas. A su alrededor nada más había silencio. Lo único que se escuchaba era el ruido de sus pasos. Caminaron mucho, hasta llegar frente a una reja. Mary la abrió. "Allí está, en el tercer corredor." En efecto, allí estaba su madre, aunque más bien lo que vio Percy fue la tumba de la madre de Mary. "Ayúdame a quitar todas estas hojas", le pidió al joven. Una vez que la placa de mármol estuvo limpia, blanca como la luna, Mary se sentó al lado de Percy. Y allí, teniendo a su madre como testigo, le confesó su amor. A partir de ese momento, nunca más se separaron. Percy comprendió que Mary no era una mujer como las demás, y que juntos harían cosas muy importantes que tenían que ver con las artes. Pero Percy tenía dos hijos; más que casado, estaba separado. Desafortunadamente, la exmujer de Percy no soportó la separación: se suicidó ahogándose en 1816. Percy vive esta muerte con tristeza, pero sobre todo con liberación, ya que ahora sí se encuentra libre.

Una de las pasiones de Mary era escribir. Los días enteros se le iba en escribir y en escribir. Tal vez lo que inspiraba mucho a Mary era la música que tocaba su media hermana. Mientras Mary escribía, Claire tocaba el violoncello. "¿Qué tanto escribes Mary?", le preguntó un día. "Escribo la historia de un doctor que crea a un ser muy especial", le contestó. Catherine se alzó de hombros y se fue a su cuarto para seguir tocando el violoncello.

A fines de 1817, Mary le anuncio a su media hermana: "Ya terminé mi libro. Ahora lo quiero publicar". Entre risas, Claire no tomó en serio a su hermana.

Unos meses después, cuando Mary ya tenía veinte años, su editor le entregó el primer ejemplar de su obra. "Te felicito, Mary. Aunque de difícil lectura, es excelente. Pongo en tus manos el primer ejemplar de *Frankenstein*".

Diva

e pronto entró a la habitación la mucama, Bruna, llevando en los brazos la charola del desayuno. Las cortinas de la recámara con muebles estilo veneciano todavía se mantenían cerradas. María estaba recostada. Esa mañana se sentía particularmente perezosa.

La noche anterior se había acostado tardísimo, y, no obstante la hora tardía, antes había paseado a su perro a lo largo de la avenida Georges-Mandel donde vivía; al llegar a su departamento todavía vio en la televisión una película insípida.

Inmediatamente después de que se levantó de la cama, María sintió un pequeño mareo. En los últimos días había sentido malestares debido a su presión demasiado baja.

Aprensiva como era, esto la tenía muy preocupada. Una vez que se sobrepuso del aturdimiento, María se dirigió hacia el baño, dio unos pasos un tanto inseguros y se desvaneció.

Bruna, que estaba a punto de sacar de una cajita una píldora de Curamina, que María descuidaba en tomar con la constancia debida, súbitamente escuchó el ruido seco de un cuerpo que caía al suelo. Corrió y María Callas yacía sobre la alfombra, cerca de una mesita.

"De pronto sentí que se me fue la cabeza", apenas pudo murmurar la Diva con las pocas fuerzas que le quedaban. "Siento un dolor muy fuerte en el lado izquierdo", agregó.

Sintiéndose de lo más nerviosa, Bruna empezó a gritar: "¡Ferruccio, Ferruccio!". En seguida llegó el chofer de Mme. Callas, y entre los dos levantaron a su patrona con todo cuidado y la pusieron sobre su cama. Más tarde la recamarera buscó la agenda de María y encontró el número de su médico personal. "No está el doctor", dijo una voz del otro lado del auricular. Entonces a Bruna se le ocurrió marcar el teléfono de SOS Médecins. "Llegamos en cinco minutos", le avisaron. Mientras esperaban, Bruna tuvo la idea de preparar un café bien cargado para María.

Se lo tomó a pequeños sorbitos. "Me siento mejor", dijo, mien-

tras Bruna colocaba la taza sobre la mesita de noche. Cuando volteó la cabeza hacia su patrona, los grandes ojos de María Callas veían a un punto fijo, miraban hacia la eternidad. Era un 16 de septiembre, de 1977.

Por fin María Callas descansaba. Entonces "la diva", "el mito", "la voz del siglo" tenía apenas cincuenta y cuatro años. Murió sola, sin amigos; de ellos, voluntariamente, se había alejado.

Cuando ocasionalmente la llamaban para visitarla, Bruna siempre contestaba lo mismo: "Madame está descansando". Desde hacía una larga temporada, María había decidido que sólo la acompañara la melancolía, su mejor y peor amiga. Por las tardes, se quedaba completamente sola en su departamento, escuchando los discos que recogían sus mejores interpretaciones.

Igualmente, pasaba largos ratos repasando sus álbumes con miles de recortes de periódicos. ¿Qué decían todos esos reportajes? ¿Cuáles eran sus titulares?: "María la escandalosa"; "María la tumultuosa"; "María adelgazó cuarenta kilos en un mes"; "En la Ópera de Roma, durante el segundo acto, María Callas rehusa entrar en escena juzgando que su voz, esa noche, no es digna del papel de *Norma*. El presidente de la República M. Gronchi, quien asistía a la función, se sintió profundamente consternado" (*Le Monde*, enero de 1958).

María plantó a su marido italiano, quien tanto le enseñó, para seguir a un petrolero aventurero. ¡Cómo la criticaron entonces por haberse rebelado contra el amor conyugal y las leyes de la sociedad! Los mismos que la juzgaron con tanta dureza, después se regocijaron.

Más tarde se enteraron que al cabo de nueve años de haber sido la ¡concubina! de Onassis, finalmente éste había preferido casarse con Jackie Kennedy. ¡He ahí su castigo! En efecto, fue un escarmiento terrible para María. ¡Ah, cómo sufrió cuando se enteró de ese matrimonio!

"¡Pero cómo si a mí siempre me lo había prometido. Me había dado su palabra! Yo siempre estuve dispuesta a esperarlo toda la vida. ¿Cómo es posible que ni siquiera me lo hubiera anunciado él mismo? Sobre todo por los momentos que pasaba en esa época: hacía tres años que ya no cantaba. Estaba deprimidísima. Me sentía sola. Confundida. Y para colmo de todos mis males, tuve que enterarme por medio del periódico. ¡Qué injusticia! ¿Por qué nadie me lo advirtió?"

Después de haber leído la noticia en la prensa, María se desmayó. En todo caso, eso es lo que cuenta la leyenda...

Curiosamente, María siempre interpretó papeles de mujeres sufridas, abandonadas, frágiles y humilladas. Medea, rechazada por Jason; Lucia di Lammermoor, abandonada por su prometido; Norma, rechazada por Pollion; Anna Bolena, repudiada por Enrique VIII; Violeta, traicionada por Alfredo. ¿Acaso María Callas eligió sus interpretaciones como una premonición de su destino? Para ser totalmente ella, ¿tenía que encarnar a heroínas desgarradas por tanto sufrimiento? De alguna manera, podríamos decir que las tragedias que interpretaba las hacía completamente suyas. ¿Por qué? ¿Intuía que terminaría como esas mujeres? ¿Quién era realmente María Callas? Después de muerta, una de las personas que más la conocía, Walter Legge (productor de sus discos), dijo: "Callas sufría de un complejo de inferioridad sobrehumano. He allí la fuente de su energía que alimentaba su ambición absoluta, infatigable, su voluntad de hierro, su egocentrismo enfermizo, pero, sobre todo, su sed insaciable de celebridad. Ella llegó a ser una de las mujeres mejor vestidas de Milán. En cada uno de los vestidos de su guardarropa llevaba una etiqueta indicando la fecha de la compra, el precio, las ocasiones en que lo había usado y en compañía de quién".

Cecilia Sofía Ana María Kaloghreopoulos, fueron los verdaderos nombres de María Callas. Tenía apenas diez años, cuando la madre se dio cuenta que su hija tenía una voz privilegiada. Evangelia, su mamá, estaba convencidísima que las cantantes tienen necesidad de una sólida alimentación, por tanto, obligaba a su hija a comer y a comer espaguetis, ravioles y mucho pan. Cuando María llega a la adolescencia es una gordita con mucha grasa pero sin la menor gracia.

Su padre, Georges, era farmacéutico, emigrado a Nueva York. Un día le anuncia a su familia: "A partir de ahora nuestro apellido será Callas. Es un nombre mucho más fácil para el Nuevo Mundo". En realidad fue Evangelia quien decidió que sus dos hijas, Cynthia, la mayor (quien más tarde se hiciera llamar Jackie), y María llegarían a ser dos grandes artistas. La primera sería pianista y la segunda, cantante de ópera. Los planes de doña Evangelia no le gustaban para nada a don Georges. "Mujer, ¿no te das cuenta que no tenemos ni un centavo? ¿De dónde vas a sacar dinero para pagar las clases? Eres demasiado ambiciosa. Deja a esas dos niñas por la paz. Mira lo gorda que está Cecilia. A Cynthia la veo cada vez más nerviosa. Tranquilízate y deja que tus dos hijas sean dos niñas normales", le insistía el marido. Pero su esposa no lo escuchaba. Al contrario, más le decía, más ahorraba dinero para poder pagar las clases de piano y de canto.

Estimulada por el profesor de canto, doña Evangelia lleva a María a diferentes concursos de radio. Siempre gana. Entre las cosas que le dieron como premios, recibió un reloj pulsera que siempre conservó con ella, además de una docena de copas de cristal finísimas y medallas, muchas medallas, y trofeos, que su padre ordenaba en hilera encima de la chimenea. A pesar de todos estos éxitos, su padre vivía sumamente decaído porque sus negocios iban muy mal. Eran los tiempos del crack de Wall Street, 1929. A tal grado llegaron a deteriorarse sus negocios, que se vio obligado a vender su farmacia de Manhattan.

Entonces, doña Evangelia estaba de un ánimo lamentable. Se sentía la mujer más insatisfecha del mundo; todo le hacía falta: en primer lugar, dinero; luego, comprensión por parte del marido y más reconocimientos para sus hijas. "¡Ya no te aguanto! Eres un inútil. No tienes carácter. Eres un fracasado", le reprochaba constantemente y siempre frente a sus hijas. Él la insultaba y siempre terminaba saliéndose de casa después de dar un portazo. Finalmente se separaron. La madre y sus dos hijas regresan a Grecia en 1937; se instalan en Atenas. La primera cosa que hace Evangelia es inscribir a su hija María en el Conservatorio Nacional. Allí encuentra ella a la primera persona que haría cambiar su vida...

Había una vez una voz...

La maestra Elvira de Hidalga, española, había sido una cantante de ópera espléndida; era la legendaria Rosini de los años veinte.

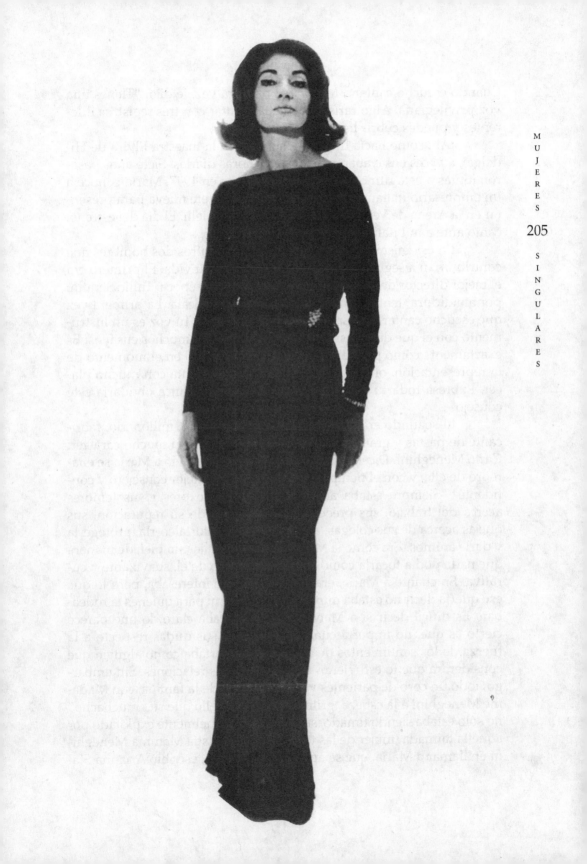

Cuando escuchó cantar a María por primera vez, le dijo: "Tienes una voz privilegiada. Algo rarísimo, puedes cantar con tres registros diferentes y puedes cubrir hasta tres octavas".

¡Ah, cómo hacía trabajar a su alumna la maestra Elvira de Hidalga!, a veces ensayaban más de ocho horas diarias. Siete años pasaron juntas a este ritmo de trabajo. Hasta que en 1947, María conoce a un empresario italiano en busca de una intérprete nueva para presentar en la Arena de Verona *La Gioconda*, de Ponchielli. El día del estreno, cantó ante a mil italianos.

En esa misma época, la Diva conoció a otros dos hombres que contribuirían a seguir cambiando el rumbo de su vida. El primero era el mejor director de orquesta de ópera de aquella época: Tullio Serafin; por añadidura, tenía grandes influencias en La Scala. La primera vez que escuchó cantar a la Callas le dio un consejo: "Tu voz es un instrumento con el que debes estudiar durante muchos, muchos ensayos. Es exactamente como para el que estudia piano. Pero en el momento de la representación, olvida lo que has estudiado, canta con mucho placer. Expresa toda tu alma a través de tu voz". Nunca olvidaría este consejo.

El segundo era un melómano empedernido, millonario, fabricante de pastas y gran admirador de las mujeres con mucho carácter: Carlo Meneghini. Dicen que en el momento en que vio a María se enamoró de ella; y con el tiempo se convirtió en su mejor consejero y confidente. "Siempre estaba allí para escucharla expresar sus temores acerca del trabajo, sus preocupaciones acerca de su reputación, sus quejas acerca de sus colegas; allí estaba él para fortalecerla, protegerla y darle ánimos. Era como si María fuera una mujer sin piel, de manera que nada podía tocarla como no fuera la mano de él, suavizante y curativa. En cuanto a María, era evidente que le interesaba, pero lo que eso quería decir no estaba muy claro para ella ni para quienes la rodeaban. Es difícil decir si a Meneghini le resultaba claro; lo que parece cierto es que, no importa cuáles hayan sido sus dudas respecto a la fuerza de los sentimientos de María, no se portaba como alguien que considerara que lo estuvieran timando en esas relaciones. Sin embargo, todo un coro de parientes y viejos amigos de la familia, con Madame Meneghini a la cabeza, gritaba a voz en cuello que su "muchacho" no sólo estaba siendo timado, sino utilizado, cruelmente explotado por aquella taimada 'mujer de las tablas', como insistía Mamma Meneghini en llamar a María, que se aprovechaba de él", escribió Arianna Stassinopoulos en el libro *María Callas, la mujer detrás de la leyenda*. Entonces María tenía veintidós años y Carlo cincuenta y tres.

En realidad, María tenía muchas dudas en relación a Carlo. Tantas, que le escribió a su madre: "He conocido a un hombre que está locamente enamorado de mí. Quiere casarse conmigo. No sé qué decirle. Tiene cincuenta y tres años, ¿qué te parece? Es muy rico y me ama". Su madre no estaba de acuerdo. Sin embargo, fue el mismo Carlo quien le contestó: "Sigue tu instinto, no la aritmética".

Finalmente, se casaron el 21 de abril de 1949. Ya para entonces, María se había convertido en una figura importantísima del ambiente de la ópera; sobre todo, por su representación de *Norma*: María llegó a cantarla noventa veces en ocho países diferentes. "Quizá *Norma* tenga un carácter parecido al mío", dijo en una entrevista en 1961. (De esta interpretación decía Carlo: "Había algo casi feroz en su ensimismamiento con la sacerdotisa druida".)

Su boda fue sumamente sencilla. Sólo participaron el sacerdote, el sacristán y, como testigos, dos amigos de Meneghini. No había tiempo para otro tipo de preparativos: en un mes, María partiría de gira por América del Sur.

La Diva anunció a su madre el matrimonio por medio de un telegrama. "Siamo sposati e felici", le puso. Doña Evangelia le envió unas flores con una breve nota que decía: "Recuerda, María, que antes que nada perteneces a tu público, no a tu esposo". "No te preocupes. Ambos estamos perfectamente conscientes de ello", le respondió su hija.

En el mes de mayo de 1950, María Callas viene a México por primera vez. En el Palacio de Bellas Artes cantó: *Norma*, *Aída*, *Tosca* y *La Leonora della Trovatore*. Cuando interpretó *Aída*, al final, para ese público mexicano tan entusiasmado, subió una octava su voz y mantuvo un mi bemol "in alt" prácticamente hasta terminar el final de la orquesta.

Como dijera el gran músico y director de orquesta, Georges Pretre, su gran amigo y quien seguramente la conocía como la palma de su mano: "María cantaba como un violín. Con una frase única. Sabía dosificar el color y el timbre de su voz. Era inexplicable. Tenía eso de una manera instintiva. Siempre buscó la perfección. Nunca, nunca dejó de pensar en su público...".

Los fantasmas de María

¡Ah, cómo le dio lata su mamá a María! Constantemente le recordaba que "la Callas" era obra suya. "¿Qué hubieras hecho sin mí?", le preguntaba. "Gracias a mí, de una muchacha gorda y horrible te convertiste en una joven esbelta y atractiva. Gracias a mí tienes esa disciplina para trabajar. Gracias a mí, has llegado a la fama. Gracias a que yo me sacrifiqué por ti, te pudiste abrir camino. A ver, ¿quién te pagó tus clases de canto con la maestra Elvira de Hidalga cuando tenías catorce años? ¿Quién esperaba todas esas horas para regresarte a casa mientras tú ensayabas? ¡Yoooo! Sin mí, no serías nadie. ¿Entiendes? ¡Nadie!"

Así como su madre había sido su colaboradora más entusiasta, sobre todo al principio de su carrera, al mismo tiempo, se convirtió en su enemiga más implacable.

Doña Evangelia tenía una personalidad arrolladora. Había sido la hija predilecta de su padre. Desde que era muy joven, soñó con ser actriz; pero en una familia de oficiales, la idea de una carrera en el teatro era impensable. Esto la frustró toda su vida, aunque acabó casándose con un boticario universitario de Atenas, Georges, y dio a luz a su primera hija, Jackie, cuando cumplió dieciocho años.

Tres años después tuvo un hijo, Vasily. ¡Por fin el varón que tanto había deseado! Pero, tres años después, el pequeño muere de tifoidea. "Pareció que mi corazón moría con él —escribió más tarde— y creí no volver a vivir nunca." Poco tiempo después y en vísperas de zarpar hacia Estados Unidos, se dio cuenta que estaba embarazada. "¡Dios mío, mándame por favor a un niño!", rezaba por las noches. Sin embargo, el 2 de diciembre de 1923, el hijo tan deseado no llegó; una niña que pesó cerca de cuatro kilos vino en su lugar. Las primeras palabras que escuchó María de la boca de su madre fueron: "¡Llévatela!". Evangelia tardó cuatro días en ver a su hijita.

El tiempo pasaba y mientras María soñaba con ser dentista, su madre ya había decidido cuál sería su destino: cantante; y no una cantante cualquiera, una gran cantante. "Al cumplir los once años, la vida de María había comenzado a ser lo que sería hasta el momento decisivo de 1937. *La paloma* le había proporcionado su primer auditorio, y en un concurso nacional de aficionados en busca de talentos de la Mutual Radio Network, obtuvo su primer premio: un reloj Bulova que llevó orgullosamente por muchos años. Su segunda aparición en público fue en un programa infantil, en Chicago. Esta vez ganó el segundo premio, pero se vio ampliamente compensada porque la presentación fue hecha por Jack Benny", dice Arianna Stassinopoulus en su libro.

A partir de esa época empezó el verdadero martirio para María. Su madre la obligaba a ensayar durante horas interminables.

Constantemente la llevaba a concursos, a programas de radio y a espectáculos infantiles. "Debería haber una ley contra esa clase de cosas —dijo amargamente María años después. Una niña tratada de esa manera envejece antes de tiempo. No deberían de privar a una ni-

ña de su infancia. Sólo me sentía amada por mi madre cuando estaba cantando."

¡Qué tan terrible sería esta madre! En el año de 1956, cuando su hija había llegado al cenit de su popularidad y estaba a punto de cantar en el Metropolitan, la revista *Time* le dedicó su portada de esa semana. En el interior había cuatro páginas en donde sus amigos y gente de la ópera hablaban maravillas de ella. Sin embargo, también aparecía el extracto de la última carta que María había escrito, entonces, a su madre: "No nos vengas con tus problemas. He tenido que trabajar para tener dinero, y también tú eres lo suficientemente joven para trabajar. Si no puedes ganar lo suficiente para vivir, puedes tirarte por la ventana o ahogarte...".

Era evidente que María había escrito esa carta en un arrebato. Lo más probable es que haya sido la respuesta a una carta de su madre donde nada más aparecían maldiciones. Sin embargo, doña Evangelia la envió a la redacción de la revista después de que la entrevistaron para ese número especial...

Los tormentos de una prima donna

Qué tanta enemistad ha de haberse formado entre madre e hija que en 1960, mientras María leía el periódico, se enteró que su madre había escrito un libro que se llamaba *My Daughter María Callas*, en donde la describía como una hija desalmada e ingrata. En cambio, ella era una pobre mujer herida y abandonada. El libro desató una cantidad de artículos críticos hacia María: ¿cómo era posible que una hija tratara de ese modo a su pobre madre, después de que se sacrificó tanto por su carrera artística?

"Evangelia, que había dejado su empleo en la joyería Gabor, vivía por el momento de los anticipos de su libro. Abrigaba grandes sueños de éxito, pero como María se negó a tragar el anzuelo o a hacer comentario alguno sobre el libro, se hundió éste tan pronto como la primera excitación pasajera del interés se apagara. '¿Dónde encontraré yo un marido adecuado?', había dicho Evangelia en una de sus entrevistas. 'No quiero casarme con un hombre sin dinero. Yo soy pobre, ¿por qué habría de ser pobre por partida doble?' La obsesión de Evangelia por el dinero, esa misma obsesión que había transmitido a sus hijas, traslucía inconfundiblemente. María comenzó a percatarse de que no podría vivir su vida tan decididamente. Siempre se consideró la víctima de su madre y de su infancia, de manera que siempre viviría obsesionada por ambas."

Un día que María se rehusó a darle dinero a su mamá, ésta la vio con toda frialdad de arriba abajo y le dijo derechito a los ojos: "Eres una hija malagradecida. Una hija avara. Pero todo se paga en la vida. Ojalá te dé un cáncer en la garganta".

En la primavera de 1962, doña Evangelia intentó suicidarse. Sobre la mesa del cuarto del hotel se encontró una carta con insultos para María, una carta para el público y pequeños regalos para sus amigos. Pocos días después de haber sido admitida en el hospital, el médico que la había tratado le escribió a María: "Su madre, la señora Evangelia Callas, fue traída al Roosevelt Hospital el jueves 26 de abril de 1962. Manifestó haber tomado una cantidad indefinida de soporíferos con la intención de hacerse daño [...] Su permanencia en el hospital fue satisfactoria y tenemos la impresión de que podría darse de alta el 29 de abril de 1962. Un psiquiatra la ha recibido en consulta: el doctor William Boyce, quien considera que aun cuando se trata de una personalidad inestable, es bastante aceptable devolverla a su ámbito natural".

Era evidente que esto lo hacía para "conmover a María", y así fue. Su hija se conmovió, le pidió a su padrino que la metiera en un asilo; y sin embargo nunca la fue a ver durante esa crisis.

No hay duda que los tres fantasmas que tuvo María Callas en su vida fueron: su obsesión por perder peso; su amor por Onassis; y el hecho de que no quería a su madre, así como su madre no la quería a ella. Este rechazo la marcó para siempre. De allí que siempre se sintió víctima en sus relaciones sentimentales. De allí que hubiera sido tan insegura. De allí que hubiera dependido tanto de la aprobación de Onassis. De allí que no hubiera podido manejar el mínimo rechazo.

Al día siguiente de la muerte de la Diva, la primera en presentarse para arreglar la herencia de su hija, fue doña Evangelia. A partir de ese momento, comenzaría una batalla por la fortuna de la Callas entre su exmarido Carlo Meneghini y su madre... Había dejado doce millones de dólares, más las futuras regalías de sus discos. Esta madre tan "sacrificada", ya sabía que se llegaban a vender hasta 750 mil ejemplares de las grabaciones de su hija tan "malagradecida e ingrata".

Pero todo este sufrimiento que le causó su madre no fue nada en comparación con el que le provocó Aristóteles Onassis, sobre todo cuando escuchó los primeros rumores a propósito de Jacqueline Kennedy.

"Nunca hagas escenas de celos, le decía Maggie van Zuylen [íntima de Coco Chanel], una de sus mejores amigas; especialmente cuando tengas motivo. Sé infiel. Las escenas de celos más grandes y más eficaces que puedas hacer consisten en tener una aventura lindamente conocida. Un hombre no puede seguir interesándose, especialmente en el aspecto sexual, en su esposa si la siente demasiado segura."

Pero María no era así. En ningún momento pensó en engañar a Ari. Estaba demasiado preocupada de perderlo. Veamos cómo analiza Arianna Stassinopoulos, la relación de la Callas y Onassis: "Siempre se preocupaba ella más por sus separaciones que él, y cuando se le olvidaban todos los buenos consejos de Maggie y se quejaba, era una víctima fácil para las tácticas de justificación y de intimidación que él empleaba. Había comenzado a adoptar un nuevo tono de propietario y de burla afectuosa que aumentaba en cuanto a burla y disminuía en cuanto a afecto. Lo que al principio sólo eran mordisquitos amorosos

comenzaron a doler y dejar cicatrices. La actitud tolerante y comprensiva de María está ampliamente determinada por la política, y por lo tanto, era extremadamente precaria. Cuando ya era demasiado para ella, estallaba. Salía de la pieza en que estaba él o de la mesa donde comían, y se iba a renegar a solas con el dolor que había causado la explosión. Tan pronto como él sentía que se retiraba, volvía a avanzar para reconquistarla y entonces todo estaba bien por una temporada, hasta que nuevamente desaparecía por días sin fin, a veces sin avisarle siquiera".

En otras palabras, él, Ari, era el que tenía el sartén por el mango. Y aunque esto lo sabía perfectamente María, prefería tolerarlo a aceptar la idea de que su relación se terminaba. Lo único que quería era casarse con Onassis y tener una vida tranquila y en paz.

¿Por qué estaba tan enamorada de un hombre tan vanidoso, arribista, resentido, sin escrúpulos y sin belleza alguna? La periodista española del periódico *El País*, Maruja Torres, se contesta: "Parece ser que era un superdotado en la cama. Se enamoraron, aunque más propio sería decir que fue Callas la que perdió el *oremus* al encontrar el *orgasmus*".

Sin embargo, era evidente que Onassis la utilizó para fortalecer su ego y presumir ante su rival de toda la vida, Niarchos, quien tenía menos éxito con las mujeres; se decía que les ponía unas tundas pavorosas. "La vanidad y la rivalidad de esos dos hombres, ambos paracaidistas en la comunidad de navieros griegos establecidos, hacía palidecer a cualquier rivalidad conocida entre primadonas en pugna. En ocasiones parecía que compraban sus barcos, escogían a sus amigos, cerraban sus tratos y se casaban con sus esposas con el único propósito de impresionarse mutuamente".

Corría el año de 1963, y la relación entre María Callas y Onassis iba empeorando de más en más. A principios de octubre, Ari invitó a Jackie a su yate "Christina". Ademas de los sesenta que siempre viajaban con él, incluyó a una masajista y a una orquesta. El "Christina" se había cargado con ocho variedades de caviar, frutas frescas enviadas desde París por avión, vinos de reserva y mucho, mucho salmón. La fotografía de Jackie radiante junto a un Ari muy calmado, recorrió el mundo. Un congresista republicano puso en tela de juicio la conducta de la esposa del presidente, mientras que en París, María se atormentaba con todos estos chismes y escándalos.

"Jackie tiene estrellas en los ojos... estrellas griegas", dijo un miembro del personal de la Casa Blanca cuando regresó Jackie el 17 de octubre. En cambio, los de María estaban llenos de flamas, provocadas por un fuego furibundo... Pero ella le había entregado su poder a Onassis y él, ahora que se sentía mucho más fuerte que los dos, estaba dictando las condiciones de la relación.

Y entre rupturas y reconciliaciones y más rupturas, llegó el verano de 1967. Éste era el último que pasarían juntos. En uno de esos días se enojaron tanto, que Ari le dijo algo que le recordó las cosas que solía decirle su mamá: "Tú no eres nadie. Nada más tienes un silbato en la garganta. Pero ¿qué pasa si un día de éstos se rompe?". Por cruel que hubiera sido, Ari tenía razón, ya que poco a poco y con tanto sufrimiento, a la Callas se le fue debilitando de más en más su silbato mágico, un silbato único, un silbato que hasta la fecha, más de veinte años después de que se calló para siempre, sigue provocando la admiración de todo el mundo.

Un año después, el 21 de octubre de 1968, María se enteró por la prensa que el día anterior, a las 5:30 p.m. en la pequeña capilla de Panayitsa (la pequeña Virgen), en Scorpios, donde le gustaba a María quedarse sentada sola en las tardes, un archimandrita griego ortodoxo de barbas había casado a Jackie Kennedy y Aristóteles Onassis.

Sufrió tanto María con este matrimonio que no hay palabras para describir su dolor. Lo único que podemos decir es que a partir de ese momento algo muy importante murió en María: la ilusión. Así de desencantada trataba de trabajar, de ver a sus amigos, de salir a las fiestas, pero no había remedio, María seguía pensando en Onassis, su único y verdadero amor.

En una ocasión dijo: "Quisiera ser María, pero ahí está la Callas que exige que yo muestre dignidad. Me gustaría pensar que las dos son realmente una sola, porque Callas también fue María alguna vez y me he puesto toda yo en ocasiones en mi música. Lo único que he sido siempre ha sido esto: auténtica. He trabajado con toda la honradez posible, y también María. Si alguien quiere comprenderme realmente, me encontrará toda en mi trabajo [...] Quizá al fin y al cabo no podemos separar a la Callas de la estrella de María, ambas están en armonía".

Una leyenda

*C*uenta la leyenda que los restos de Isadora Duncan (Irma Dorette Henriette Echrich Grimme, 1878-1927) yacen en la ciudad de México.

Dicen que después de muerta la bailarina, estrangulada con la mascada que llevaba al cuello, que se atoró entre los rayos del rin de la llanta del coche deportivo donde viajaba, un enamorado mexicano hizo traer sus restos para que se enterraran en el panteón de San Fernando.

Con relación a este admirador existen tres versiones.

Primera: muchos aseguran que un presidente mexicano de los años veinte, cuando en uno de sus viajes vio bailar a Isadora Duncan, quedó totalmente prendado de la artista. Según dicen, entre otras cosas debido a su investidura, jamás pudo manifestar abiertamente su amor por miedo al escándalo. Sin embargo, al enterarse de su muerte, él mismo se ocupó de todos los trámites para que el cuerpo de su amada fuera transportado a suelo mexicano. Todos los sábados, a las seis de la tarde en punto, llegaba frente a la tumba de Isadora, donde le dejaba, invariablemente, una rosa blanca.

Segunda: un banquero, de las más viejas familias mexicanas, había visto bailar a la artista en París durante una matiné dedicada a La Alegría, organizada por monsieur Lugné Poc a beneficio de las víctimas del terremoto sucedido en Messina, Italia, en 1909. Dicen que cuando la vio encarnar a Iphigènie, acompañada con la música de Gluck, el respetabilísimo millonario se enamoró de ella súbitamente. Las malas lenguas aseguran que incluso la invitó a pasar unos días en Venecia, donde pasearon su amor por los canales más secretos. Cuan-

do el banquero se enteró de la desaparición de Isadora, de inmediato viajó a Europa y convenció a los familiares de que le permitieran traer sus restos cerca de los volcanes que tanto amaba.

Tercera: esta última es quizá la menos creíble. Dicen que fue un poeta el que imaginó traer los restos de Isadora Duncan. Afirman que este poeta nada más la conoció en una fotografía de la revista *La Ilustración Francesa*, donde aparece la joven artista a los treinta y un años de edad en medio de las alumnas de su escuela de danza. Según dicen muchos, este poeta pidió que lo enterraran al lado de la tumba de su amada. Pero no hubo nadie que cumpliera su deseo, y el poeta fue sepultado en la fosa común, cerca de Xochimilco.

¿Cuál versión de estas tres será la verdadera?

Una conciencia lúcida

*D*ice haber nacido, en un romance: "donde los rayos solares me mirasen de hito en hito, no bizcos, como a otras partes". El día que vino al mundo, el 12 de noviembre de 1651, en San Miguel Nepantla, el Popocatépetl brillaba como si el cielo lo hubiera cubierto de diamantina. Esa mañana se escucharon cánticos maravillosos de los veintinueve conventos de frailes que había en la ciudad de México a mediados del siglo XVII. Entonces, la población de la ciudad era aproximadamente de unos veinticinco mil españoles y criollos y unos ochenta y tres mil indios, mestizos y mulatos. Hasta la fecha, no se ha encontrado un acta de bautismo con su nombre y los de sus padres. Esto es normal, porque en aquella época no se inscribían en actas los nombres de los padres de los hijos naturales.

Sin embargo, existe una fe de bautismo en la parroquia de Chimalhuacán, que dice que el 2 de diciembre de 1648 se bautizó a una niña con el nombre de Inés, hija de la Iglesia. Por si ustedes no saben qué quiere decir "hija de la Iglesia", les aclaro que significa "hija natural". Acerca de su madre, doña Isabel Ramírez de Santillana, se sabe que tenía seis hijos, cinco mujeres y un hombre, todos ellos naturales. Los tres primeros concebidos con Pedro Manuel de Asbaje, y los otros tres con el capitán Diego Ruiz Lozano. De Pedro Manuel de Asbaje y Vargas Machua, padre de Juana Inés, se sabe muy poquito. Sólo tenemos conocimiento de que era un caballero vizcaíno.

Quiere el saber

Muchísimo se ha escrito acerca de sor Juana, pero seguramente el que más se ha acercado a su alma, a su mundo y a sus circunstancias es Octavio Paz.

Prácticamente, todos los críticos católicos aseguran que Juana Inés optó por el convento por vocación religiosa. Paz nos dice que no está en duda su ortodoxia, pero que en esa época la vida religiosa era una ocupación como cualquier otra, así como hoy las mujeres estudian una carrera que les dé seguridad económica y prestigio social: "La vida religiosa, en el siglo XVII, era una profesión". Para el autor de *Sor Juana Inés de la Cruz o las trampas de la fe*, nunca buscó el matrimonio. Esta negación estaba ligada por el amor al saber: "No quiere casarse porque quiere saber. Quiere el saber". Y Octavio Paz se pregunta: "¿Podemos imaginarla en una casa con marido y niños?".

Sin duda, la poeta entendió muy pronto que su verdadero destino era el de las letras. "No podía ser ni letrada casada ni letrada soltera. En cambio, podía ser monja letrada." Además, se sabe de la gana de sor Juana de estar sola; durante toda su vida, vivió en su mundo y con su mundo. "Sola pero no solitaria"; siempre en comunicación intelectual con el mundo exterior.

En *Los empeños de una casa* se pinta a sí misma en el relato que hace doña Leonor:

> *Inclinéme a los estudios*
> *desde mis primeros años*
> *con tan ardientes desvelos,*
> *con tan ansiosos cuidados,*
> *que reduje a tiempo breve*
> *fatigas de mucho espacio.*
> *Conmuté el tiempo, industriosa,*
> *a lo intenso del trabajo,*
> *de modo que en breve tiempo*
> *era el admirable blanco*
> *de todas las atenciones,*
> *de tal modo, que llegaron*
> *a venerar como infuso*
> *lo que fue adquirido lauro.*

Según Paz, la lectura era una función reparadora para sor Juana; "el saber la limpiaba de su bastardía". No hay que olvidar que desde niña, los libros del abuelo fueron como las puertas de un mundo distinto al de su casa. Era tal su obsesión por aprender, que cuando era pequeña no comía queso porque le habían dicho que entontecía, "podía más en ella el deseo de saber que el de comer". Su enorme curiosidad se transformó en una verdadera pasión: "Estaban en mi presencia dos niñas jugando con un trompo, y apenas yo vi el movimiento y la figura, cuando empecé, con esta mi locura, a considerar el fácil motor de la forma esférica y cómo duraba el impulso ya impreso e independiente de su causa...", dice en *Respuesta a Sor Filotea de la Cruz*.

Octavio Paz insiste en decirnos que Juana Inés era linda y discreta, "su jovialidad, su gusto por el mundo, el placer que obtenía y daba en el trato social, su narcisismo y, en fin, esa coquetería que nunca la abandonó del todo". Sin duda, ha de haber sido muy seductora, ya que la misma señora virreina, doña Leonor Carreto, no podía vivir un instante sin su Juana Inés.

En 1667, sor Juana entró como novicia con las carmelitas descalzas. Sin embargo, muy poco tiempo después abandona el noviciado debido al asedio y las impertinencias de sus compañeras de encierro. Esto tal vez nos demuestra que sor Juana llegó a dudar para entrar o no al convento. Dos años después, el 24 de febrero de 1669, finalmente Juanilla tomó los hábitos en el convento de San Jerónimo. Iba a cumplir veintiún años.

"No es imposible que Juana Inés se haya enamorado mientras vivió en el palacio, pero ese amor, desventurado o feliz, no pudo ser la causa de su profesión. Ella estaba incapacitada para el matrimonio por la falta de dote, de padre y de nombre. ¿Por qué no aceptar lo que ella misma nos dice: que no sentía inclinación por el estado matrimonial? Hay que distinguir cuidadosamente, como lo hacía su época, entre amor y matrimonio. Nosotros tendemos a confundirlos, mientras que para Juana Inés y su siglo eran cosas distintas. Un amor en su situación no la podía llevar al matrimonio. Además de la carencia de dote y de padre, había otro impedimento: su nula vocación por el matrimonio. Hay que aceptar su confidencia. Sor Juana pertenecía a una clase de mujeres que, si pueden evitarlo, rehúyen el estado matrimonial", nos aclara Paz.

En un pasaje de la *Respuesta a sor Filotea de la Cruz*, sor Juana se refiere, a su modo, es decir, diciendo sin decir, a la razón por la cual entró al convento: "Entréme religiosa porque, aunque conocía que tenía el

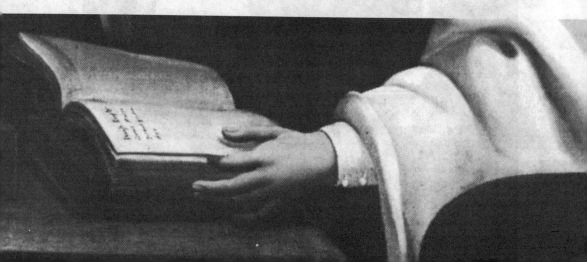

estado cosas (de las accesorias hablo, no de las formales) muchas repugnantes a mi genio, con todo, para la total negación que tenía al matrimonio, era lo menos desproporcionado y lo más decente que podía elegir en materia de la seguridad que deseaba de mi salvación; a cuyo primer respeto (como al fin más importante) cedieron y sujetaron la cerviz, todas las impertinencillas de mi genio, que eran de querer vivir sola; de no querer tener ocupación obligatoria que embarazase la libertad de mi estudio, ni rumor de comunidad que impidiese el sosegado silencio de mis libros".

Reinas de los conventos

¿Cómo era la vida de sor Juan en el convento? ¿Cómo se llevaba con las otras hermanas? ¿Cómo ocupaba su tiempo? ¿Cuántos conventos había entonces? ¿A quiénes mandaban a estos conventos? ¿Cómo eran las celdas de las monjas?

Dice el autor de *Las trampas de la fe*: "A fines del siglo XVII había en la ciudad de México, según Gemelli Carreri, quien estuvo aquí en 1698, veintinueve conventos de frailes y veintidós de monjas. La población de la ciudad era de unos veinte mil españoles y criollos y unos ochenta mil indios, mestizos y mulatos". En relación con las actividades de las monjas, el testimonio de Thomas Gage es sumamente revelador: "Los caballeros y venicos envían a sus hijas a esos conventos para que las eduquen; allí se les enseña a hacer toda suerte de conservas y confituras, toda clase de obras de aguja, todas las formas y estilos de la música, la que es tan exquisita en esta ciudad que me atrevo a decir que el pueblo acude a las iglesias por el placer de oir la música que por el de servir a Dios. Además, enseñan a esas niñas a representar piezas dramáticas y, para atraer a la gente, las hacen recitar ataviadas ricamente de hombres y mujeres, breves diálogos en sus coros [...] Las representaciones son tan galanas que ha habido muchas refriegas facciosas y contiendas individuales por disputar cuál de esos conventos sobresale en la música y en la educación de las niñas".

Para entrar a un convento se requería una dote que oscilaba entre tres y cuatro mil pesos. Además, era necesario tener unos padrinos que costearan los gastos de la comida y de las flores del día que profesaban, es decir, cuando dejaban de ser novicias para convertirse en monjas. Respecto del cupo de estos conventos, no deja de llamar la atención, aparte de las monjas, la cantidad de mujeres que los habitaban. "La población de los conventos estaba compuesta por las monjas, su servidumbre (criadas y esclavas), las 'niñas' y las 'donadas'. Las niñas eran jóvenes a las que su familia internaba, a veces por toda la vida; las 'donadas' eran mujeres que, sin profesar, habían resuelto recogerse en el sagrado de sus muros." Aunque usted no lo crea, querido lector, cada monja llevaba tres criadas. En algunos conventos, hasta cuatro. Éstas eran "las reinas de los conventos", título de un libro que un día me gustaría escribir.

En un libro de Josefina Muriel lleno de noticias preciosas, ella nos dice: "Las celdas eran individuales y en ocasiones tan grandes que dentro de ellas podía albergarse holgadamente una familia entera". Así como hoy se venden condominios horizontales, así, a fines del siglo XVII, en los conventos, se vendían y alquilaban las celdas. Paz dice que los recientes trabajos de reconstrucción del convento de San Jerónimo "han revelado que la mayoría de las celdas eran de dos pisos [como penthouse de las Lomas]". De ahí que el acta de venta de una celda a sor Juana, en 1691, indique que se vende "con sus altos y bajos". Además, naturalmente, cada celda tenía baño, cocina y una estancia, además de la habitación para dormir. ¿Qué tal? "Cada una de las grandes celdas albergaba a una religiosa, a la niña o niñas confiadas a su cuidado [de la monja], las criadas a su servicio y las favorecidas." A lo que Octavio Paz agrega: "Esta última categoría me laisse reveur".

La grilla entre monjas

Cada tres años, las monjas elegían por votación secreta a sus autoridades y dignatarias. Había una autoridad máxima, una vicaria, maestras de novicias, una portera mayor, dos o más correctoras (vigilantes), una procuradora (ecónoma), algunas definidoras, mismas que se ocupaban de casos difíciles, una contadora (tesorera), una archivista y una bibliotecaria. Sor Juana fue archivista y contadora. "La elección de las abadesas despertaba, como es natural, las pasiones entre las partidarias de las distintas candidatas. En los conventos había una vida política hecha de rebeliones, querellas, intrigas, coaliciones y represalias. Con frecuencia las monjas se quejaban ante el arzobispo y las otras autoridades eclesiásticas por las tiranías de esta o aquella abadesa." Imagínese usted la "grilla" que ha de haber reinado en esos momentos en los conventos. Que si ya nombraron a ésta; que si la otra grilló a la directora; que si sor Fulanita compró a sor Zutanita para que votara por ella; que si la niña se alió con la favorecida de sor Adelita; que si la criada de sor Asunción le contó a la de sor Celia lo que hacía por las noches en su celda; que si esto, que si lo otro, etcétera. Me pregunto si las "grillas" del siglo XVII no habrían sido del estilo de las que ahora se suscitan entre las mujeres priístas. Bueno, eran tan terribles las monjas de siglos pasados, que en 1701, dice Josefina Muriel, "hubo un motín de monjas en el convento de la Inmaculada Concepción contra la abadesa a la cual querían matar". Sin duda, la violencia física no era desconocida; aparte de los castigos y atentados corporales, incluso hubo el caso de una monja asesinada por sus hermanas (¿?)...

Para la mayoría, "la vida conventual será semillero de chismes, intrigas y conjuraciones: todas las variedades de la pasión cabalista, como llamaba Fourier a ese amor por el poder que nos lleva a formar camarillas y bandos". A veces, el ambiente en esos conventos era tan asfixiante, que la misma sor Juana se llegó a quejar mucho de las intrigas y envidias de sus hermanas; "es casi seguro, además, que su renuncia a las letras haya sido el resultado de una cábala clerical en su contra", escribe Paz.

Sólo una conciencia lúcida

La monotonía de su régimen llama verdaderamente la atención. El mismo Paz se pregunta cómo no enloquecían todas. "Para ciertas naturalezas poco sólidas, el tedio y las largas horas de ocio fomentaban delirios mórbidos, fantasmagorías y no pocas veces disgusto y horror por sus hermanas y por ellas mismas." Sus actividades eran más o menos como éstas: se despertaban a las seis de la mañana con los rezos de la "prima". En seguida, venía la misa (obligatoria). A las ocho, el desayuno: pan, huevos, leche, mantequilla. A las nueve, los rezos de la "tercia". Después, trabajos en común. A las doce, los rezos de la "sexta", y a continuación, la comida. No obstante no estaba

permitido, comían en su celda: carne (salvo los miércoles). A las tres, la "nona", y después, con seguridad, dormían una siestecita. Al caer la tarde, había una colación de conservas o frutas. A las siete, en el coro, las "vísperas". En seguida venía la cena, la recreación, los rezos y a la camita.

Aunque las religiosas de San Jerónimo llevaban "vida particular", se veían constantemente unas a otras en sus celdas. A veces, estas visitas a sor Juana la abrumaban a tal punto, que escribió: "Como estar yo leyendo en mi celda y antojárseles en la celda vecina tocar y cantar; estar yo estudiando y pelear dos criadas y venirme a constituir juez de su pendencia; estar yo escribiendo y venir una amiga a visitarme, haciéndome muy mala obra, con muy buena voluntad, donde es preciso no sólo admitir el embarazo, pero quedar agradecida del perjuicio. Y esto es continuamente...".

Con razón Octavio Paz escribió: "Sor Juana fue 'humana, demasiado humana', no en el sentido trágico de Nietzsche, sino en su decisión de no querer ser ni santa ni diabla. Nunca renunció a la razón aunque, al final de su vida, la hayan obligado a renunciar a las letras. Si no la sedujo la santidad, tampoco sintió el vértigo de la perdición. Mejor dicho, como todos los seres superiores, sufrió las dos tentaciones: la de la elevación y la del abajamiento, pero resistió. No quiso ser más de lo que era: una conciencia lúcida".

Ojos de una novia triste

$\mathcal{D}$ ice el poeta que tenía unos ojos "inusitados de sulfato de cobre", que se llamaba María y que vivía en San Luis Potosí, en un suburbio cerca de la estación de ferrocarriles. "¿Qué noviazgo puede ser duradero entre campanadas centrífugas y silbatos febriles?", se pregunta Ramón López Velarde en el poema que le dedicó, "No me condenes." Pero a pesar de que María Nevares nunca se casó con él, no obstante que se trataba de "la mujer que había de ser el segundo y más humano de sus amores", estamos seguros que nunca lo condenó. Bueno, decir "nunca" quizá resulte aventurado; en realidad, ignoramos lo que pudo haber pensado María durante tantos años, sumida en sus soledades, mientras a lo lejos oía, seguramente, pasar a los trenes.

En su libro *Tres poetas católicos*, Gabriel Zaid escribe que López Velarde conoció a María en la casa del senador porfirista don Francisco Albistegui, en San Ángel, y que a este último lo conoció gracias al que entonces era "pasante de leyes", don Manuel Gómez Morin.

"Ramón quedó vivamente impresionado por los extraños ojos de aquella muchacha, con quien había de tener una muy larga correspondencia, que abarca desde el año de 1912 hasta 1921, cuando murió el poeta."

En ese momento, el estado anímico de López Velarde no era muy bueno que digamos. Se acababa de enterar de que no le darían el puesto judicial que esperaba en la capital, y que creía merecer absolutamente, ya que había sido uno de los defensores de Madero, cuando estuvo preso. Decide entonces regresar a San Luis Potosí a su juzgado. Ahí, debajo de un farol, muy cerquita de la casa de María, lo espera el destino que los uniría y a la vez los separaría.

Cincuenta años después, María, la de los ojos color sulfato de cobre, fue entrevistada por Joaquín Antonio Peñalosa, poeta, crítico y sacerdote potosino. La entrevista se publicó en *El Sol de San Luis* ("La novia potosina de López Velarde", el 26 de enero de 1971). Más tarde Gabriel Zaid la da a conocer en la revista *Vuelta*, para después incluirla

en *Tres poetas católicos*. La última vez que se vieron María y Ramón fue el 10 de enero de 1914. Ese día, después de haber ido a la oficina de telégrafos, donde puso un telegrama para avisarle a su madre de su viaje a la ciudad de México, se fue con Melchor Vera a la estación Colonia a comprar su boleto de tren. Al pasar cerca de la casa de María, le pidió a su amigo que lo esperara un ratito.

Dice Peñalosa que, al acercarse a las ventanas, que miraban hacia al poniente, María hizo reverberar su espejo "contra la lumbre vesperal, lanzando sobre su novio la burlona agresión del 'cardillo'". Lo más probable es que, en esos momentos, María ignorara por qué había ido a verla Ramón. Pero cuando se enteró que era para despedirse de ella, se molestó. Pero ¿cómo no iba a estar molesta? Para entonces ya se había enterado de los "galanteos" a Teresa Toranzo, a Genoveva Ramos Barrera, a las Susanas Jiménez, una de San Luis y otra de Jerez. "Y si eso era en ciudades chicas y pueblos rabones, ¿qué no sucedería en un México?" El diálogo que tuvieron fue brevísimo. Una vez que terminó las ventanas se cerraron. Cuando Melchor Vera, que esperaba en la esquina, vio llegar a su amigo pálido y cabizbajo le preguntó: "¿Qué te sucede Ramón?". A lo que lacónico contestó: "Hemos terminado".

Me quiero imaginar cómo se quedó María después de esa entrevista tan abrupta. Seguramente se le nublaron los ojos, azules. Seguramente de ellos salían lágrimas del mismo color. Tantas que, seguramente, empezaron a inundar su recámara pintándola toda de azul añil. Seguramente su corazón se le hizo añicos, junto con el espejo con el que había querido deslumbrarlo. ¡Pobre María!, y ahora ¿qué haría con toda esa tristeza que le dejaba su novio? ¿Dónde diablos la guardaría para no sentirla? Ella no era poeta para poderla vertir en algún poema. Por añadidura, en ese momento ya estaba casi para vestir santos. Y por más que le rezara a su Sagrado Corazón, de quien era tan devota, sabía que Ramón ya no regresaría; sólo una vez, en 1921, nada más para darle el pésame por la muerte de su padre.

¡Pobre María, y ahora qué haría con todo el amor que le había inspirado el poeta! ¿Dónde lo ocultaría para no padecerlo? Dicen que se entristeció tanto María que los ojos se le pusieron verdes, de un verde limón agrio; que ya no iba a la plaza de armas de San Luis para no acordarse de su primer encuentro; y que, cada vez que escuchaba el tren, se le encogía el corazón, al pensar que quizá en uno de sus vagones hubiera podido encontrarse su poeta.

Dice Guillermo Sheridan, en su libro *Un corazón adicto: la vida de Ramón López Velarde*, que el poeta se sintió culpable ante "este nuevo pecado". No hay duda que a María la había llenado de ilusiones. De ahí, quizá, que le escribiera el poema "No me condenes", tan lleno de remordimientos y símbolos:

> *María se mostraba incrédula y tristona:*
> *yo no tenía traza de una buena persona.*
> *¿Olvidarás acaso, corazón forastero,*
> *el acierto nativo de aquella señorita*
> *que oía y desoía tu pregón embustero?*
>
> *Su desconfiar ingénito era ratificado*
> *por los perros noctívagos, en cuya algarabía*
> *reforzábase el duro presagio de María.*
>
> *¡Perdón, María! Novia triste, no me condenes:*
> *cuando oscile el quinqué y se abatan las ocho,*
> *cuando el sillón te mezca, cuando ululen los trenes,*
> *cuando trabes los dedos por detrás de tu nuca,*
> *no me juzgues más pérfido que uno de los silbatos*
> *que turban tu faena y tus recatos.*

Y María no nada más se quedó tristona, también para vestir santos. Sin embargo, no estaba sola en la vida. Tuvo la sabia idea de adoptar a dos niñas, mismas que le dieron muchos nietos. Aparte de cuidar a sus niñas, ¿qué hacía María en esas tardes potosinas para no morir de tristeza? Tomaba clases de pintura con las señoritas Cabrera; tocaba piano; cantaba canciones zacatecanas; viajaba a México a casa de su tía; pintaba flores y biombos de terciopelo de color negro; lloraba la muerte de su hermana Patrocinia; le rezaba a su crucifijo lleno de blancura y de dolor que se trajo de Chihuahua; leía los versos de Ló-pez Velarde; cosía en su máquina Singer; platicaba con el sastre, el re-lojero, los pintores de enfrente de su casa, las señoritas que vendían es-tambre y el padre Ortega; pero a lo mejor lo que más hacía era extrañar a Ramón.

Ochenta años tenía María Magdalena Nevares Cázares cuando fue a verla el padre Peñalosa a la calle de Julián de los Reyes 345, en la zona comercial de San Luis Potosí. Entonces tenía el pelo completa-mente blanco (nunca se lo pintó), pero, eso sí, sus ojos seguían "inusi-tados de sulfato de cobre", es decir, más azules que el mismo azul del mar. Escuchémosla:

"No, no soy potosina. Soy de la Sierra Madre de Chihuahua, de Guadalupe y Calvo; ahí había casa de moneda. Pero me vine muy chi-ca a San Luis. Nomás considere. Adopté a dos niñas, que son mis hijas; se casaron. Buenas como usted no se lo imagina. Sus niños me dicen 'abue'.

"¿Que si fui novia de Ramón? Muchachadas. Así eran los no-viazgos de entonces. Una vez me mandó regalar flores con un mucha-chito. Nunca me escribió con versos. Cartas, sí. Serían unas cinco o seis [en realidad, la correspondencia abarcó desde 1912 hasta 1921]. Rompí las cartas hace mucho tiempo. Yo dije, para qué las guardo. Cosas de juventud. Eran cartas breves. Yo siempre las contestaba. Lo trataba con respeto, él era un hombre muy ilustrado. Era muy platicador, me visi-taba con mucho respeto. Me trataba con mucha seriedad. Era muy in-teligente, mucho. Platicábamos. Qué será, me decía, yo te quiero y se lo he dicho a mis familiares. Bueno, no al principio, sino cuando ya me empezó hablar de tú.

"¿Que qué pasó cuando Ramón se fue de San Luis Potosí a Mé-xico? Yo viajaba mucho a México. Iba a casa de mi tía Donaciana. Le decía Chanita. Ella se apellidaba Nevares de Albistegui. Mi tía era muy sociable, era de las familias que figuraban. Tenían su casa en San Ángel. Un día salí y Ramón se fue detrás de mí. Salió mi tía al balcón. 'Oye, quién es ese joven alto que venía detrás de ti. Es un joven que se llama Ramón López Velarde. Pues te prohibo que salgas sola.' Manuel Gómez Morin y Ramón tenían oficina juntos. Ramón pasaba seguido frente a la casa. Una vez mi tía le preguntó a Manuel. Éste que pasa y pasa, quién es. Es un amigo que vive conmigo y conoce a la señorita desde San Luis, y quiero presentárselo. Él la quiere. Pásalo. Ya entró, ya pasó. Mi tía vio que se trataba de un hombre serio. Esto sería como en diciembre de 1911.

"¿Que cómo era Ramón? Era alto, delgado, le diré a usted, un joven sano, a mí se me hacía muy guapo. Ramón era muy estudioso. Era más bien serio. Que anduviera con risas, no, era muy formal. Religioso, cómo no, de muy bonitas ideas, un hombre que le gustaba todo lo bueno, menos yo. Siempre me di a respetar para darle a conocer mi carácter. Su voz, era una voz de un joven educado, y su conversación muy agradable. Una vez me dijo, por qué será que te quiero y tengo tus ojos toda la vida en el cerebro y no te los dejas ver."

Dice el padre Peñalosa que cuando se despidió de ella, apoyada en su bastón, agachadita de años, con los ojos húmedos de luto, le abrió la puerta y le dijo: "No deje de volver".

Seguramente, esa misma tarde María Nevares fue a buscar su libro y leyó con su mirada azul:

> *Yo tuve, en tierra adentro, una novia muy pobre:*
> *ojos inusitados de sulfato de cobre.*
> *Llamábase María; vivía en un suburbio,*
> *y no hubo entre nosotros ni sombra de disturbio.*
> *Acabamos de golpe: su domicilio estaba*
> *contiguo a la estación de los ferrocarriles,*
> *[...]*
> *El reloj de su sala desgajaba las ocho;*
> *era diciembre, y yo departía con ella*
> *bajo la limpidez glacial de cada estrella.*
> *El gendarme, remiso a mi intriga inocente,*
> *hubo de ser, al fin, forzoso confidente.*

Estoy segura que si María viviera, probablemente le escribiría una carta de amor y en ella tal vez le diría algo como: "Querido amigo: Quiero decirle que nunca lo he condenado. Al contrario, cada vez que lo recuerdo siento que mi corazón palpita al mismo ritmo que solía hacerlo cuando me visitaba en mi casa cerca de la estación de los ferrocarriles. Siempre que paso por la plaza de armas me acuerdo de nuestro primer encuentro.

"¿Recuerda que aquel día me trajeron a dar la vuelta a la plaza? Ha de haber sido mi mamá, porque mi hermana no: nos traía mi mamá. Entonces ponían sillas, había música desde temprano. Sería como las cuatro de la tarde. ¿Se acuerda? Porque, noche, no nos dejaban andar en la plaza. Usted se quedó viéndome. No platicamos. Nomás nos vimos. Todavía recuerdo su mirada y me dan ganas de llorar. No, no lo condeno. Con el tiempo he aprendido a comprenderlo. Como escribe José Luis Martínez, al hablar de usted: 'No fue un triunfador ni un héroe. Con gesto tímido afrontaba los riesgos del mundo y entregaba su corazón a un juego de eternas pérdidas y frustraciones; veía con ojos de azoro los excesos y los prodigios del tiempo y seguía sintiéndose criatura de Dios que sufría en su conciencia y en sus sentidos el peso del misterio de la existencia y la angustia de las postrimerías. Y, hasta el final de sus breves años, fue de la índole de los enamorados y de los perpetuamente maravillados por el prodigio del mundo. Nada me desengaña, el mundo me ha hechizado, pudo repetir con Quevedo'.

"No obstante todos mis años, continúo hechizada por usted.

"No, Ramón, no lo condeno. Es más, por todo el bien que le ha hecho a tantas generaciones de enamorados, incluyéndome a mí, lo perdono. Muchas felicidades por su cumpleaños. Lo sigue queriendo por la bondad de su alma, su amiga, María, la de los ojos 'inusitados de sulfato de cobre'."

UNA YEGUA DE OJOS VERDES

"*C*ompañeras del pasado más blanco y tierno de mi vida, sed generosas para perdonar mis limitadas dotes de escritora. No pretendo más que tratar de poner ante vuestra mente y ante vuestro corazón, la presencia perdurable del Colegio Francés. En este México nuestro, o en cualquier país lejano; en cualquier situación social en que te encuentres: si la vida te ha sido magnánima, y eres de sus predilectas, recurre a tu fantasía; ponte tu uniforme del Colegio Francés y entra en él. Si tú no eres de las predilectas, si quizá de las olvidadas, con fantasía más ardiente aún, borra por un momento tus amarguras, ponte tu uniforme del Colegio Francés y ven conmigo", escribió hace muchos años Dolores Tovar, una exalumna, en el anuario *Entre Nou*.

Permítanme decirles que yo ya me puse mi uniforme del Colegio Francés para llevarlos hasta el año de 1903. Sí, el mismo uniforme que llevaba en primero de secundaria. Como Dolores Tovar, yo también fui una "yegua fina", como nos llamaban a las alumnas de este colegio. ¿Por qué así nos llamaban? Se dice que, como era un colegio donde se hablaba exclusivamente francés, los jóvenes de los años veinte decían: "Vamos a la salida del Colegio Francés para ver a las jeunes filles". Muchos de ellos no pronunciaban bien lo de jeunes filles, lo que hizo que el vocablo degenerara hasta llegar "a las yeguas finas".

Mon enfant

El Colegio Francés lo fundaron a fines del siglo pasado las monjas de la congregación de Saint Joseph que vinieron de Lyon, Francia. Después del Sagrado Corazón, el Francés era uno de los colegios más exclusivos para niñas bien con padres de la alta burguesía (porfirista) o que eran importantes empresarios. A partir de los cuarenta, la Dirección del Colegio, en combinación con la Junta de Padres de Familia, hace algunas concesiones en las inscripciones y empieza a aceptar niñas bien hijas de políticos, siempre y cuando sus papás no estuvieran di-

vorciados. Como ejemplos: fueron alumnas desde Lolita Asúnsolo (Dolores del Río) hasta Beatriz Alemán, cuando su padre fue presidente de la República. Las monjas francesas del Colegio llamaban a sus alumnas "mon enfant", "ma petite" o "mademoiselle". Todavía algunas exalumnas de más de ochenta años recuerdan a Madame Ambroisine, por sus excelentes clases de Historia General: "Transportada de emoción, con un ardor patrio como jamás lo he visto sino en la raza francesa, Madame engrandecía su pequeña figura con sus frases y ademanes, radiantes de admiración hacia Carlos Martell, Juana de Arco, la época de Luis XIV; pero como en ningún otro caso, aquella figurita delicada tomaba proporciones de energía increíble al abordar el tema napoleónico".

Desafortunadamente, mi uniforme ya se ve un poquito gastado. El cuello, cinturón y puños en tela de cuadrille blanco ya están medio percudidos. Pero no vayan a creer que yo era alumna del Colegio en la época a la que los invito. No, de ningún modo. Este uniforme que traigo puesto data de 1962; por eso su azul marino ya se ve medio brilloso, como si lo hubieran planchado miles de veces o llevado a esas tintorerías que había en la colonia Cuauhtémoc.

Debo reconocer que, a estas alturas del partido, el uniforme me queda un poquito apretado. Incluso, el cinturón ya no me cierra. Me vi obligada a sujetármelo con un enorme alfiler de seguridad para evitar que se me cayera.

Pero no importa; ya enfundada en él me siento mejor preparada para llevarlos hasta la calle de San Cosme número 33, sitio donde se encontraba ubicado el colegio. (A mediados de la década de los cincuenta, cambió de domicilio a la calle de Colegio en Jardines del Pedregal de San Ángel, lugar donde actualmente todavía se encuentra.)

Pelo rubio y trenzas

Bueno, recuerden que estamos en 1903. Entremos, pues, por el patio principal, allí donde se encuentra la Dirección, el ala de las habitaciones personales de las monjas y la capilla. Si se fijan bien, su construcción es del mismo estilo morisco que el quiosco de la alameda de Santa María. Vengan, síganme por favor. No se olviden que yo soy su guía. Sin mí, podrían perderse y terminar en los sótanos donde dicen que hay fantasmas. Procuren permanecer cerca de mí. Un momentito, por favor, esperemos a los que todavía están hasta el fondo del patio. Bueno, ya que estamos todos reunidos, los invito a conocer el salón de quinto de primaria. En el camino, cruzaremos por el patio del recreo. Miren, qué bonitas jacarandas en flor tiene. Claro, como estamos en primavera. ¿Ven ustedes aquella monja que tiene la mantilla negra y que lleva unos cuadernos bajo el brazo? Sí, aquélla que camina muy cerca del Salón de Actos. Pues es precisamente Madame Ambroisine. Fíjense cómo su mantilla enmarca su rostro pálido, que parece cubierto por una nubecilla gris tomada de los cabellos que escapan de su minúsculo chongo. Sus alumnas dicen que esta madre es una verdadera santa, que porque no conoce lo que es la maldad.

Pero continuemos por favor. Apurémonos. ¿Ven aquella puerta a un lado de la columna cubierta de hiedra? Es justo allí. Permítanme abrirla con mucho cuidado para no hacer ruido y distraer a las alumnas. Les suplico que entren al salón, pero en absoluto silencio. Shsshssh.

Diríjanse por favor hacia el fondo del salón, de modo que nos poda-
mos acomodar sin molestar mucho. Estamos en clase de Grammaire.
La monja que está delante del pizarrón se llama Madame Marie Louise.
Las niñas están haciendo un ejercicio de redacción; el tema es: "Sus
sentimientos más profundos". ¿Ya están todos? Bueno. ¿Ven ustedes a
aquella niña que está en el cuarto pupitre de la primera fila? ¿La ven? Es
la que tiene el pelo muy rubio, peinado con dos trenzas muy gruesas.
¿Ya la identificaron? Pues bien, esa niña se llama Carmen Mondragón.
Es hija de Manuel Mondragón, egresado del Colegio Militar. Saben, el
que era experto en diseño de artillería. Además de haber inventado
una carabina y un fusil automático capaz de matar hasta veinte con una
sola carga, Manuel Mondragón combatió después en el frente made-
rista y fue asesor de Francisco I. Madero en febrero de 1913, y fue el que
inició el cuartelazo de La Ciudadela, que provocó la caída y el asesina-
to del presidente Madero, para después convertirse en secretario de
Guerra y Marina con el gobierno de Victoriano Huerta.

De la madre de Carmen, Mercedes Valseca, se sabe muy poco.
Parece ser que fue una señora muy especial, sumamente pretenciosa y
rígida.

Un verde extrañísimo

Ahorita que deje de escribir la niña, les pido que por favor la
observen con cuidado. Miren, ya levantó la cara y está mirando hacia
la ventana. Seguramente está tratando de concentrarse lo más que
puede. ¿Qué es lo que ven? Unos ojos extraordinarios, ¿verdad? ¿Acaso habían visto unos iguales? Fíjense por favor en su color. Son de un
verde extrañísimo. Si ponen atención, verán que a pesar de que son los
ojos de una niña de apenas diez años, su mirada es tan triste como la
de una mujer que sufre. Se diría que han llorado mucho. ¿Por qué se
verán así? ¿En qué soñarán cuando sueñan? ¿Qué hay detrás de esa
mirada tan profunda y melancólica? ¿Por qué cuando miran parece
que se van a deshacer de angustia? ¿Qué saben estos ojos de niña rica,
mimada por nanas y un padre que la adora? ¿Por qué Dios quiso ilumi-
nárselos de un verde tan doloroso? Elena Poniatowska escribió que
"tenía el mar en los ojos, no cabe la menor duda. El agua salada se movía dentro de las dos cuencas y adquiría la placidez del lago o se en-
crespaba furiosa, tormenta verde, ola inmensa, amenazante. Vivir con
dos olas de mar dentro de la cabeza no ha de ser fácil".

Bueno, ¿pero ya se fijaron que además es una niña muy bonita? ¿No creen que vestida así, con su uniforme, de cuello, cinturón y puños blancos, con sus moños azul marino en esas trenzas tan doradas y su fleco tan bien recortadito, no creen que Carmencita parece un ángel? Pues fíjense ustedes que esta niña, además de ser excepcionalmente sensible e inteligente, es muy precoz. Cuando Madame Marie Louise, que la conocía como la palma de su mano, hablaba de ella con las otras monjas decía: "Carmen Mondragón es una niña extraordinaria. Todo lo comprende. Todo lo adivina. Su intuición es pasmosa. No obstante nada más tiene diez años, habla francés como yo. Escribe las cosas más

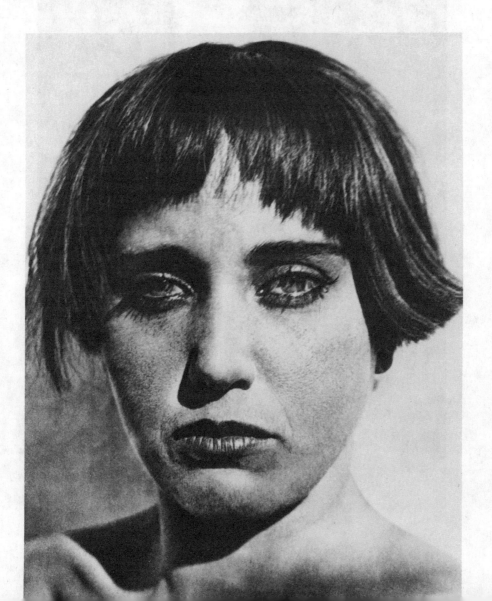

extrañas del mundo, algunas completamente fuera de nuestra disciplina religiosa. Hay en esta niña un sentimiento extraño de desesperación por haber venido a este mundo con un deseo de morir engendrado por la opresión de las cosas terrenales, incapaces de contener, de comprender la gran inteligencia de la que ha sido dotada".

Volcán de pasiones

Todo esto decía la monja porque, sobre todo, la advertía diferente a las demás. Bueno, pero mírenla cómo se aplica al escribir su ejercicio. ¿Les gustaría saber qué es lo que escribe? Bueno, incurramos en una pequeña indiscreción. Dejen asomarme por encima de su hombro para leerles lo que dice su cuaderno. Veo una escritura típica de colegio de monjas, muy picudita y bien formada. Y leo: "Soy un ser incomprendido que se ahoga por el volcán de pasiones, de ideas, sensaciones, de pensamientos, de creaciones que no pueden contenerse en mi seno, y por eso estoy destinada a morir de amor... No soy feliz porque la vida no ha sido hecha para mí, porque soy una llama devorada por sí misma y que no se puede apagar, porque no he vencido con libertad la vida teniendo el derecho de gustar de los placeres, estando destinada a ser vendida como antiguamente los esclavos, a un marido".

¿Verdad que resulta increíble que a esta edad se puedan escribir cosas así? Ella podía.

En una ocasión, después de que su madre la regañó, escribió: "Ahora que siento y sufro y soy sensible a todo, tengo sed de todo lo que es bello, grande y cautivador. Con un ardor extremado, una ilusión loca de juventud y de vida: quiero hacer vibrar mi cuerpo, mi espíritu hasta sus últimos sonidos".

Deben de saber que esta niña tan original, con el tiempo, se convirtió en una mujer extraordinaria que todo el mundo conoció como Nahui Olin. Veintiún años después de que escribiera ese pequeño texto en clase de Grammaire, una editorial se lo publica en 1924, en un libro que se llama: *A dix ans sur mon pupitre*.

Pour l'amour de Dieu

Ahora, si me permiten, salgamos del salón de quinto año y dejemos trabajar a estas alumnas tan obedientes y a su maestra, Madame Marie Louise. Antes de salir del Colegio, les pido de favor que me den tiempo para quitarme el uniforme en uno de los baños. No me tardo nadita. Por lo pronto, ya no lo necesitaré. Lástima, porque ya me había vuelto a encariñar con él. Como bien escribió Dolores Tovar: "Compañera del Colegio Francés, conserva tu uniforme y sácalo con frecuencia y póntelo, yo te aseguro que da bienestar; es como un remanso. Cuando tu corazón se sienta angustiado y sienta que la fatiga de la vida entra en el mundo del intangible pasado, ponte tu uniforme y sé 'la petite de Madame Ambroisine'".

Créanme que si no fuera porque tengo que acompañarlos hasta la salida, me regresaría feliz de la vida al salón de quinto año para platicar con Madame Marie Louise. Le preguntaría por mi mamá, que por cierto fue una excelente alumna, por mi tía Guillermina y por Cristina. Seguramente le terminaría confesando que en 1962 me corrieron del Colegio. Bueno, pero ésa es otra historia.

Despidámonos pues del Colegio Francés y salgamos por donde entramos. Lo único que les puedo decir, antes de separarnos en la calle de San Cosme, es que seguramente nunca se imaginó Madame Marie Louise que una de sus exalumnas más inteligentes, como fue Carmen Mondragón, acabaría su vida pidiendo limosna en francés a las afueras del Sanborns de Madero: "Je vous en prie. Pour l'amour de Dieu, j'ai besoin d'un peu d'argent", decía esta yegua fina de ojos verdes, al tiempo que mostraba a los peatones fotografías suyas desnuda.

Bailando con Fred en el cielo

ermítanme contarles un sueño extrañísimo que tuve hace unos días. Me encontraba sola en el palco de un teatro estilo muy los veinte. Un teatro que aparentemente estaba vacío. Todo se veía oscuro y reinaba un silencio aterrador. De pronto, se prendieron las luces del escenario. Y por detrás de una cortina de terciopelo guinda, apareció una mujer muy bonita. Era rubia, alta y muy delgada. Llevaba puesto un vestido muy entallado de lamé dorado. Después de verla con cuidado con mis gemelos, me di cuenta de que la que estaba allí era nada menos que Ginger Rogers. ¡Sí! Se los juro que era ella. No lo podía creer. Allí estaba, frente a mí, esa maravillosa actriz. ¡Cuántas veces no la había admirado bailando con Fred Astaire! No me lo van a creer pero de repente miró hacia donde me encontraba y me preguntó: "Por qué? ¿Por qué te has portado así conmigo?"."¿Yo? Pero si yo no le he hecho nada a usted. ¡Al contrario!, siempre la he admirado. Créame que sería incapaz... ¿Cómo hubiera podido molestarla si desde hace años soy una de sus fans más entusiastas? ¿Sabe que desde que yo era niña veía sus películas? No sé si he visto las setenta que llegó a filmar pero, eso sí, la decena que hizo con Fred Astaire. Ésas sí las vi todas. Me las sabía de memoria. No sabe cómo me hacían ilusión. ¡Cuántas veces no me puse frente al espejo tratando de bailar como lo hacía usted! Claro que nunca lo logré. Su talento era inimitable. Es más, hasta la fecha, cuando exhiben en el canal 11 alguna de sus películas, la veo feliz de la vida."

Ginger Rogers me escuchaba con mucha atención. De vez en cuando me sonreía. Su dentadura se veía perfecta. Sus labios pintados eran de un rojo intensísimo. Curiosamente, tanto su voz como la mía se oían con muchísima claridad. "Bueno, pero si me admiras tanto como dices, ¿por qué, entonces, te portas así conmigo?", me preguntó abriendo sus ojos azules, azules. "Ay, ¿cómo, Ginger? Dime, por favor, ¿de qué manera me he portado mal contigo? ¿Qué te he hecho?", le dije angustiadísima. "¿Cómo que qué has hecho? ¿Te das cuenta? No obstante que ya no me encuentro en la Tierra, no me has dedicado ninguno de tus textos. ¿Cómo crees que debo interpretar esa omisión? ¿Tú crees que no siento horrible? ¿Por qué, eh?" Y al hacerme esta pregunta puso el rostro entre las manos y se puso a llorar. ¿Se imaginan lo que sentía en mi sueño de ver a Ginger Rogers llorar de esa manera? No saben la tristeza que sentí en esos momentos. De inmediato, quise pararme de mi asiento y correr hacia ella para consolarla pero no pude. Estaba completamente pegada a la silla. Por más que intentaba separarme de mi asiento, menos lo lograba. ¡Créanme que era una sensación horrible! Una sensación de absoluta impotencia. "Ay, Ginger, por favor no llores así. Te prometo que mañana te escribiré un texto. No era mi intención ofenderte. Tienes razón. Fui una tonta. Una desatinada. Ruego me disculpes. Pero ahora, por favor, permíteme remediarlo. Seguramente, entre los lectores tienes muchos admiradores. Acepta mis más sinceras disculpas." Y al decir estas palabras, la actriz sonrió de oreja a oreja. Se veía tan bonita. "Muy bien —me dijo—, te agradezco mucho. Ahora, darling, permíteme contarte un poco acerca de mi vida, para que tú, a su vez, puedas contársela a tus lectores."

"Llegué al mundo hace muchos, muchos años. Nací el 16 de julio de 1911 en la ciudad de Independence, en Missouri. ¿Sabías que allí nació el presidente Harry Truman? ¿No sabías? Bueno, pues allí nació. Mi madre me bautizó con el nombre de Virginia Katherine. Entonces ella estaba en el show business. Pero no era actriz. Hacía guiones y además era crítica de teatro. Era una mujer admirable pero demasiado autoritaria. Tenía mucho carácter y era muy intensa. Tan intensa que terminó divorciándose de mi padre. A él prácticamente no lo conocí. Pero esta ausencia no sé si me afectó mucho. Mi madre era tan fuerte, divertida y creativa, que supo, con mucha sabiduría, suplir al padre ausente. Bueno, pues desde que era muy niña tomé clases de baile. ¡Me encantaba! Más que caminar, más que comer, que platicar, que estudiar, lo que me gustaba era ¡bailar! Ya desde entonces, el baile era para mí como una droga. Es decir, que en ese momento me olvidaba de todo, de absolutamente todo. Me podía quedar horas y horas frente al espejo bailando charleston, tap, rumba... ¡en fin!, lo que fuera. Fíjate que cuando tenía cinco años hice un anuncio publicitario en Kansas City. A los seis, la misma productora que me contrató me llevó a Hollywood. Nunca olvidé esa experiencia. A pesar de que era la primera vez que me separaba de mi madre, no la extrañé. Estaba feliz en Hollywood... Lo quería ver todo, descubrir a todos los actores. Después, mi mamá y yo nos fuimos a vivir a Nueva York. Allí se volvió guionista de la Fox Pictures. Como te decía, entonces yo tenía seis años. Bueno, pues fíjate que allí en Nueva York me ofrecieron mi primer papel para el cine. 'Por favor, mami', le suplicaba para que me diera permiso. Pero no aceptó. 'No, Ginger (ella fue la que me puso ese nombre), todavía no estás en edad. Comprende, aún eres una niñita que necesita mucha protección. Ya tendrás tiempo para hacer cine.' Aunque esta decisión me entristeció mucho, me consolé con mis clases de baile y de canto. Y entonces, bailaba y bailaba. Bueno, pues los años pasaban, mi mamá trabajaba y yo mientras bailaba. Y bailando el tiempo, porque, en mi caso, tú comprenderás que no anda sino que baila, cumplí catorce años. Y junto con mi regalo de cumpleaños tuve mi primer contrato profesional como bailarina en el grupo Eddie Foy's. Entonces vivíamos en Texas, donde mi madre trabajaba como reportera y crítica de teatro. Cuando tenía quince, gané el primer lugar de un concurso de charleston. A partir de ese momento, comencé a tener pequeños contratos en obras de teatro donde cantaba y bailaba. Un año después, conocí a mi primer amor. Sí, mi primer amor, que se convirtió en mi primer marido..."

Ginger Rogers y Mamá Lela

"En 1928, a los dieciséis años, me casé con Jack Pepper. Él también bailaba y entonces formábamos un dúo que se llamó 'Ginger and Pepper'. También bailamos con la banda de Eddie Lowry en Chicago y con la orquesta de Paul Ash en Nueva York. Pero en 1931 pasó algo muy triste: Pepper y yo nos divorciamos. Yo creo que tanta convivencia afectó la relación. Dormíamos, comíamos, despertábamos, ensayábamos, viajábamos y trabajábamos juntos. Además, sucedió algo que molestó sobremanera a Pepper. En 1929, me eligieron, entre centenares de bailarines, para que trabajara en una obra musical con Kalmar y Ruby en Broadway. Se llamó *Top Speed*. También en esa época hice *Girl Crazy*, una obra musical con George Gershwin. Y bueno, ya en 1931, empecé mi carrera en el cine. Claro que entonces hacía pequeños papeles. Trabajaba para la Paramount. Salía como segunda actriz. Durante ese año, me contrató Phaté Films y me fui a vivir a Hollywood. Allí, en el Estudio B, y siempre para películas musicales, hacía pequeños papeles. Finalmente, firmé un contrato con los estudios RKO, que acababan de ser inaugurados. ¿Y sabes qué sucedió allí? Conocí a un hombre que hizo que mi vida cambiara 180 grados. ¿Sabes quién fue?", me preguntó con una sonrisa maravillosa. "¡Fred Astaire!", dijo antes de que pudiera contestarle. "Con él filmé diez películas. Me acuerdo que Fred odiaba a mi madre. 'Va a acabar con tu vida', me decía furioso. Tenía razón. Lo que sucede es que mi madre le tenía muchos celos. Temía que la imagen de Fred, para entonces muy prestigiada, me opacara. Entonces, para evitarlo, ella misma me diseñaba mi ropa. Por eso mis vestidos eran tan vistosos. Siempre procuraba adornarlos con muchos accesorios: plumas, lentejuelas, encajes, bordados, moños, olanes, fruncidos, etcétera. Además, era ella la que me decía cómo peinarme y maquillarme: '¡Ponte más chapas! No se te olviden tus pestañas postizas. Necesitas más relleno para tu chongo. Necesitas pintarte la boca de un rojo todavía más intenso'. En fin, siempre estaba detrás de mí. Por eso llegaba a veces muy tarde a los ensayos y esto naturalmente representaba miles de dólares a los productores. En algunas ocasiones hacía que me colgara tantas cosas, que empezaron a decirme que parecía árbol de navidad. '¡Pareces muñeca!', me decía muy enojado Fred. 'Tu mamá está acabando con tu imagen de mujer fresca y natural. No la escuches. Además es cursísima.' Por otro lado, mi mamá me metía ideas en la cabeza contra Fred: 'En el fondo te tiene envidia. La verdadera bailarina eres tú. Porque tú bailas tan bien o mejor que él, a pesar de los tacones y de tus estolas de plumas. Bailar con tacones y sandalias, ¡eso sí que es difícil'.

"Todas estas fricciones fueron las que hicieron que Fred y yo nos separáramos. No nos vimos sino hasta un año y medio después. Fue en esa época que hicimos ese musical donde bailaba sobre siete pianos blancos de cola. La película se llamó *Flying Down to Rio*. En ella la estrella principal era Dolores del Río. Por cierto, esta actriz siempre me pareció que no tenía buenos modales. Era como muy gritona y exigente. Pero eso sí, una mujer bellísima. Recuerdo que, durante la filmación, los ensayos se hicieron muy tensos. Una vez que terminaban, Fred y yo apenas si nos dirigíamos la palabra. Pues a pesar de todas estas tensiones, hicimos ocho películas más. Después, se empezó a publicar en la prensa que Fred Astaire ya no quería filmar con la misma pareja, porque pensaba que el público quería descubrir caras nuevas. 'Te tiene envidia, te tie-

ne envidia', me decía
todo el tiempo mi madre.
Finalmente, aproveché to-
dos estos tumultos para solici-
tar papeles más serios, donde pudiera lucir más mi actuación que mis
bailes. En esa época filmé *Roberta, Follow
the Fleet, Swing Time*, etcétera. Era terrible, porque Fred y yo más tiempo pasábamos juntos y
más nos detestábamos. 'Ya no puedo continuar bailando. Las plumas de Ginger me hacen estornudar. O se
las quita o damos por terminado el ensayo', decía Fred.
Cuando a veces nos encontrábamos en alguna recepción de
Beverly Hills, no nos saludábamos.

"Y mientras yo trabajaba como una loca, mi madre me presio-
naba con mis pretendientes y novios. Cada vez que salía con ellos,
ella tenía que dar su aprobación. En realidad, nunca la entendí, como ella tampoco a mí. Mamá Lela, como todo mundo la llamaba en los
estudios, pertenecía a una iglesia protestante muy estricta. Y, por ella,
también yo formé parte. No obstante me casé cinco veces, mi madre
nunca dejó de vivir conmigo. Muchas veces he pensado que fue ella la
que acabó con mi vida sentimental, pero, al mismo tiempo, la que más
me ayudó profesionalmente. Gracias a ella y a su estímulo, gané un
Oscar por *Kitty Foyle* e hice setenta películas. ¡Pobrecita!, pero era demasiado posesiva y celosa. Ella fue la que me aconsejó que demandara
a Fellini por ocho millones de dólares por la película *Ginger y Fred*. Ella
fue la que hizo que terminara con Jean Gabin. A él lo conocí en casa de
Michelle Morgan. Varias veces salimos juntos. Se divertía mucho conmigo pero en realidad de quien estaba enamorado era de Marlene Dietrich. Una vez que nos encontramos en una fiesta Marlene y yo, fuimos
juntas al baño y me dijo: 'Fíjate que Jean es impotente. Su problema es
que está enamorado de su mamá, pero no se lo digas a nadie', agregó
muerta de risa.

"En 1953, por primera vez en mi vida, me enfrenté a mi madre.
La causa fue Jacques Bergerac, dieciséis años menor que yo. Finalmente, nos casamos en Palm Springs. Mamá Lela casi se enferma. Tuvo
una depresión terrible. Pero, desafortunadamente, muy poco tiempo
después Jacques y yo nos divorciamos. Encima de que gastaba todo mi
dinero, me gritaba completamente borracho: 'Me niego a ser el señor

Rogers'. Este matrimonio fue un fracaso más. Sin embargo, unos meses después conocí a William Marshall, exmarido de Michele Morgan y de Micheline Presle, mis dos grandes amigas. Junto con William, fundamos una productora. Perdimos muchísimo dinero y esto fue el principio del fin. Terminamos divorciados. Me voy entonces a vivir con Mamá Lela, finalmente la persona que más me conoce y me necesita. 'Con la única persona que estás realmente casada', me dijo muchos años después Fred. Esto me impresionó mucho.

"¡Pobre Mamá Lela, nadie la entendió como yo! Siempre quiso lo mejor para su hija. Ahora que han pasado tantos años, la comprendo mejor. Es cierto, no nos podíamos separar. Por eso siempre vivió conmigo y, como nunca tuve hijos, nos hacíamos mutuamente compañía. La adoré. Cuando murió, entré en una depresión terrible. Después tuve el accidente que me mantuvo en esa silla de ruedas durante tantos años. Las tardes enteras se me iban viendo mis álbumes de fotografías y recordando a Mamá Lela, la única persona en el mundo de la que jamás me pude divorciar hasta que cumplí ochenta y tres años. Desde entonces, por fin soy feliz bailando con Fred en el cielo. Sin su presencia, ya no nos peleamos."

Y, en esos momentos, se empezó a escuchar una música maravillosa y se abrieron las cortinas del escenario. Y apareció Fred Astaire. ¿Se dan cuenta de lo que sentí? Allí, frente a mí, estaba bailando la pareja más famosa del mundo. Y entonces, en mi sueño, me vi en aquel palco aplaude y aplaude. No me lo van a creer pero de puritita emoción empecé a llorar. Bailaban de una forma tan elegante... Fred traía puesto su smoking super impecable y Ginger lucía, sobre su vestido de lamé dorado, una estola de plumas de avestruz. Sus movimientos eran tan coordinados, tan graciosos, tan mágicos y estéticos, que por un momento tuve deseos de unirme a ellos. Entonces hice el intento de levantarme de la silla pero no pude, seguía pegada a mi asiento. "¿Ay, pero a quién se le ocurrió pegarme a la silla de esta forma?", me preguntaba frustradísima. Y en tanto luchaba con aquella silla, Ginger y Fred continuaban bailando con toda la maestría del mundo. Finalmente, me resigné y me dispuse a seguir admirándolos. Estaba yo a punto de aplaudirles cuando, de pronto, me desperté. Sí, en esos instantes sonó el despertador. Furiosa, lo tomé, lo aventé al suelo e intenté volver a dormirme pero no pude, nunca más reconcilié el sueño.

Allá en el cielo ya nadie la va a herir

Querida Diana:

*H*e decidido, con todo respeto, escribirte. En primer lugar, porque desde que sé de ti, es decir, a partir de 1980, he seguido de cerca cada uno de tus pasos. Al cabo de todos estos años me has parecido tan cercana, que a veces tenía la impresión de que de niñas fuimos juntas al colegio. En otras palabras, te veo como una vieja amiga. Tú no lo sabías, y quizá ninguna de nosotras lo sabíamos, pero nos representabas, Diana, eras nuestro modelo, porque desde tu principado hiciste cosas que todas hubiéramos querido hacer. Fíjate, creo que nos acercaste a tu corona, en vez de que nosotros nos acercáramos a ti. De allí que con toda naturalidad me permita hablarte de tú.

Tú no te acuerdas, pero el 29 de julio de 1981 fui a tu boda junto con 720 millones de televidentes. Igualmente asistí, a través de la prensa, a los nacimientos de tus dos hijos. Gracias a la revista ¡*Hola!* te seguía, semana a semana, en cada una de tus recepciones, tus viajes oficiales, tus vacaciones tanto en el mar como en la nieve. Con mucho interés y admiración seguía muy de cerca tus actos filantrópicos. Era tal mi identificación contigo que si tú te comprometías con este tipo de obras humanitarias, de alguna manera, contribuías a tranquilizar mi mala conciencia al no poder hacerlas yo. En 1985, fui contigo a ver al papa Juan Pablo II. En 1987, cuando el sida todavía causaba horror, me enteré por las revistas de que te habías quitado los guantes para darle la mano a un paciente del London Hospital. "Viniendo de parte de un miembro de la familia real, es la cosa más importante que se haya hecho jamás en doscientos años", dijo entonces la reportera de la realeza, Judy Wade. Poco a poco me fui acostumbrando a tu presencia a través de los medios. Cada vez que te quería ver, bastaba con que hojeara una revista atrasada, por ejemplo, el *Paris Match*, ya sea en el consultorio o en el salón de belleza, para rencontrarte desde las primeras páginas. Muchas veces, cuando me reunía con mis amigas, salías a la conversación con toda na-

turalidad: "¿Saben que Diana y Fergie están pasando las vacaciones juntas en la Riviera de Francia? Ahora que las dos están divorciadas, alquilaron una casa sensacional. ¿Se imaginan cómo se han de estar divirtiendo mientras critican a su exsuegra?", preguntaba, de repente, una de ellas. Cuando se publicó el libro de Andrew Morton, *Diana, su verdadera historia,* me atormenté muchísimo de pensar que fueras tan infeliz en tu matrimonio al grado de caer enferma de bulimia. Recuerdo que durante esa época odié al príncipe Carlos, a Camilla, a tu exsuegra y a todo aquello que tenía que ver con el palacio de Buckingham. En otras palabras, me solidaricé contigo al cien por ciento. El saberte tan sola, deprimida, rechazada por tu marido y por tu familia política y, por añadidura, acosada por los paparazzi, me inspiraba mucha compasión. En este caso la compasión era una empatía con tu dolor o con tu tristeza. "¿Cómo es posible que una princesa que aparentemente tiene todo —marido, hijos, fama, el cariño del pueblo, dinero, juventud, belleza— sea tan infeliz?", me preguntaba. Más que como una típica princesa de cuento, te veía como la mártir de una monarquía completamente anquilosada. Por eso cuando primero te separaste y luego finalmente te divorciaste, lo celebré de todo corazón. Sin embargo, continuaste padeciendo humillaciones por parte de la Corona; pero, sobre todo, seguías siendo víctima de tu propia imagen, que ya había alcanzado unos niveles de popularidad a los que nunca te imaginaste llegar. Con el tiempo te convertiste en la mujer más fotografiada del mundo y esto, naturalmente, no nada más te agobiaba a ti, sino a tus hijos, lo cual te hacía sufrir doblemente. Y mientras tú seguías atormentándote por el acoso de los paparazzi, yo continuaba comprando más y más revistas para saber aún más acerca de tus tormentos. De alguna manera, mi curiosidad contribuía a que los fotógrafos continuaran irrumpiendo de más en más en tu intimidad. ¿Para qué? Para que yo pudiera enterarme, en medio de la tranquilidad de mi casa, de si, efectivamente, le habías dado aquel beso a Dodi mientras se encontraban en el yate. Y entre más información recibíamos los lectores adictos a tu vida, queríamos más. De allí que ahora me sienta un poco culpable contigo. Porque como yo, había millones de mujeres en todo el mundo que buscaban las mismas revistas del corazón. Una semana más tarde volvíamos a comprar otras y así sucesivamente... Hasta que un buen día esta misma prensa, tan implacable con las princesas, nos anunció tu muerte. Entonces sí nos asustamos y exclamamos con todo el dolor de nuestro corazón: "¡No es posible!". Y, sin embargo, lo era. Como dijo el conde Spencer, tu hermano Carlos: "Yo ya sabía que la prensa acabaría con mi hermana". Ay, Diana, ¿en qué mundo tan absurdo vivimos? ¿Cómo pudimos, con nuestro morbo, haber alimentado a ese pulpo que es la prensa, que no nada más no sabe respetar vidas personales sino que, incluso, alrededor de ellas borda las historias más inverosímiles del mundo? Pero esta carta no es para justificarme ni para molestarte con mis preguntas dizque filosóficas. Si me animé a escribirte es para compartir contigo algunas reflexiones y dudas que me he hecho acerca de tu vida y para contarte todo lo que sucedió después de aquel domingo 31 de agosto de 1997. (Por cierto, ¿sabes quién estuvo contigo hasta el último momento en el hospital La Pitié-Salpétriere? Tu fiel e incondicional buttler, Paul Burrell. Parece ser que estaba desconsoladísimo y muy preocupado por que estuvieras tan bella como siempre.)

Antes que nada, Diana, déjame decirte que el otro día pensé algo que sé que te dará mucho gusto saber: "Ahora que se ha ido, a lo mejor el príncipe Carlos piensa en ella todos los días. Quizá hasta acabe enamorado de su exmujer que nunca supo apreciar en vida pero que, sobre todo, nunca conoció realmente". ¿No crees que podría ser una posibilidad? ¿No? Tal vez tengas razón. ¿Quién mejor que tú lo conoció? Es cierto. El pobre es tan frío e indiferente. Se diría que lo único que le importa es que lo dejen tranquilo mientras hace su jardinería. Pero pienso que no es su culpa. Así lo educaron. A lo largo de toda su vida, lo adoctrinaron para no expresar ni un ápice sus sentimientos. Ha de haber sido horrible el haber estado casada con un hombre así de distante, de indiferente y, encima de todo, con tan poco sex-appeal. Sinceramente no sé qué le verá Camilla Parker Bowles. También podríamos hacernos la misma pregunta pero al revés. ¿Qué le encontrará el príncipe de Gales a ella sobre todo si la comparamos contigo? Muchas veces me he cuestionado acerca de esta relación tan extraña. Y ¿sabes a qué conclusión llegué? Que, de alguna manera, Camilla representa para Carlos la figura materna que siempre le faltó con la reina de Inglaterra. Es evidente que a ella tampoco la instruyeron cómo debería ser como madre. Esto, seguramente, lo pudiste corroborar millones de veces. ¿Verdad Diana? ¿Qué tal era como suegra Elizabeth the Last, como la llaman algunos republicanos? ¿Insoportable? ¡Ya me imagino! Acaso como abuela de Guillermo y Enrique sabrá comportarse de una forma mucho más humana. Esperémoslo así. Sobre todo en estas circunstancias. Tengo entendido que Enrique es su consentido porque un día le dijo lo que nunca nadie le había dicho en su vida: "¡Ay, qué bonito vestido traes, abuelita!".

En el fondo, Diana, sin querer, le has de haber dado muchas lecciones a la familia Windsor. Estoy segura de que les has de haber tocado el corazón de muchas maneras. Por más que lo tengan tan duro como el ébano, sin duda, tu recuerdo les representará una espinita que no podrán quitarse en años. ¿Tú crees que tengan remordimientos hacia ti? Podría meter mi mano en el fuego que sí. Te hicieron pasar tantos corajes, te hacían sentir tan disminuida y tan impotente, sobre todo el príncipe Carlos... "Pero en esta vida todo se paga", como decía mi mamá. Vas a ver lo que les espera dentro de muy poco tiempo. Ya te enterarás de cómo el rechazo hacia la Corona por parte de los ingleses se irá consolidando de más en más. Desde Cromwell (1628-1674), nunca se había sentido tan amenazada la monarquía. Ni con la crisis que se dio con la abdicación de Eduardo VIII al casarse con Wallis Simpson, en 1936, se había sentido así de frágil. "¡Es la hora de la República!", exigen actualmente muchos británicos. Hace aproximadamente un año leí un comentario en el periódico *The Independent on Sunday* que me llamó particularmente la atención. Si mal no recuerdo decía algo como: "Sin lugar a dudas la reina ha desempeñado su papel admirablemente. Por lo tanto, debería quedarse en el trono hasta su muerte o bien si decide abdicar. Pero el tema sobre la República se debería someter a un referéndum. Este debate ha estado guardado demasiado tiempo. Será entonces el momento de abrirlo". Como bien sabes, Diana, *The Economist* —¿verdad que es algo así como la Biblia para los ingleses?— nunca ha ocultado su antipatía por "un sistema que es la antítesis de nuestros principios: la democracia, la libertad, y, más que por la herencia, la recompensa por el mérito". Como dijera en 1964 el veterano del combate republicano, el diputado del Partido Laborista, Tony Benn: "Al principio tuvimos a los romanos, después vinieron los reyes franceses, más tarde los escoceses, los holandeses, y ahora, somos gobernados por una familia alemana. Ya es tiempo de que esta nación ponga fin a la esclavitud de un pueblo". El mismo primer ministro, Tony Blair, durante su campaña electoral llegó a decir en uno de sus discursos frente a los conservadores: "No gastaremos sesenta millones de libras nada más por un yate real, cuando los enfermos esperan, en camillas, horas y horas en los corredores de los hospitales".

Por otro lado, hay que decir que lo que también afectó mucho a la Corona fueron los conflictos que empezaron a tener Carlos y tú. El fracaso de su matrimonio no fue más que un detonador de todo lo que vendría después. Y, claro, a la que más culpaban era a ti. "Y, para colmo de los colmos, esta joven [Diana] no vino más que a complicarnos todavía más las cosas", apuntó el republicano —machista— Claire Rayner. ¿Cómo no ibas a complicarlos si tan sólo con tu actitud los confrontabas? ¿Cómo no ibas a complicarlos si te convertiste en el miembro de la familia real más popular de toda su historia? Y por último, ¿cómo no ibas a complicarlos si les inspirabas tanta envidia? Pero créeme que todos tenemos bien claro que el deterioro de la Corona viene desde hace mucho tiempo atrás. ¿Te imaginas los "fantasmas" que ha de haber tenido la reina Victoria (1819-1901)? ¡Cuántos escándalos se han de haber dado desde entonces, mismos que nunca nos enteraremos! Lo que sucede es que en aquella época, los paparrazi y la revista ¡Hola! todavía no habían surgido. Además, si mi memoria no falla, la reina Victoria era espantosa. Estoy segura de que cuando reinaba no había ninguna súbdita que quisiera parecerse a ella. En cambio, contigo era totalmente distinto. Todo el mundo quería parecerse a ti. Para muchas mujeres eras como un espejo en donde una se podía reflejar. Si te dijera que llevo el pelo cortado como tú, ¿me creerías? A propósito de la influencia que tenía tu look sobre muchas de nosotras, permíteme contarte una anécdota divertida. Un día estaba en el salón de belleza y de pronto escuché la voz de una señora muy enojada que decía: "¡Es que no me quedó igual! ¿No le dije que lo quería idéntico?", reclamaba al mismo tiempo que mostraba una de tus fotografías que se había publicado en la revista People. "Pero es que usted tiene otra clase de pelo. Lo tiene demasiado lacio. No tiene cuerpo. Tendría que hacerle un permanente, y eso, créame, es imposible. Después de las luces, que quiso hacerse como las que tiene Lady Di, terminaría por quemarle el cabello", le explicaba el peinador ya un poco irritado. "Pues no me importa. ¡Quémemelo! Pero péineme igual que la princesa de Gales", seguía exigiendo la pobre clienta con su pelo todo decolorado. Finalmente le hicieron un permanente "muy suave", pero el pelo le quedó horrible. Más que parecerse a ti, te juro que se asemejaba a tu exsuegra el día que presenció el incendio del castillo de Windsor y que la pobre tenía una cara de absoluta amargura. ¿Te acuerdas de que en aquella ocasión nada más pudo murmurar: "Annus bombilis"? Claro, fue en 1992, año de la ruptura conyugal de sus tres hijos: Carlos, Ana y Andrés. Año también, en que se empezó a hablar de la fortuna colosal de la reina y de los intereses que debería de pagar. Y año en que se publicó el libro de Andrew Morton, *Diana, su verdadera historia*. Oye, por cierto, ¿tú crees que lo habrá leído tu exsuegra? Más que leerlo, lo habrá *devorado.* Me la imagino perfecto recostada en su cama, con sus tubos muy bien hechecitos cubiertos con una vieja red; con la cara encremada con la misma marca de crema de hace cuarenta años y con un camisón de franela de color rosita muy claro, sosteniendo el libro entre sus manos temblorosas. "God save the Queen!", ha de haber exclamado varias veces al finalizar cada capítulo. Dime la verdad, Diana, ¿te odiaba tu exsuegra? Me imagino que sí y mucho. Creo que nunca te perdonó el que hubieras exhibido a su hijo como a un marido infiel. Tampoco te ha de haber perdonado que hubieras sido mucho más popular que él. Además, siempre he pensado que, en el fondo, te tenía una enorme envidia. Seguramente envidiaba tu carisma, tu belleza, tu manera de ser tan natural, tu juventud, tu capacidad para ser una madre tierna pero, sobre todo, lo que más ha de haber envidiado en ti eran tus posibilidades de ser libre y de poder gritar a los cuatro vientos: "Next!". O, como se dice en México: "¡A otra cosa, mariposa!". (Lo que no te ha de haber envidiado para nada es tu relación con Dodi. Sabiéndola tan racista como es, le habrá parecido incluso hasta promiscua.)

Para serte sincera, siempre me han llamado mucho la atención tanto Isabel II como su hermana Margarita. En una ocasión vi un documental en la televisión en donde salían las dos desde que eran muy pequeñas. Se veían tan lindas con sus abrigos de lana azul petróleo, sus sombreros y sus manguitos en donde metían sus manitas para protegerse del frío. Era muy conmovedor ver las escenas en las que aparecían acompañadas por sus padres, el rey Jorge V y la reina madre, en los hospitales. Allí, con todo el protocolo debido, saludaban a los enfermos y a los ancianos. Igualmente salían con sus institutrices jugando en unos jardines preciosos llenos de árboles. Cuando Isabel era una joven, allá por los años cuarenta, durante la segunda guerra mundial, se la veía con su uniforme militar ayudando a muchos heridos en las tiendas de campaña que improvisaba la Cruz Roja. Después aparecía con su novio Felipe Monutbatten. ¿Tú crees, Diana, que se enamoraron alguna vez? Algo me dice que en esa familia el amor no existe. Finalmente, el único que sí se ha de haber enamorado fue Eduardo VIII y ya ves cómo le fue al pobre.

Pero volvamos a Isabel y Margarita. Como muchos miembros de la Corona, ellas también han sido y siguen siendo víctimas del sistema, del protocolo, pero, sobre todo, de las viejas tradiciones que ya a nadie importan. En el fondo me dan lástima porque, desde antes de que nacieran, ya tenían su destino bien trazado. Les gustara o no, tuvieron que asumirlo. La primera se vio obligada a convertirse en reina en 1952 y la segunda, después de muchos conflictos con la Corona, tuvo que divorciarse en 1978 de Anthony Armstrong-Jones. De hecho toda la familia Windsor me apena mucho. Y bueno, ¿qué me dices de tu exsuegro Felipe? Como sabes, de él cuentan unas cosas tremendas: que si tiene quién sabe cuántas amantes, que si bebe cantidades enormes de whiskey, que si no les ha dado amor a sus hijos, que si es un inútil, que si en el fondo no soporta a su mujer, que si tiene la costumbre de desaparecer por semanas sin que nadie sepa dónde se encuentra, que si esto, que si lo otro. ¿Te das cuenta del libro que se podría escribir a propósito de su vida íntima como el príncipe consorte de la reina del United Kingdom?

Pero mejor cambiemos de tema y permíteme decirte, mi querida Diana, que cuando te fuiste provocaste en todo el mundo, literalmente hablando, una profundísima tristeza. ¡Qué lástima que partiste sin saber cómo se te quería aquí en la Tierra! A partir del primero de septiembre, frente a tu residencia oficial, el palacio de Kensington, se fue formando un verdadero mar multicolor de ramos de flores. Eran tantos —un millón de ramitos— que parecía que de un momento a otro iban a cubrir por completo al palacio con todo y sus torres. Además de flores también te llevaron juguetes de peluche, globos, fotografías tuyas, cartoncitos con dibujos pintados y tu nombre escrito con pétalos. Nunca en mi vida había visto a tanta gente junta afligida por la muerte de alguien. Había unos que materialmente se ponían de rodillas frente a aquella montaña floral, ocultaban su rostro entre sus manos y se ponían a llorar de una forma sumamente desconsolada. Entre una marea humana de casi cinco kilómetros, lloraban por ti, Diana, por todo lo que les representabas. Lloraban porque los habías tratado no como súbditos, sino como seres humanos. Lloraban porque gracias a ti se había humanizado un poco la Corona. Lloraban por todo el bien que hiciste a los más desprotegidos. Lloraban porque habías sabido luchar contra la hipocresía de los Windsor. Lloraban porque se había ido una mujer que, de cierta forma, les alegraba sus vidas grises y mediocres. Lloraban por todo lo que habías sufrido. Lloraban porque tus dos hijos se quedaban huérfanos de madre. Y, finalmente, lloraban porque sabían cómo te iban a extrañar. Por eso lloraban tanto.

"I can't belive it", imagino que te estás diciendo en estos momentos. Pues desengáñate, Diana, ya que la reacción de dolor no nada más fue en Inglaterra o en Europa, sino que fue mundial. Y espérate a que te cuente cómo estuvieron el cortejo y la misa dentro de la catedral de Westminster.

Fueron a despedirte el 6 de septiembre de 1997, aparte de los invitados especiales, más de dos millones de personas. Yo también estaba allí entre los dos mil millones de televidentes que presenciaban el acto. La víspera, miles de británicos se fueron acomodando, en sus sleeping bags o en sus tiendas de campaña, a lo largo de las calles por donde pasaría tu cortejo. Nunca se había visto un entierro tan concurrido. Ni con el de la reina Victoria en 1901, ni tampoco con el de Winston Churchill en 1965. Tu féretro, cubierto con la bandera de la familia real y custodiado por las guardias militares, lo jalaban seis caballos irlandeses. Encima de la caja mortuoria había tres ramos de flores blancas: uno por cada uno de tus hijos y otro por tu hermano Carlos. (En el de Enrique se asomaba una tarjeta blanca en donde se leía: "Mommy".) Atrás de él caminaron muy lentamente, casi dos kilómetros, cinco hombres cuyos rostros reflejaban una infinita tristeza. Eran tu hermano Carlos, el príncipe Felipe, Guillermo, Enrique y el príncipe de Gales. Créeme que hubieras estado muy orgullosa de ellos. Su actitud era de una gran dignidad y señorío pero, sobre todo, de un recogimiento absoluto.

"Fue una ceremonia única para una persona única", llegó a decir Tony Blair, quien, además, cuando conoció la terrible noticia del accidente y habló ante las cámaras totalmente conmovido, te bautizó con el nombre de "la princesa del pueblo". A partir de ese momento, todo el mundo te llamó así.

Tuvo razón el primer ministro de Inglaterra, ya que fue precisamente el pueblo el que exigió que se manifestara la Corona británica, ya que durante cinco largos días se había mantenido en absoluto silencio. De ahí que la reina decidiera dirigir unas palabras, seguramente aconsejada por Tony Blair, a la opinión pública —si recuerdas, no había hablado públicamente desde la guerra del Golfo, además de que solamente lo hace el día de navidad. Visiblemente conmovida dijo: "La admiraba y la respetaba por su energía y por su compromiso hacia los demás. Fue alguien que supo hacer feliz a mucha, mucha gente". Esto nunca te lo llegó a decir personalmente, ¿verdad? Pues ya ves... Al constatar el enorme cariño que te manifestaba el pueblo británico, pues no tuvo más remedio que admitir, públicamente, que eras una gran mujer. Para que veas las vueltas que da el mundo. Pero esto no es todo. Fíjate que cuando el Big Ben marcaba las 10:20 en punto pasó tu cortejo frente a las rejas de Buckingham —mismas en donde aparecía una gran manta blanca que decía: "Diana of love"—, y justo allí se encontraba la reina Isabel II. Pues bien, al pasar tu féretro ante sus ojos, hizo una ligera reverencia con la cabeza como signo de respeto. Cinco minutos antes había hecho otro gesto también totalmente inédito, había caminado por la banqueta entre sus súbditos. ¿Te das cuenta de todo lo que le hiciste hacer? He allí una lección más que le diste. Seguramente, a partir de ahora la reina ya no se comportará de la misma forma. Gracias a ti, sabe que esos súbditos que llevan admirándola durante tanto tiempo, antes que nada son seres humanos. Y que, como tales, requieren ser tratados así. Tú así lo entendiste. Tanto que, cuando te encontrabas en medio de una multitud, tocabas a la gente, hablabas con ella, la mirabas a los ojos. Viniendo de una princesa esas manifestaciones se agradecen mucho.

Poco a poco Westminster se fue llenando con los invitados especiales. En mi televisor, a casi diez mil kilómetros de distancia, en la madrugada hora de México, vi entrar a la catedral a Hillary Clinton. Unos días antes su marido, el presidente de Estados Unidos, se había expresado de ti de una forma sumamente elogiosa y cariñosa. Dijo que eras un gran ser humano y ejemplo para muchas mujeres. En estos mismos términos también lo hicieron Jacques Chirac, Mandela, Menem, tu gran amiga la Madre Teresa, con quien seguramente te encuentras en estos momentos, y otras muchas personalidades. También me dio mucho gusto ver a Pavarotti, quien por cierto se veía deshecho. Llegó todo despeinado y con cara de tristeza. Así mismo, asistieron la señora Chirac, la reina Noor de Jordania, tu amigo Elton John, los príncipes de Kent, George Michael, Jemima Goldsmith, ministros de todo el mundo, políticos, hombres de negocios, muchos representantes de organizaciones humanitarias y, naturalmente, la reina madre, de no-

venta y siete años, que caminaba toda compungida con la ayuda de un bastón. En total eran mil novecientos invitados.

Mientras entraba toda esta gente, tu exsuegra y su hermana esperaban pacientemente que iniciara el acto. Fue en esos momentos que me pude percatar de que la princesa Margarita hacía unos tics muy extraños. Movía los labios constantemente. Así, como hacen los conejos. "Pobre, ¿qué le pasará?", le pregunté a mi hermana Antonia. "Creo que bebe", me contestó. No me llamó la atención. Como te dije antes, ella, asimismo, es una víctima más. Ahora bien, su hermana mayor Isabel se dirigía a ella muy de vez en cuando. Me di cuenta de que en realidad era tu exsuegra la que la dominaba. También allí muy junto a ellas estaban Sarah —superdelgada; fíjate que, debido a tu muerte, interrumpieron la publicidad en donde salía anunciando un producto para adelgazar diciendo: "Es más difícil quitarse a los paparazzi de encima, que quitarse un kilo..."— y Andrés con sus dos hijas. Las niñas llevaban unos abrigos preciosos negros, con botones dorados. Ambas tenían la cabeza cubierta por unas boinas también oscuras. Se veían muy bonitas y muy bien arregladitas. De lejos parecían como la familia perfecta... —ya me imagino todo lo que has de saber acerca de ellos... La que me impresionó mucho fue tu mamá, Frances Shand-Kydd. Iba con un sombrero de ala muy grande negro y con un collar de perlas de tres hilos pegado al cuello. Su mirada era de absoluta confusión. Era evidente que estaba sufriendo. Tengo entendido que se hablaban todos los días y que al último se llevaban muy bien. ¿No es así? No me quiero imaginar lo que te va a extrañar... "¡Es notable cómo Diana tenía la habilidad de tocar nuestras vidas!", le dijo a un periodista.

Una vez que tu féretro estuvo colocado en medio de la nave real, el decano de Westminster, Wesley Carr, dirigió unas palabras sumamente sentidas: "En su vida Diana tuvo una influencia muy importante sobre esta nación y el mundo. Su memoria quedará guardada en nuestros corazones por su gran compasión y el arte de saber darle importancia a cada quien". Con este pequeño recibimiento daba principio la ceremonia. Enseguida tus hermanas, Sarah y Jane, leyeron algunos versículos de la Biblia. Lo mismo hizo Tony Blair. A propósito del primer ministro te puedo decir que en toda esta situación se comportó como príncipe. Con toda su sensibilidad e inteligencia comprendió cuán fundamental era darte tu lugar ante la Corona. Pero lo que fue más importante de toda la ceremonia, bajo mi punto de vista, fue el discurso que hizo tu hermano Carlos. Desde el púlpito, y con un gran decoro, el conde de Spencer leyó un texto maravilloso que seguramente pasará a la Historia —con mayúscula. En primer término habló de la fuerte relación que tenían los dos, dadas sus edades y el divorcio de sus padres. Enseguida enumeró todas tus virtudes, mencionó tu fragilidad, tu generosidad y el gran don que tenías para entender los problemas de la gente. Después, con mucha contundencia, se refirió a los excesos de la prensa, a la falta de respeto a la intimidad por parte de los paparazzi, y de los cuales siempre habías tratado de huir hasta que terminaron contigo. Más adelante, se dirigió a la familia real. Y en un momento de tensión, explicó de una manera directa y llana a los Windsor, que él mismo se comprometía a que se respetaran y se trasmitieran los valores con los que siempre habías querido educar a tus hijos. "No queremos que padezcan tanto como padeció Diana", apuntó. ¡Qué barbaridad!, sus palabras sonaban como bombas. Así las han debido de haber escuchado por las bocinas toda la multitud que se congregó afuera de la catedral. Y, al oir lo anterior, todos aplaudieron. Sin embargo, los invitados especiales no se inmutaron. A decir verdad, el discurso de tu hermano parecía como un verdadero golpe de Estado que se daba, nada menos, que en el interior de la catedral de Westminster. Desafortunadamente, las cámaras nunca enfocaron las caras de los miembros de la familia real. De lo contrario, te las hubiera descrito.

¡Ay, cómo lo lamenté! Pero, en fin, basta con que me las imagine para que me dé gusto...

Por último, ¿quién crees que cantó en tus funerales? ¿No te imaginas? Un amigo a quien quisiste mucho: ¡Elton John! Al principio, cuando me enteré de que cantaría, me pareció un poco fuera de lugar. "¿Cómo una estrella pop va a cantar en una de las catedrales más bellas del mundo?", me pregunté indignada. ¡Ah, pero qué equivocada estaba! Su interpretación estuvo espléndida. Con una emoción indescriptible te cantó "Candle in the Wind". ¿La recuerdas? Es una canción que le dedicó a Marilyn Monroe pero que te adaptó maravillosamente bien. La letra dice así literalmente: "Adiós rosa de Inglaterra./Podrías crecer todavía más en nuestros corazones./Eras la gracia que sabía instalarse en las vidas desgarradas./Atendías a nuestro país y les murmurabas a todos aquellos que estaban con dolor./Ahora perteneces al paraíso y las estrellas deletrean tu nombre./Tengo la impresión de que viviste tu vida como una vela expuesta al viento". En esos momentos, la cámara, recorría los lugares donde se encontraban los invitados.

Después de haber dedicado esta canción a la princesa de Gales, no te puedes imaginar, Diana, la cantidad de compact discs que se ha vendido alrededor de todo el mundo. Creo que han sido algo así como dos millones de copias. Lo maravilloso es que Elton John ha cedido todo el beneficio de las ventas a una de tus obras caritativas. ¿Qué te parece? ¡Cómo te ha de haber querido y conocido profundamente este cantante!

Tú no eras una princesa como las otras o como lo había sido tu exsuegra, es decir, totalmente inaccesible. Tú, con todo y tus títulos, joyas, propiedades y poder, eras una mujer de carne y hueso; una mujer que bien podía sentir tristeza, alegrías, soledad. Y que, por encima de todo, no ocultabas todos estos sentimientos. Al contrario. Éstos se publicaban y analizaban a los cuatro vientos. ¡Cuántas veces no te vimos fotografiada con las lágrimas en los ojos, o bien con expresiones de melancolía o de confusión! Incluso te retrataron mientras dormías en un acto oficial, cosa que nunca le hubiera sucedido a un miembro de la familia real. Podríamos decir que tú eras el perfecto modelo de la princesa posmoderna. Nunca se me olvidará aquella entrevista en la cual, con toda llaneza, confiesas que, efectivamente, le fuiste infiel al príncipe Carlos. ¡Cómo te ha de querer la opinión pública, que en ningún momento te juzgó o te rechazó por haber sido una mujer que había caído en la infidelidad! Él, el príncipe de Gales, también en otra entrevista admitió que mantenía relaciones con Camilla, pero allí sí nos indignó su confesión.

"Y, bueno, ¿acaso Lady Di no tenía defectos?", me preguntó una amiga después de que hablamos mucho tiempo de ti. "Tal vez su fragilidad y su inseguridad", le dije. "Pero ¿no dices que esos dos aspectos la hacían todavía más entrañable?", cuestionó de nuevo Sofía. "Es cierto. Déjame pensar en otros defectos. Bueno, quizá, a veces manipulaba un poquito a los medios como para reafirmarse ante los ojos del príncipe Carlos y de su familia. ¡Ah, no!, ya sé cuál fue uno de sus defectos. El haberse enamorado de alguien como Dodi al Fayed", admití. ¿De verdad, Diana, te enamoraste de él? Sé que unos días antes de morir llamaste a un amigo y le declaraste: "Por primera vez en mi vida, puedo decir que soy feliz... De nuevo siento el amor". Esto me dio gusto pero también me hizo pensar.

¿Te das cuenta de lo que hubiera sido tu vida si te hubieras casado con él? En la revista *Time* —por cierto, dos veces en la primera semana de septiembre te dedicaron las portadas—, se refieren a él en términos no muy elogiosos. Además de haber sido muy mujeriego e inestable sentimentalmente, tenía costumbre de no pagar sus deudas. Parece ser que se salía de las casas que rentaba de un día para otro, sin dejar ninguna seña de vida y sin haber pagado ni un centavo de la renta. Además, giraba cheques sin fondos. ¿Pensaste en algún momento en el gravísimo problema que le hubieras ocasionado a la Corona? ¿Eran ésas tus intenciones? Jamás hubieran aceptado que el futuro rey de Inglaterra hubiera podido tener una media hermana o hermano de religión musulmana. Sinceramente, pienso que no hubieras sido muy feliz a su lado. Te aseguro que muy poco tiempo después de que se hubieran casado, habría caído en la tentación de invitar a quién sabe qué modelo guapísima al yate de su papá. Le hubiera regalado un anillo de zafiro y, luego, la hubiera abandonado toda ilusionada como lo hizo con aquella norteamericana, que, incluso, lo demandó. Además, pienso que un padrastro con esa personalidad hubiera sido nefasto para tus hijos. En fin, has de pensar que qué entrometida soy. Pero si te digo esto es porque lo pienso de verdad.

Debo confesarte, mi querida Diana, que tampoco me gusta el príncipe Carlos. En primer lugar, lo encuentro muy orejón. Segundo, no me gustan sus manos, siempre las tiene como resecas y muy rojas; además tengo la impresión de que le sudan. Tercero, yo nunca podría estar casada con un señor que usa falda kilts. Será porque yo también tengo muchas y pienso que terminaríamos confundiéndolas. Ha de resultar sumamente extraño abrir el ropero del marido y encontrarse entre los pantalones faldas que le pertenecen —recuerda que yo vengo de una cultura muy machista. ¿Nunca te dijo tu butler algo como "perdóneme, señora, pero me manda decir su alteza, el príncipe de Gales, que la falda que se puso hoy del clan Black Watch, es de él; y que si no tiene usted inconveniente en quitársela porque es una de sus predilectas; además, me ha dicho que le preguntara si todavía no ha encontrado el alfiler que le prestó el otro día y que pertenecía a su abuelo"? No creas que ignoro que en Inglaterra, pero sobre todo en Escocia, así se usa, pero sin embargo no deja de llamarme la atención la costumbre. ¿Usa piyama o camisón?

Me temo que ya me tengo que ir despidiendo. No obstante te escribí largo y tendido —too much, a lo mejor—, creo que me faltaron muchas cosas que comentarte. Por ejemplo, que, cuando te fuiste, en internet contabas con quién sabe cuántas páginas en donde se podía mandar el pésame desde todas partes del mundo, además de que aparecía la historia de tu niñez, la de tu matrimonio, la de tu familia y la de tus deberes públicos. Tampoco te comenté que, aparte de la película para la televisión que se filmó a propósito de tu vida, ahora se llevará al cine el libro de Andrew Morton, *Diana, su verdadera historia*, en donde el autor incluirá las últimas revelaciones que le hiciste. "Acabamos de comprar los derechos del libro de Morton y nadie podrá tener esta historia para cine", comentó uno de los productores, Dick Guttman. Además, parece ser que ya hay preproducciones de varias cintas con el mismo tema. ¿No te parece el colmo?

Ay, Diana, me apena mucho comentarte todo esto. Porque no obstante ya te fuiste, siguen sin dejarte en paz. ¿Sabes lo que he pensado en relación a tu muerte? Que tu yo interno fue el que se quiso morir. Él sabía que al irse te convertirías en un símbolo muy importante para mucha gente. Un símbolo que haría mucho bien, sobre todo, a Inglaterra. Y cuando digo Inglaterra, me refiero a la Corona británica. Con tu muerte, cambiarán muchas cosas que necesitaban moverse. Te apuesto lo que quieras a que la familia Windsor se va a humanizar mucho más. Ya no será tan rigurosa ni tan convencional. El que también cambiará mucho es el príncipe Carlos. Algo me dice que olvidará a Camilla y que, de ahora en adelante, se convertirá en un buen padre, mucho más cálido y humano. A los británicos ya no los tratarán como súbditos, sino como seres humanos. Sin duda, Diana, tú fuiste la que le diste esta gran lección a la familia Windsor. ¿Acaso no querías cambiarlos? Pues ya lo lograste. Tal vez ésa era tu misión en la vida. Igualmente te puedo decir que nos dejaste un legado muy importante. Gracias a ti habrá más gente que se ocupe de los enfermos de sida. Muchas mujeres se interesarán más por el tema de las bombas antipersonas que han herido a tantos seres humanos. De alguna manera, a las burguesas que se visten tan bonito como tú solías hacerlo y que también van a muchas fiestas mundanas nos has concientizado. Ahora, cuando te evoquemos, lo primero que se nos aparecerá será tu gran sonrisa y tu mirada, que sí sabía ver a los otros.

"Allá en el cielo ya nadie la va a herir", dijo tu hijo Enrique cuando su padre tuvo que anunciarle tu muerte. Créeme, Diana, que eso es lo único que me consuela. Saber que por fin ya te escapaste de los paparazzi, de tu exfamilia política, de los chismes y de las envidias.

Dijo el papá de Dodi que lo más seguro es que estén juntos en alguna parte. Si es así, ¡felicidades! Pero, sinceramente, prefiero imaginarte al lado de la Madre Teresa. De lo contrario, me temo que algunos paparazzi estarían superdispuestos a morirse, con tal de fotografiarlos abrazados sobre una nube.

Con todo mi afecto y admiración,
una de tus tantas admiradoras.

PD: ¿Qué crees? Fergie le mandó una carta a la reina Isabel para pedirle perdón por su comportamiento. Además, le pide regresar al palacio de Buckingham y olvidar el pasado. ¿Te das cuenta de lo que provocaste?

Carta de la exemperatriz Carlota

ija mía: permite que te llame hija, ya porque soy viuda, ya porque mis dolores me dan el derecho de emplear contigo el sagrado nombre de madre. Te vi en Italia cuando eras muy bella, muy joven, muy feliz; y yo era también feliz y joven aunque no bella como tú. Te vi otra vez, cuando eras muy dichosa y yo muy desgraciada.

Te escribo hoy para anunciarte que puede llegar el día en que seamos desgraciadas las dos. ¡Yo también fui reina!, y, María Victoria, ¡yo también sonreí!... ¡y engañé!

Sabes que he perdido el juicio; y Dios te ama tanto, que me envía esta hora de lucidez para que te diga la verdad, ya que tanto ambicioso, tanto adulador, tanto hombre indigno, tanta boca embustera, tanta lengua idiota, tanto corazón gangrenado, te dirá la mentira ¡Yo he sido reina!, duquesa de Aosta, ya conozco el oficio. ¿Me entiendes? Sí, me entiendes. Ahora falta que tu corazón de mujer no te venda.

Soy Carlota, la antigua emperatriz de México, la esposa de Maximiliano. ¿Me entiendes? Sí, me entiendes. Ahora falta que tu corazón de mujer no te engañe.

Tengo prisa de comunicarte mis temores, porque no sé el tiempo que la demencia me dejará libre.

¡Quién nos había de decir lo que ha pasado cuando nos vimos por primera vez entre las arboledas de Francia! ¿Te acuerdas de aquellas tardes apacibles?

¡Ay, María Victoria, oye con cuidado lo que mi desgracia va a señalarte! ¡Advierte que es la buena ventura que te dice una infeliz esposa que ha enloquecido de dolor!

Una comisión fue a Viena para ofrecer a mi marido la corona de México. Te hablo de una comisión.

Maximiliano me llamó y me dijo: "Carlota, me ofrecen el imperio de un pueblo famoso de América. ¿Qué te parece?".

Yo bajé la cabeza y quedé pensativa.

Maximiliano volvió a preguntarme: "¿Qué te parece?". Yo continuaba pensando; no le respondí. Mi esposo hizo ademán de abandonar el aposento; yo comprendí que iba a desechar el imperio que venían a ofrecerle, y no sé qué lumbre interior quemó mi vida.

–Espera —le dije, y Maximiliano se volvió sonriéndose.

¿Qué significaba aquella sonrisa?

¡Ay!, María Victoria, oye con cuidado, porque se trataba de una diadema. No quiero fingirte; no quiero engañarte. El resplandor de aquella corona cegó mi alma. Yo me imaginaba ver el brillo de sus joyas, de sus perlas, de sus zafiros, de sus brillantes. Yo miraba a un pueblo que se arrodillaba en torno mío, que besaba mis pies, que se agolpaba para mirarme, que se desvelaba para bendecirme y que aclamaba de alegría.

¡Ilusión tremenda! ¡Lisonja horrible!

Sigue leyendo, amiga mía, y verás lo que aquella lisonja me costó.

Yo contesté a mi esposo: "Oye, Maximiliano, no te digo que no pero tampoco te digo que sí".

Mi marido entendió que yo le decía: "No te digo que sí; pero tampoco te digo que no".

Ahora yo debo confesarte que no se equivocaba. Maximiliano vio lo que significaba mi respuesta y en sus ojos había una luz que no pude explicarme entonces. El tiempo me lo explicó después.

¡María, ten cuidado contigo, con tu hijo y con tu Amadeo! La ambición enciende en los ojos del hombre un reflejo diabólico y convierte a un ángel en diablo. Un hombre que quiere ser rey, se torna en demonio.

Los ojos de Maximiliano alumbraban de una manera que yo sentí miedo. Maximiliano era un demonio en aquel instante.

"La comisión vendrá a las tres —me dijo—; tú la oirás; arréglate."

Mi esposo comprendió que yo me había oído a mí misma; comprendió que yo había escuchado mi orgullo de mujer y que no tendría necesidad de escuchar a nadie. Si él hubiera entendido que yo no había escuchado mi vanidad, es muy probable que Carlota no hubiera visto a la comisión. Dios te libre de los hombres que aspiran a ser reyes. Una fiera es razonable.

III

La comisión vendrá a las tres; yo estaba arreglada a las dos. Aún no sabía ser reina. Un año después otra comisión debió verme a la una; yo me arreglé a las cuatro. ¡Ya había aprendido a ser emperatriz! Vuelvo a decirte que estaba arreglada a las dos, ¿lo oyes, María? Yo esperaba impaciente, yo sospechaba que la comisión se había arrepentido.

Maximiliano me decía mirando mis galas: "¡Qué hermosa está la emperatriz de México!".

Esta sabia galantería de mi marido me causaba dolor, porque me imaginaba que la comisión había tomado el camino de América.

Tres criados anunciaron precipitadamente: "La serenísima comisión mexicana"; y yo sentí estremecimiento de placer. "Ya soy la emperatriz, exclamaba mi corazón; ya soy augusta majestad imperial."

¡Oh, tristes ilusiones! ¡Oh, negras vanidades! ¡Oh, desgarradores caprichos! ¡Oh, terribles espectros de la conciencia, cuánto me costáis! ¡Cuán caros me salís!

Sigue leyendo, María Victoria, sigue.

IV

La comisión se puso de rodillas y me besó la mano ¡Era lo mismo que yo quería! ¡Era precisamente lo que yo soñaba! Luego manifestó que el cielo nos había destinado para salvar a un pueblo célebre el cual vivía en el fondo de la anarquía más desastrosa. Aseguró que México vería en nosotros ángeles tutelares.

Maximiliano me miró como si quisiera decir: "Ya ves lo que aseguran: ¿qué hemos de hacer?".

Yo moví la cabeza como si intentara responder: "Es verdad".

La comisión habló después de la fecundidad del suelo, de la riqueza de los frutos, de la dulzura de las estaciones, de las galas del paisaje en donde la naturaleza es una sonrisa.

Maximiliano me miraba, como si dijera: "¿No ves?".

Yo miraba a Maximiliano como si contestara: "Es verdad".

La comisión habló extensamente de las grandiosas vistas de Orizaba, de la diafanidad del espacio, de la extensión de los horizontes, del azul del cielo, de los salientes y de los ponientes del sol, de las aves, etcétera. Yo creía ver el color encendido de la aurora; el tinte pálido de las nubes que despiden al sol en occidente. Yo me figuraba imaginar el dulce misterio de aquellos ocasos, que se presentaban a mi fantasía como plegarias de tarde. Yo me imaginaba percibir la melodía de aquellos pájaros, el aroma de aquellas flores, el murmullo de aquellos ríos, el suspiro de aquellos aires entre las silenciosas espesuras de los bosques y de las selvas. En fin, María, yo me figuraba ser la majestad imperial de México, deidad de América, en lo más florido y galano del orbe, entre las sonrisas de Dios.

Maximiliano volvió a decirme, como queriendo repetirme: "Ya ves".

Yo miraba a Maximiliano como queriendo responderle: "Es verdad".

Mi marido y yo nos quedamos solos.

−¿Qué te han parecido los comisionados? —me preguntó mi esposo. Yo le respondí: "Me han dejado verdaderamente complacida. Son caballeros muy cumplidos y muy corteses".

−Te han besado la mano al entrar y al salir. Se conoce que es gente principal.

−Sí, sí, contesté yo: debe ser gente principal.

Sigue leyendo, duquesa de Aosta, reina electa de un pueblo famoso y verás en qué vino a parar tanta complacencia, tanta poesía.

¡Ay mil veces! Aquellos hombres, los comisionados de México, nos burlaron con mil mentiras y decíamos con orgullo: "Se conoce que es gente principal".

Si nos hubieran dicho la verdad austera, la verdad honrada; si aquellos mendigos hubieran sido personas leales, hubiéramos dicho con repugnancia: "Se conoce que es gente plebeya".

V

Nos embarcamos: el vapor arranca y la tierra de Europa va desapareciendo de nuestra vista. Allí quedaban las cenizas de nuestros padres, de nuestros hermanos, allí quedaban las memorias de nuestra patria.

Renegábamos de la patria que nos vio nacer, alucinados por las glorias desconocidas de nuestra patria extranjera.

He dicho glorias desconocidas. No eran glorias desconocidas, María Victoria; eran ¡ay de mí, glorias criminales!

Cuando observé que desaparecían las costas alemanas sentí una punzada en el corazón, y allí dio principio la calentura que más tarde turbó mi mente, allí principió este delirio que consume mis fuerzas, esta tisis horrible que me devora mi vida.

Hay dos clases de fiebre, María Victoria: la del cuerpo y la del espíritu.

La del cuerpo mata.

La del espíritu enloquece.

¡Ten cuidado de tu esposo y de ti!

Cerca ya del anochecer, el mismo día en que nos embarcamos divisé un punto blanquecino en el horizonte. Aquel punto blanco, casi amarillo, parecía moverse, como si fuese una bruma del mar.

Me acerqué a mi esposo y le dije: "¿Qué es aquel punto blanco y movible que se ve a lo lejos?".

–Son playas.

–¿Qué playas son?

–Las playas del Báltico.

–¡Adiós, costas del Báltico! —grité en mi conciencia. ¡Adiós, arenas de mi patria! ¡Cuando vuelva a vosotras algún día, me veréis vestida de luto!

–¿Qué tienes? —me preguntó Maximiliano.

–Nada —respondí yo.

¡Yo también mentía! ¡Yo también le engañaba!

¡Todos le engañaron, todos le mintieron, también su mujer!

¡Oh, esposo mío! ¡Hombre desgraciado, sombra adorada de mi vida, perdóname!

¿Extrañas, María Victoria, que haya perdido la razón? ¿Extrañas que haya enloquecido? Sigue leyendo.

VI

Empleamos en el viaje veintitrés días.

Tú no sabes lo que es vivir veintitrés días entre cielo y agua; entre el día y la noche, entre el sol y las estrellas, cuando en la tierra nos está esperando una corona. Yo estaba tan celosa de mi diadema, tan enamorada de mi majestad imperial, que cada ola me parecía un escollo en donde el buque iba a estrellarse.

Maximiliano me miraba como si quisiera preguntarme: "¿Llegaremos, Carlota?". Yo le miraba como si quiera decirle: "¿Llegaremos, Maximiliano?".

¡Ay, amiga mía! ¿Por qué el mar no fue caritativo con nosotros?

¿Por qué no abrió sus senos misteriosos a la nave que nos conducía?

VII

Llegamos a México. ¡Cuánta gente!

¡Cuántos vítores! ¡Cuántas flores en el camino y en las calles! ¡Cuántos himnos! ¡Cuántas luminarias! ¡Cuántas alegrías! ¡Cuánto amor! Si alguna vez sales de Italia, si el resplandor de una corona ciega tus ojos y tu corazón, no fíes en el número que rodea la portezuela de tu coche; no fíes en la muchedumbre que obstruya tu paso; no fíes en los ojos que se agolpen a verte. El pueblo ve a los reyes y a los emperadores como ve un espectáculo teatral, una corrida de novillos o una colección de animales curiosos; el pueblo ve a los reyes como ve a los ajusticiados.

No fíes tampoco en la sonrisa de los que el mundo llama grandes. ¡Si tú supieras, María Victoria, qué pequeños son! ¡Si tú los vieras en su tamaño natural!

¡Si tú los vieras desnudos de pompas! ¡Si tú los vieras como yo los he visto!

Los cocodrilos y esos hombres son parecidos en que ambos buscan una presa para desgarrarla con sus dientes.

El cocodrilo llora para atraerla.

El hombre sonríe para entregarla.

El cortesano ríe: el cocodrilo llora; pero el cocodrilo y el cortesano lloran y ríen para atraer y devorar.

No olvidaré nunca que un magnate de México se arrastró a nuestros pies y besaba la tierra que nosotros pisábamos.

Aquél fue el primero que nos hizo traición.

Aquél fue el primero que vendió a mi marido.

Aquél fue el primero que conspiró, hasta que logró verlo fusilado.

¡Fusilado, María! ¿Oyes? Mi marido fue fusilado.

¿Lo oyes, Victoria? Fue fusilado en un suelo extranjero. ¿Lo has oído bien?

¡En un suelo extranjero!

El que más nos adula es el primero que nos engaña.

El que más nos besa las manos es el primero que nos vende.

El que más se arrastra es el primero que nos entrega.

¡Yo te lo digo! ¡Yo lo sé! ¡No lo dudes, ay de ti si lo dudas!

María, te vi en Frascati, te vi en Tívoli, cuando eras muy joven, muy bella, muy dichosa.

Por tu dicha, por tu belleza, por tu juventud no olvides las palabras de una amiga fiel que no puede engañarte, porque es muy desgraciada, la más desgraciada que nació de madre.

Amaba a un hombre más que a mi vida y me lo asesinaron. No lo asesinó México. Los pueblos no asesinan.

Lo asesinaron aquellos hombres que nos vinieron a buscar; los que nos besaban las manos, los que se arrastraban a nuestros pies.

María, cuida de tu esposo, de tu hijo, de ti. ¿Tienes conocimiento de que algunos llaman al duque de Aosta?

¡Amiga mía, mucho cuidado!

¿Ves ésos que te llaman, que inclinan la cabeza, que se arrodillan? Pues esos mismos le fusilarán.

¡Yo te lo digo! ¡Yo lo sé! ¡No lo dudes, María!

VIII

Pasan las colgaduras, los himnos, las luces, los arcos de triunfo, los vítores, las flores. Vienen noticias de la guerra, y mi marido me miró de un modo que yo no pude comprender. Hay misterios que están en las profundidades de la vida, como están los abismos en las profundidades de la tierra, como están los volcanes en las profundidades de los abismos, como están ciertas penas en las profundidades del alma.

Mi marido vio algún arcano: un arcano tremendo, me miró y no dijo una palabra. Qué había de decirme si aquel arcano era una sentencia de muerte.

El emperador llamó a un personaje del gobierno, y ambos se ocultaron en una estancia. Escondida yo entre los cortinajes de una puerta, escuché parte de lo que hablaron.

Mi esposo dijo finalmente al personaje de aquel país: "Pero

bien, ¿a cuántos será menester fusilar?". "Bastarán ocho o nueve mil", contestó una voz trémula.

Nueve mil criaturas iban a ser sacrificadas, y lo fueron realmente.

El personaje del gobierno desapareció; el emperador quedó solo. Yo fui a buscarle.

–¿Qué habéis tratado?

–Nada.

Yo le miré de un modo fijo, durante mucho tiempo; Maximiliano bajó la cabeza y clavó los ojos en tierra.

¿Extrañarás, amiga mía, que esta infeliz mujer haya perdido la razón?

¡Oh, María Victoria! Antes que morar en ciertos palacios, procura vivir en una cueva de gitanos, en una cabaña de pastores, en la choza de un pescador. En la choza, en la cabaña, en la cueva puedes creer en Dios; puedes esperar en la Providencia de este mundo; puedes amar a un hombre, a un padre, a un hijo, en una mazmorra puedes amar, puedes creer; en ciertos palacios, no cabe otra cosa que sospechar, aborrecer y maldecir.

IX

La comisión nos dijo que México se encontraba en la más desastrosa anarquía.

¡Era falso, María Victoria! La anarquía estaba en la comisión y en los hombres que la enviaban para perdernos.

La anarquía estaba en algunos ambulantes políticos, pordioseros de ayer, hambrientos de siempre, metidos a señores y déspotas sin saber ser déspotas y señores.

En ello estaban el desorden, la gula, la desilusión, el latrocinio, la bancarrota, la apostasía, la desvergüenza, el escarnio de toda idea moral, de todo sentimiento digno, de todo instinto honrado, de todo pudor.

¡Ay, María Victoria, tú no sabes lo que ha sucedido!

Los comisionados venían en grandes buques, daban grandes banquetes; se les asignaron para su plato veinticinco duros todo los días; trajeron, además, cinco mil duros en pequeñas moneda de oro para dar de comer a los pobres de otro país; haciéndose los opulentos y los grandes. Pues en tanto que esto pasaba, poblaciones importantes de México se veían azotadas por la fiebre amarilla y la miseria, y los maestros de la niñez se morían de hambre y los soldados corrían por las aldeas matando a los hombres para cobrar los impuestos públicos.

¿Lo olvidáis? La caballería invade los pueblos arrancando a tirones girones y lágrimas como en los tiempos de la barbarie, como en los tiempos de Moctezuma.

Ahí tienes la anarquía en cuyo negro fondo agonizaba México.

¡Ah, malvados! ¿Por qué os creímos? ¿Por qué os creímos en lugar de entregaros a la justicia como a los primeros bandidos de América?

¡Ah, si otra vez sucediera!

Mi querida amiga: si en estos instantes se hiciese la anatomía de mi cuerpo, verías que mis entrañas están secas. ¡Cuánto he llorado! ¡Cuánto he sufrido! ¡María, María, aprende de mí! Cierra tus oídos y tu cerebro a las falsedades de esos señores de carnaval.

X

Maximiliano se acostó, pero no dormía. Yo no quise acostarme.

Sentada en un sillón, recliné la cabeza sobre las almohadas de mi lecho y apenas hube cerrado los ojos cuando mi espíritu fue presa de una pesadilla que no quisiera recordar. ¡Cuánto debes agradecerme este sacrificio de mi conciencia, María Victoria! Estoy desgarrando mis heridas, estoy desgarrando mi corazón, estoy desgarrando mi alma. En el delirio de aquella pesadilla yo creía oír muchos disparos entre los lamentos y los gemidos de las nueve mil criaturas sacrificadas.

Yo creía ver muchos escuadrones que corrían sobre los miembros palpitantes de aquellos cadáveres insepultos, destrozando sus caras con las herraduras de sus caballos. Creía ver canes, lobos y tigres, que saciaban su sed en grandes charcos y aquellos charcos no eran de agua. Creía divisar el ojo luciente de las fieras que volvían la cabeza a todos lados para que nadie las sorprendiese, mientras que sus dientes arrancaban las carnes, rompían los huesos de las víctimas. Yo oía el crujido de aquellos huesos; como la Fedra de Racine, yo veía destilar sangre de aquellos cabellos desgreñados, del mismo modo que goteaba sangre de la barba de Héctor en el sueño espantoso de la Eneida.

Maximiliano sintió mi angustia, oyó mis suspiros y me llamó rápidamente, mas no pudo arrancarme de la agonía. Se levanta entonces, me sacude con fuerza, casi con frenesí y pude volver de aquel sueño; no era sueño, María Victoria: era un mundo de gigantes horribles y extraños.

¡Quién hubiera muerto en aquella hora!

¡Oh, Dios mío! ¡Oh, Dios mío! ¡Cuántos dolores me hubieran ahorrado!

Mi esposo preguntó: "¿Qué tienes?". Yo le respondí: "¿Tú me lo preguntas?".

–¿Qué tienes?

–Nada.

–¿Qué tienes, Carlota?

–Nada, Maximiliano.

–Dime lo que tienes; aunque se caiga el cielo y se hunda la tierra.

–¿Qué quieres, que te lo diga?

–Sí.

–He visto "luces en el aire": no sé qué fantasma me tira de la ropa que llevo; he visto una sombra que figura tres hombres sin cabeza y yo los conozco.

–¿Quiénes son?

–El emperador Maximiliano y los generales Miramón y Mejía. Tú eres en este mundo mi único, mi único amor, el amigo de toda mi vida, ¡te veo perdido! No digas que no: ¡estás perdido!

–Ya lo sé.

–Sálvate y sálvame, Maximiliano. Vámonos de aquí.

–No puedo.

–Tú no eres emperador.

–Pues, ¿qué soy?

–Aquí había una partida de malhechores; no tenían capitán, le necesitaban y te trajeron a ti. Tú no eres emperador de México; eres el capitán de una partida de asesinos y de ladrones; tú el capitán, yo la capitana, y esto no puede ser. Si te obstinas en que te sacrifiquen, entre nueve mil criaturas que tendrás que sacrificar, a mí no me asiste valor para presenciar el sacrificio. Me vestiré de luto y me volveré a Europa. Te dejo mi alma pero se va mi cuerpo.

–¿Dices que te vas?

–Sí, me voy; quiero probar si es posible salvar a un hombre.

–Carlota, tú no me amas hoy como me amabas antes.

–Yo te amo más, pero temo. Amo a mi esposo, temo al tirano. Tú eres el tirano de un pueblo inocente.

–¿Yo soy tirano?

–Sí.

–¿Te vas a Europa?

–Sí.

Maximiliano permaneció frío, inmóvil, mudo como una piedra.

De repente se cubrió el semblante con ambas manos y rompió a llorar.

¡Amiga del alma! ¿Extrañarás que esta desdichada mujer haya enloquecido?

XI

Llegó la hora de partir. ¡Qué diferencia entre la recepción y la partida! Nadie me habló de la riqueza, de los frutos, de la fecundidad del suelo, de la benignidad del clima, ni del murmullo de las fuentes, ni del

aroma de las flores, ni de la melodía de los pájaros, ni de las vistas de Orizaba. No vino ninguna comisión.

Un periódico publicó por entonces el siguiente anuncio: "Se vuelve a Europa la esposa del emperador mexicano".

Yo dije a mi esposo en el momento de partir:

–¿Te quedas?

–Es mi destino —replicó.

Pues en Europa, proseguí, recibiré una carta tuya, concebida en términos semejantes: "Tú lo adivinaste, Carlota, el rayo de luz que entra en mi morada es el último sol que veré. Estoy en capilla arrodillado ante la figura de Jesús. Dentro de una hora caminaré al suplicio entre un sacerdote y el verdugo".

No quiero decirte lo que pasó por mi corazón en el momento de separarme de Maximiliano; yo sabía que me separaba para siempre y era el único amor que había tenido, que tengo, que tendré. ¡Ojalá que no lo hubiera amado!

El buque parte. El silbido del viento en los tubos me parecía que era el ruido de una batalla.

¡Maldita sea la guerra!

¡Malditos sean los ambiciosos que las provocan!

El continuo embate de las olas me parecía que era el hervidero de la sangre.

El ruido de la máquina, el estruendo de hachas, de cañones, de fusiles.

Las chimeneas de vapor se me representaban como verdugos.

A los veintiún días de navegación subí a cubierta. Mis ojos se extendieron por el mar y en todas partes hallaba el rostro de Maximiliano.

Puesto ya el sol descubrí en el espacio un punto blanquecino y movible.

—¿Qué es aquel punto que descubro en el horizonte, mi brigadier? —pregunté al jefe del vapor.

—Señora, las playas del Báltico.

—¡Playas del Báltico, arenas de mi patria! —exclamé en mi conciencia—; aquí me tenéis como os prometí; vuelvo a vosotras vestida de luto.

Llegué a París. Corrí a las Tullerías y grité al primer palaciego: "Anunciad al emperador que quiere hablarle la viuda de Maximiliano".

¡Ay, María! Napoleón me recibió como un hombre de palo, como una estatua de granito, como una máquina de hierro.

Pero yo divisaba una cruz, a su pie lloraba una mujer; más que una mujer, una madre. Yo tenía esa grande esperanza; yo adoraba esa gran fe religiosa; yo bendecía el dolor del Calvario; yo anhelaba recibir un consuelo de Jesús y de María.

Volé a Roma, fui al Vaticano, puse los labios a los pies de Su Santidad, al besar aquel pie vi nuevamente "luces en el aire", vi la sombra que figuraba, tres cuerpos sin cabezas; vi dos manos cruzadas, manos que chorreaban sangre, como los cabellos de las víctimas; manos que enlazaban dos horcas, manos que hablaban y decían: somos Monti y Togneti.

Ya no tuve esperanzas; se apagó mi fe; me acordé de un hombre y perdí el juicio.

Me condujeron a Viena; pero en Viena hay mucha algaraza, y vine a este castillo. Aquí estoy en el campo. Vivo con el silencio, con la soledad y con una memoria adorada.

Aquí me trajeron una caja que contiene los restos del hombre a quien amé.

La abrí un día sin que nadie me viera. La mano derecha de mi esposo estaba cerrada, como si fuera una plancha de bronce. Mis manos abrieron la suya, encontré un papel que decía: "Carlota: tú lo adivinaste; la luz que penetra en mi morada será el último sol que veré. Estoy en la capilla arrodillado ante un Nazareno. Dentro de algunas horas iré al sacrificio entre el sacerdote y el verdugo. Tú no tienes la culpa; consuélate, perdóname. Saluda a mi familia y a mi patria. Adiós, Carlota, el juicio de Dios me espera. Ya que he vivido mal, quiero morir bien. Mi último suspiro será para ti. ¿Quién te hubiera creído, amada mía?".

¿Extrañarás, mi querida amiga, que esta pobre mujer haya perdido la razón?

Me miro al espejo muchas veces y exclamo: "Yo no soy la que era. No no soy Carlota. Yo no soy mujer. Yo no tengo vida. Yo no tengo alma. ¡Una alma tenía y me la robaron! ¡Volvédmela, ladrones!".

XIV

Napoleón III, ensalzado, me perdió a mí.
Napoleón III, caído, te perderá a ti.

XV

He de terminar esta carta. ¡Adiós, María Victoria! Siento que se turba mi mente. Siento que mi alma vuelve a rodar por los insondables abismos de la locura. "Vuelvo a ver luces en el aire." Veo otra vez la sombra de cuerpos sin cabeza. Veo dos manos cruzadas. Oigo el crujido de los huesos. Veo muchas fieras que sacian su sed en charcos de sangre.

Tan pronto me parece que soy una diosa, tan pronto me parece que soy un monstruo del infierno.

¡Oh, hija de mi corazón! ¡No salgas de Turín; no salgas de Florencia; no salgas de Roma; no dejes a tu patria!

¡Mira que te engañan como a mí me engañaron!

¡Mira que te venden como a mí me vendieron!

¡Mira que llegará un momento en que tu esperanza no concebirá otra ventura que la ventura horrible de morir loca!

¡María, María! ¡Cuida de tu esposo, de tu hijo y de ti!

Te he dado la prueba más grande de amistad que puede dar mujer nacida contándote historias, dolores y misterios que nadie conoce más que tu infortunada y leal amiga.

Carlota,
exemperatriz de México

Créditos de las fotografías

© Roger-Viollet/Harling-Viollet (por la imagen de Simone de Beauvoir).
© Gisèle Freund (por las imágenes de Simone de Beauvoir).
© Esther Cohen (por la imagen de Celeste Batel).
© Uwe Ommer (por la imagen de Nana Mouskouri).
© Cineteca Nacional (por las imágenes de Ofelia Medina).
© Jorge Amézquita (por las imágenes de Amparo Ochoa).
© Centro de Estudios Históricos, Condumex (por las imágenes de Dolores del Río).
© José Ramón Hernando (por la imagen de Isabel Preysler).
© Culver Pictures (por la imagen de Anna Pavlova).
© Bibliothèque Nationale, Paris (por la imagen de Isadora Duncan).
© Lipnitzki (por la imagen de Marguerite Duras).
© J. K. (por la imagen de Marguerite Duras).
© Filmoteca UNAM (por la imagen de Lucha Reyes).
© Bernand (por la imagen de María Callas).
© Dr. Atl (por el retrato de Nahui Olin).
© Edward Weston (por la imagen Nahui Olin).
© Antonio Garduño (por la imagen Nahui Olin).
© Sipa Press/Niviere (por la imagen de Lady Di).
© Sygma/Tim Graham (por la imagen de Lady Di).

Ellas y nosotras,
escrito por Guadalupe Loaeza,
devela el mundo a partir
de lo femenino, confirmando
que delante de toda mujer
sólo a veces hay un hombre.
La edición de esta obra fue compuesta
en fuente palatino y formada en 11:13.
Fue impresa en este mes de septiembre de 1998
en los talleres de Compañía Editorial Electrocomp, S.A. de C.V.,
que se localizan en la calzada de Tlalpan 1702,
colonia Country Club, en la ciudad de México, D.F.
La encuadernación de los ejemplares se hizo
en los mismos talleres.